国家出版基金项目
NATIONAL PUBLICATION FOUNDATION

教育部人文社会科学重点研究基地重大项目
"十四五"国家重点图书出版规划项目
江苏省 2022 年主题出版重点出版物

马克思主义思想史研究丛书
丛书主编　张一兵

Empirical Sociological Interpretation
of Historical Materialism

Textual Unscrambling on Cunow's
Marx's Theory of History, Society and the State

唯物史观的
实证社会学诠释

库诺夫《马克思的历史、社会和国家学说》的文本解读

郑如　著

南京大学出版社

总　序

　　2022 年,我完成了《回到马克思》的第二卷[1]。会令读者吃惊的是,在这部接近百万字的第二卷中,我关于马克思历史文本的不少看法,竟然是异质于第一卷的,这直接造成了过去思想史常态中的一种巨大"逻辑矛盾"。同一个作者,对相同历史文本,居然会做出不完全一致的解读。这可能就是**新史学方法论**所依托的全新思想史本体个案。

　　记得 2007 年的某天,在上海,在《中国社会科学》杂志社举办的中国哲学家与历史学家对话的研讨会上,我所提出的历史研究建构论[2]遭到了历史学家们的批评。一位历史学教授在现场问我:"我是我爸爸生的是不是被建构的?"这真的很像当年杜林质问恩格斯:"2+2＝4 是不是绝对真理?"如果打趣式地硬抬杠,我也可以辨识说,在一个根本没有"父亲"的母系社会中,当然没有"你爸爸生你"的社会建构关系。而在次年在台北举行的"两岸三地人文社会科学论坛"[3]上,台湾"中研院"的一位史学前辈在对我的学术报告现场提问时,有些伤感地说:"我不知道大陆的唯心主义已经如此严重。"令人哭笑不得。其实,当狄尔泰和福柯讨论历史文

1　拙著《回到马克思——社会场境论中的市民社会与劳动异化批判》(第二卷),将由
　　江苏人民出版社出版。
2　发言提纲见拙文《历史构境:哲学与历史学的对话》,《历史研究》2008 年第 1 期。
3　这是由南京大学、香港中文大学和台湾"中央大学"联合举办的系列学术研讨会议。

献（档案）的"被建构"问题时，他们并非在涉及直接经验中的每个时代当下发生即消逝的生活场境，而是在追问史学研究的**方法论前提**。谁制定了历史记载和书写的规则？实际上，历史记载永远是历代统治者允许我们看到的东西，恐怕，这是更需要史学家明白的**历史现象学**。

我曾经说过，任何一种历史研究对社会定在及其历史过程的绝对客观复现都是**不可能**的。这是因为，我们的历史研究永远都是在以当下社会生活生成的认识构架重构已经不在场的过去，思想重构并不等于曾有的历史在场。更重要的方面还在于，因为社会生活与个人存在之间始终存在一种无法打破的隔膜，所以社会生活情境不等于个体生活的总和，个人生存总有逃离社会的一面，其中，个人生存的处境、积极或消极行动的建构、情境、心境与思境都不是完全透明可见的，虽然人的生活构境有其特定的物性基础，但构境达及的生存体验是各异和隐秘的。我在上课的时候，有时也会以电影故事中内嵌的新史学观为例，比如根据英国作家拜雅特[1]

---

[1] 拜雅特（A. S. Byatt, 1936— ），英国当代著名作家。1936 年 8 月 24 日出生于英国谢菲尔德，1957 年在剑桥大学获学士学位。曾在伦敦大学教授英美文学。1983 年，拜雅特辞去高级教师职位，专心致力于文学创作，同年成为英国皇家文学协会会员。主要作品有：长篇小说《太阳的阴影》（1964）、《游戏》（1968）、《庭院少女》（1978）、《平静的生活》（1985）、《隐之书》（1990）、《传记作家的故事》（2000），以及中短篇小说集《夜莺之眼》等。1990 年，拜雅特因《隐之书》获得英国小说最高奖布克奖，同年获颁大英帝国司令勋章（CBE）。2010 年，74 岁的拜雅特又获得了不列颠最古老的文学奖——詹姆斯·泰特·布莱克纪念奖。

的著名小说《隐之书》(Possession：A Romance, 1990)[1] 改编的电影《迷梦情缘》(Possession, 2002)。故事虚构的情节是一个双层时空构境结构：今天(1986 年)的阅读者——一位年轻的文学研究助理罗兰，在研究过去 19 世纪维多利亚时代著名诗人艾许(他也被建构成一个复杂隐喻诗境的"腹语大师")的过程中，偶然发现了夹于一部艾许最后借阅归还的维柯的《新科学》(New Science)中的两封写给无名女士的未完成的信件。经过细心的文献研究，他确认收信者竟然是艾许同时代著名的女诗人兰蒙特。由此，揭开了一桩隐匿了百年的秘密史实：有着正常家庭生活的艾许和孤守终生的兰蒙特在 1868 年发生了一段刻骨铭心的爱情，并且，兰蒙特背着艾许生下了他们的女儿。从小说中作为精彩艺术手段的细节中，我们可以看到，罗兰和兰蒙特的后代莫德小姐竟然通过兰蒙特诗歌中的暗示，在家族庄园中兰蒙特的住所里找到了她百年前隐藏在婴儿车中的秘密书信，甚至找到了诗歌隐喻的两位大诗人的疯狂秘恋之旅和情爱场境。由此，一直以来英国诗歌史中关于两位诗人那些早有定论的作品释义，瞬间化为文学思想史研究中的谬误。"有些事情发生了，却没有留下可以察觉到的痕迹。这些事情没有人说出口，也没有人提笔写下，如果说接下来的事件都与这些事情无关，仿佛从来没有发生过，那样的说法可就大错特错

---

1 其实，此书的英文原书名为 Possession：A Romance，直译应该是《占有：一段罗曼史》。但 Possession 一词也有被感情支配和着魔的意思，所以如果译作"着魔：一段罗曼史"更准确一些。当然，现在的中译名"隐之书"的意译更接近书的内容。拜雅特还有另外一部艺术构境手法相近的小说《传记作家的故事》(The Biographer's Tale, 2000)，说的是一个研究生菲尼亚斯(Phineas G. Nanson)，决定研究一位非常晦涩的传记作家斯科尔斯(Scholes Destry-Scholes)。在研究的过程中，他并没有了解到很多关于这位作家本身的生平，而是发现了这位作家未发表的关于另外三位真实历史人物(Carl Linnaeus, Francis Galton and Henrik Ibsen)的研究。拜雅特在书中将事实与虚构相结合，再现了这三位被隐匿起来的历史人物的生活。

了。"[1]这是此书最后"后记"中开头的一段文字。我觉得,他(她)们不想让人知道的书信是另一种**遮蔽历史在场性**性质的**秘密文献**,这是一种逃避现实历史关系的另类黑暗历史记载。然而,这种黑暗考古学的发现,却会改变对允许被记载的历史"事实"的全部判断。虽然,这只是艺术虚构,但它从一个侧面直映了这样一种新史学观:正是个人生存中的这种可见和不可见的多样性生活努力,建构出一个社会内含着隐性灰色面的总体生活情境。在每一个历史断面上,总有来自个体生存情境隐秘和社会生活的意识形态遮蔽。这些非物性的生存构境因素和力量,从一开始就是**注定不入史**的。这样,"能够历经沧海桑田,保存下来的那些作为历史印记的文字记载和物性文物,只是一个时代人们愿意呈现和允许记载的部分,永远都不可能等于逝去的社会生活本身。与文本研究中的思想构境一样,这些记载与历史物都不过是某种今天我们在生活中重新建构历史之境的有限启动点"[2]。

摆在读者面前的这一套由南京大学出版社出版的《马克思主义思想史研究丛书》,是近年来这一研究领域中的最新成果。它的作者,主要是南京大学马克思主义哲学专业培养出来的一批青年学者。他们从不同的思想史侧面和角度,研究和思考了马克思主义思想史中发生的一个个深层次的问题。除去少数带有总论性质的文本以外,丛书中的大多数论著都是微观的、田野式的专业研究,比如马克思与费尔巴哈的关系、马克思与19世纪英国社会主义思潮的关系、马克思与尤尔机器研究的关系、马克思方法论的工艺学基础,以及马克思文本中的对象化概念考古等。或多或少,它

1　[英]拜雅特:《隐之书》,于冬梅等译,南海出版公司2010年版,第577页。
2　张一兵:《〈资本主义理解史〉丛书总序》,《资本主义理解史》(六卷),江苏人民出版社2009年版。

们都从一个马克思主义思想史的断面,进入我们现代人观察马克思生活的那个远去的历史生活场境。虽然我们无法重现那些无比珍贵的伟大革命实践和思想变革的历史在场性,但多少表达了后人在马克思主义思想史探索中积极而有限的努力。

其实,在最近正在进行的《回到马克思》第二卷的写作中,我再一次认真通读了马克思与恩格斯长达40年的通信。阅读这些历史信件,也使那些灰色的思想文本背后的生活场境浮现在眼前。出身高级律师家庭的马克思和作为贵族女儿的燕妮、有着资本家父亲的恩格斯,没有躺在父辈留下的富裕的生活之中,而是选择了为全世界受苦受难的无产阶级获得解放寻求光明的艰难道路。在那些漫长而黑暗的岁月里,马克思被各国资产阶级政府驱逐,作为德国的思想家却不能返回自己的家乡,这么大的世界却没有一个革命者安静的容身之处。常人真的不能想象,马克思在实现那些我们今天追溯的伟大的思想革命时,每天都处于怎样的生活窘迫之中,在很长一段时间里,马克思写给恩格斯的大量信件都是这样开头的:"请务必寄几个英镑来",因为房租、因为债主逼债、因为孩子生病,甚至因为第二天的面包……这种令人难以想象的生活惨状,一直持续到《资本论》出版后才略有好转。而恩格斯则更惨。我经常在课堂上说一个让人笑不出来的"笑话":"恩格斯自己当资本家养活马克思写《资本论》揭露资本家剥削工人的秘密。"这是令人潸然泪下的悲情故事。当你看到,有一天恩格斯兴奋地写信告诉马克思:"今天我不用去事务所了,终于自由了",你才会体验到,什么叫伟大的牺牲精神。恩格斯自己有太多的事情要做,有无数未完成的写作计划,可是,为了马克思的思想革命和人类解放的事业,他义无反顾地放下了一切。马克思去世之后,为了整理出版《资本论》第二、三卷,自比"第二小提琴手"的恩格斯毫不犹豫地表示："我有责任为此献出自己的全部时间!"[1] 这才是人世间最伟大的友谊。这是我们在学术文本中看不到的历史真实。研究马克思主义思想史,对我们来说,不应该是谋生取利的工具,而是为了采撷那个伟大事业星丛的思想微粒,正是由于这些现实个人的微薄努力,光明才更加耀眼和夺目。

本丛书获得了 2022 年度国家出版基金的资助,感谢参加评审的各位专家,也感谢南京大学出版社的领导和诸位辛劳的编辑老师。我希望,我们的努力不会让你们和读者们失望。

张一兵

2022 年 4 月 5 日于南京

---

1 《马克思恩格斯全集》第 36 卷,人民出版社 1975 年版,第 92 页。

唯物史观的实证社会学诠释

前　言

本书旨在系统梳理库诺夫对唯物史观的阐发，通过深度解读《马克思的历史、社会和国家学说》，力图全面把握库诺夫对唯物史观的理解，完整把握第二国际马克思主义解释范式的根本缺陷以及由此产生的分化。

在马克思主义发展链条上"正统马克思主义"的理解模式，对唯物史观的普及和应用做出了突出的理论贡献，但同时也在内在机理上造就了马克思主义哲学范式的蜕变，呈现出四个突出的理论倾向，即实证主义、经济决定论、进化主义和折中主义。而库诺夫的理论倾向承载了前三种理论色彩。

全书包括七个部分，序言主要介绍库诺夫其人其言其书，全面而简要地梳理他的一生，从成长、求学到在唯物史观思想中的"上下求索"生涯。

引言部分对库诺夫解读唯物史观进行综述，厘清国内外有关库诺夫研究的现状，说明他对于马克思主义哲学史研究的重要意义，以便为读者提供进入库诺夫唯物史观思想研究的入手路径。

第一章以库诺夫诠释唯物史观的现实与思想境遇为研究对象，从他所处的时代背景出发，追溯他解读马克思唯物史观的理论背景和现实境遇，探究他面对的理论问题。坚持马克思唯物史观的根本方法，突出重点、兼顾全面，坚持逻辑方法中的历史主义和发展原则，统一逻辑和历史，从三个层面深入库诺夫所处历史阶段的社会思潮和历史文化背景。首先，考察库诺夫所处的历史境遇，这些是他理论重建的现实土壤。了解当时资本主义发展阶段在政治和经济上的新现象与新情况，有助于理解库诺夫理论研究的社会现实氛围。他是一位土生土长的德国理论家,德国历史和德意志民族思想不可避免地对他产生一定的影响。近代以来,德国的崛起伴随其特有的民族沙文主义思潮与普鲁士军国主义传统。这些特点在德国 1918 年至 1919 年革命中都有所体现。而革命中没有解决的问题也为此后的魏玛共和国危机埋下了伏笔。魏玛共和国与苏维埃共和国是德国与俄国面对资本主义发展局势的两种选择道路,也蕴含了两种可能。其次,考察库诺夫所处的理论资源环境。实证主义方法论模式在欧洲的风靡、人类学与社会学的理论成果、德意志民族的文化思维传统,以及奥地利马克思主义学派,这些都为他的理论诠释提供了丰富的营养。最后,剖析库诺夫直面的理论境遇,即当时德国社会民主主义阵营从分歧走向分裂的状况,德国社会民主党党内的严重理论危机,这些激发了他试图重新阐释唯物史观。

第二章梳理从古代至近代的社会哲学理论。库诺夫将唯物史观看作社会历史考察的沉淀,是整个人类认识自身历史和社会发展的必然产物,是社会学发展的最高成果。他紧紧围绕国家—社会,以此为线索,有选择地对从古代到近代的社会历史哲学理论进行解读,并划分出四个社会哲学的发展阶段:以神为主宰的社会学孕育时期、从国家契约论走向社会契约论的社会学萌芽时期、追寻社会本质和历史规律的社会学真正形成时期,以及为社会学真正开辟出新道路的社会学完成时期。

第三章和第四章分别从社会静力学和社会动力学两个角度,解读库诺夫对唯物史观进行社会结构理论与历史进程理论的独特阐发。孔德开创的实证社会学对库诺夫具有深刻的影响,使其在对唯物史观进行体系化重构时,几乎完全依托于实证社会学的理论模式。当库诺夫将社会学(有时他也将其称为社会哲学)从马克思和恩格斯的著述中"剥离"出来,对唯物史观中的重要观点和理论进行比照考察时,他从社会静力学和社会动力学两个维度,对人类社会的结构和历史进程理论进行了系统性的建构。他在人类历史的长河中系统考察国家与社会的起源、发展以及两者间的有机联系,以此为理论线索探查其中诸多有机体的各部分之间的关系和规律,并研究社会的发展动因和机制。

最后,从当代视角重新审视库诺夫对马克思唯物史观的解读,在第二国际的理论视域中,通过比照和辨析,深刻理解他的唯物史观思想在马克思主义发展史链条中的意义和价值,对他的思想进行理论定位,客观评价他对当时马克思主义理论发展的贡献和缺陷,并对他的方法论和历史观进行哲学反思。作为第二国际中的第一代理论家,库诺夫对马克思主义理论的传播做出了不容忽视的贡献,从现代社会学的理论视角系统诠释唯物史观是他的独特之处,同时,他就唯物史观中的部分原理进行了创造性的发挥,并将唯物史观拓展应用于人类学和经济史学的研究。库诺夫在重构唯物史观的过程中体现的彻底的实证主义倾向,以及真正典型的经济决定论倾向,导致了他在政治实践中的不良后果。无论是他理论上的"得"还是"失",都值得我们重新审视并深思。

对库诺夫代表作进行深度文本解读,有助于全面把握马克思主义哲学发展史的完整进程。作为第二国际主流派中的重要角色,库诺夫的唯物史观思想理论造就了马克思主义发展史中独具特色的一环,他既"承"马克思主义经典一元论之"前",也"启"奥地利马克思主义学派的实证主义研究模式之"后"。在马克思主义哲学史中进行"坐标定位",从思想史和现实社会运动两个层面分别进行横向、纵向的考察,将学术思想、理论发展和现实社会实践进行比较和对照研究,比较分析库诺夫的唯物史观思想与考茨基、拉法格、普列汉诺夫、拉布里奥拉等重要代表人物理论的"异"和"同",从而对库诺夫重构唯物史观的合理性与理论得失做出评析。

从当代视角重新审视库诺夫对唯物史观的理解,有助于增强对唯物史观精神实质的深刻把握。库诺夫的唯物史观思想的形成,有其历史客观原因,与德国所处的资本主义发展历史阶段密切相关,同时也有其哲学方法论根源。他的理论实质最终在政治实践上指向了改良资本主义,认为"有组织的资本主义"是通向社会主义的必经之路。然而,德国的魏玛共和国的"改良"式国家资本主义道路终究没有实现他的政治理想,他对国家机器与民主化的设想,对以德国为首的自由贸易区的展望,将"有组织的资本主义"等同于民主资本主义的观点,实际上都仅仅是一种幻想。从库诺夫对唯物史观的学理研究到德国当时社会道路的种种尝试和践行,这些都为当下中国特色社会主义道路的进一步推进提供了深刻的经验和教训。

目　录

序言：库诺夫其人其言其书

　　第二国际是马克思主义发展史中承前启后的关键链条，二十世纪八十年代前这一领域往往被忽视，改革开放之后，学界逐渐开始有所关注，并尝试从新的角度进行研究。目前，针对考茨基、卢森堡、希法亭、拉布里奥拉、梅林等主要代表人物的思想都有较为深入的研究。但是，学者们往往忽略了这一时期的重要人物——亨利希·库诺夫（Heinrich Cunow）[1]。直到 2006 年，在中国才完整翻译出版了他的一部代表作——《马克思的历史、社会和国家学说——马克思的社会学的基本要点》（以下简称为《马克思的历史、社会和国家学说》）。然而，不仅译者并没有对此进行学术分析，而且学界鲜有对库诺夫思想的深度研究，对他的了解通常都止步于"社会帝国主义者"。

　　亨利希·库诺夫[2]是社会学家、经济史学家，以诠释和发挥马克思主义哲学为直接任务，运用马克思主义唯物史观进行独立研究。如果将第二国际时期分为"正统马克思主义"理解模式及其分化两个阶段的话，那么库诺夫和考茨基、拉法格以及梅林等可以算

1　也有译作"库诺""柯诺""寇罗"等，笔者在本书中将其译为"库诺夫"。
2　有关库诺夫的人物传记部分，主要根据德语在线 http://www.godic.net/dict/Heinrich%20Cunow 翻译而来，由蒋丽翻译，在此向蒋老师致谢。

作第二国际中第一代理论家,而狄慈根、普列汉诺夫、拉布里奥拉、卢森堡和奥地利马克思主义学派的麦克斯·阿德勒、弗里德里希·阿德勒、希法亭、奥托·鲍威尔等人则属于第二代理论家。

库诺夫一生都不曾离开德国,1862 年 4 月 11 日,他出生于施魏林(Schwerin),1936 年 8 月 20 日猝死于柏林。他先后担任高校人类学教师、编辑,后来成为政治家和重要的马克思主义理论家。1919 年曾任德国社会民主党的议会代表(魏玛共和国时期),1921 年至 1924 年任普鲁士议会议员。

库诺夫的父母都是工人,他们无力支付孩子的学习费用,在亲戚们的资助下,库诺夫才得以进入高级中学学习。毕业后,他先在汉诺威做学徒,学习经商。接着,他到汉堡的壁纸厂当会计。在那里,他接触到了工人政党——德国社会民主党。自此,他开始在德国社会民主党内从事政治活动,并开始自学马克思主义哲学。与此同时,他广泛阅读和学习了西方社会思想史,并对人类学和民族志进行了考察和研究,于 1894 年和 1896 年分别出版了《澳大利亚土著的管理组织》和《印加王国的社会结构》。

由于库诺夫表现出较高的理论水平,他于 1898 年得到担任《新时代》编辑的机会,当时卡尔·考茨基正是该杂志的主编。《新时代》杂志是整个第二国际时期马克思主义理论传播的主要阵地,为传播马克思主义做出了重大贡献。考茨基从创刊直到 1917 年 10 月一直任该杂志编辑。该杂志 1883 年 1 月创刊于斯图加特,最初为月刊,1890 年 10 月以后改为周刊。实际上,它从一开始就是德国社会民主党和第二国际的理论中心,1901 年正式成为德国社会民主党的中央机关理论刊物。

此外,库诺夫在 1902 年担任德国社会民主党中央刊物《前进》的编辑,当时他是反战先驱。从 1907 年开始,他与梅林、希法亭、卢森堡和亨利希·舒尔茨等人一起在德国社会民主党位于柏林的党校担任讲师。在这所世界历史上的第一所党校里，他不仅讲授马克思主义唯物史观，而且开始尝试运用马克思主义理论的研究方法进行人类学和民族学的研究，先后著述《神学还是民族学的宗教历史》(1910 年)、《原始时代和原始文化阶段的技术》(1912 年)和《关于婚姻和家庭的原始史》(1913 年)。

1914 年 8 月，库诺夫与《前进》杂志社的同事一起反对战争拨款。但是，1914 年 10 月中旬之后，他改变了对战争拨款的观点，开始转向以弗里德里希·艾伯特(Friedrich Ebert)为首的多数派。1915 年在德国社会民主党内部形成了以连施(Lensch)—库诺夫—海因里希(Haenisch)为核心的小团体，致力于运用马克思主义理论论证支持战争拨款，由此形成了战争帝国主义理论。随后，他在德国社会民主党的《汉堡回声报》[1]上发表文章论证战争的合理性，同年，他创立了新刊物《钟声》。1915 年，他出版了《党破产了吗？——关于党内争论的公开意见》，许多政治家和理论家因此而将他看作典型的社会帝国主义者。

1917 年 10 月，以考茨基为代表的独立社会民主党(USPD)从德国社会民主党中分离，而库诺夫留在了社会民主党内。由于考茨基的脱离而去，作为德国社会民主党党刊的《新时代》必须选择新主编。最终由库诺夫接任主编，直至 1923 年。

---

1 《汉堡回声报》是德国社会民主党最大的地方党组织的机关报，1887 年 10 月 2 日在《反社会党人非常法》条件下以合法身份创刊的日报。其前身是 1875 年创刊的《汉堡—阿尔托纳人民报》，1878 年被查封。1890 年《反社会党人非常法》废除后，该报成为仅次于中央机关报《前进》的社会民主党大报。恩格斯称赞它，认为此报堪称世界性报纸，具有大城市的气派和风格。第一次世界大战期间，该报持社会沙文主义立场。1933 年 3 月，该报被纳粹政府封闭。1946 年 4 月，该报重新出版。

就在库诺夫刚刚接任主编的这一年,他与奥托·霍叶尔、施贝尔合著了《垄断问题和工人阶级》。十九世纪末二十世纪初,正值资本主义垄断组织形式的迅猛发展阶段,卡特尔、托拉斯、辛迪加和康采恩相继在欧美如雨后春笋般涌现和发展。库诺夫正是看到了垄断这一资本主义经济的新主题,专门针对垄断组织形式及其企业内工人阶级的问题进行了考察。他重点以卡特尔为例,通过考察卡特尔的发展历程、组织结构及组织特点,分析其利益共同体的内在机理和相应的经济政策,辨析了私人垄断和国家垄断,论述了资本主义的垄断发展趋势,以及工人阶级在整个社会经济发展进程中的应对策略。他力图说明在垄断组织普及化的同时,资本主义经济正在日趋国家化,为了最大限度地保护工人的利益,有必要适应这一发展进程,并巩固已经取得的成果,以便在时机成熟之后实现社会主义。书中,他的国家资本主义思想倾向初见端倪。

1919 年,库诺夫进入魏玛共和国国家议会,1921 年至 1924年,他担任普鲁士议会议员,同时也是德国社会民主党中格利兹(Görlitzer)程序委员会的成员,还是政党中制定政策的活跃分子。在现实的国家政治实践中,他对唯物史观的理解和发展得以应用。然而,在夹缝中妥协而产生的魏玛共和国终究难以实现德国的强盛,也没能迎来社会主义的曙光。

1919 年,库诺夫获得博士学位,同年他接受了柏林大学(1949年更名为洪堡大学,有时也称为柏林洪堡大学)的教授职位,这是由普鲁士文化部部长、特别副教授海因里希任命的。这也意味着库诺夫的博士学位与教授职位不免沾染了些许的政治色彩。

此后,他出版了《宗教和上帝信仰的起源》(1924 年)、《阶级斗争理论》(1926 年)、《欧洲原始人的技术和经济》(1927 年)、《各民族生活中的爱情和婚姻》(1929年)、《印加的历史和文化》(1937年)等人类学、民族学方面的论著和四卷本的《经济通史》(第一卷1926年,第二卷1927年,第三卷1929年,第四卷1931年)。他在发展马克思主义唯物史观理论的过程中,着重于马克思主义理论中没有展现出来的社会学方面,特别是有关国家的理论,这方面的重要代表作是《马克思的历史、社会和国家学说》。该书于1920年至1921年分为上、下两册出版,书中的观点与马克思的观点有所不同。库诺夫认为,国家日益成为社会的管理者,因此存在一种可能的社会发展图景,即国家的发展与和平的社会革命共存。正是基于这一理论立场,他不赞同布尔什维克革命,认为那是唯意志论,没有考虑到俄国社会的经济政治等发展状况。

1933年德国国家社会主义工人党(即德国纳粹党)执政后,库诺夫失业了,他的作品被公开焚烧。1936年8月20日,他离开人世。

在第二国际时期,从马克思主义哲学史层面而言,库诺夫是第一位从实证社会学视角独立阐释唯物史观的理论家,他的系统诠释主要集中在《马克思的历史、社会和国家学说》,这也是一部实证科学意义上的学术专著。

之所以选择《马克思的历史、社会和国家学说》作为研究库诺夫理解马克思主义唯物史观的对象,是基于三个原因。第一,这本著作是库诺夫几近一生的理论总结,也是他思想成熟的一部里程碑式的著作。第二,书中的论述不仅包含了库诺夫对马克思社会学观点的理解和阐发,而且穿插应用了他在人类学、民族学等领域的研究成果,充分展现了他在马克思主义唯物史观的学理阐释和应用研究等方面的成果。第三,这本著作中的许多内容,他都曾在德国社会民主党党校任教期间以系列专题讲座的形式进行过讲解，有一些观点在他担任《新时代》编辑和主编期间曾著文发表。德国社会民主党是德意志民族的工人党，它不仅拥有传统的组织系统，而且掌控德国庞大的工会系统，对德国工人群众的影响力和领导力都相当深远和广泛。从他在当时党内的影响力角度看，这本著作在一定程度上具有代表意义。

引言：是捍卫还是背离

如果将马克思主义理解为资本主义批判理论，那么第二国际时期则是马克思主义思想史发展进程中不可忽视的关键时期。正是在这一阶段，马克思经典资本主义批判理论得以完成，并开始从经典一元论分化为现代多元形态[1]。此时也出现了众多马克思主义学者，诸如考茨基、卢森堡、希法亭、拉法格、伯恩施坦等，他们在马克思理论的传播和发展的进程中都留下了独特的思想足迹。但也有被忽视的学者——亨利希·库诺夫（1862—1936）。他是社会学家、经济史学家和人类学家，以诠释和发展马克思主义哲学为直接任务，运用马克思主义唯物史观进行独立研究。1917—1923年他继考茨基之后担任德国社会民主党中央理论刊物《新时代》的主编，1919年德国革命后曾一度任柏林大学国家学的教授和人种学博物馆的馆长[2]。德国共产党在总结有关帝国主义理论时，曾经将他与考茨基、列宁、罗莎·卢森堡、希法亭一同列为重要的典型代表人物，库诺夫的理论地位可见一斑。

1   姚顺良：《资本主义理解史·第二卷：第二国际时期资本主义批判理论的演变》，江苏人民出版社 2009 年版，导言第 1—11 页。
2   [南斯拉夫]普雷德腊格·弗兰尼茨基：《马克思主义史·上》，生活·读书·新知三联书店 1963 年版，第 234 页。

自新中国成立至今,对中国马克思主义哲学界而言,库诺夫并不为人所熟知。但追溯到二十世纪三十年代,这不是一个陌生的名字。当时随着马克思主义思想在中国的传播和发展,国内翻译并出版了库诺夫的九本著作[1]。迄今,库诺夫的主要著作被完整翻译成中文的只有《马克思的历史、社会和国家学说》[2],尚无以库诺夫为研究主题的文献资料。在涉及库诺夫的文献中,大多只是单辟一章或一节介绍他的思想,基本停留在对其思想的介绍和批判[3]。

库诺夫在马克思主义发展史中的争议性地位,以及他在十九世纪末至二十世纪初对马克思主义理论传播和发展的贡献,特别是他对马克思唯物史观的独特理解并将其原创性地运用于人类学领域,这些都使得我们不得不将其纳入研究视野。

一、唯物史观的阐释者和运用者

库诺夫对马克思唯物史观的阐释,无论是在国内还是国外,学者们都对其给予了一定程度的关注和研究。从 20 世纪 30 年代开始,西方学者逐渐开始关注库诺夫对马克思唯物史观的理解、阐述和运用,特别是他的独立研究心得和独特研究成果。

M. 巴辛(M. Bassin)提出,库诺夫善于运用历史唯物主义观点对客体世界进行分析。以地理因素为例,他提出这一因素本身已经不再是积极因素,"它们已经成为经济进程的一个部分,换而

1　其中八本著作分别根据库诺夫的《马克思的历史、社会和国家学说》第二卷中的各章内容翻译出版。

2　《经济通史》只是翻译并出版了其中的第一卷的第一册,其他三卷均未翻译出版。因此,《马克思的历史、社会和国家学说》是库诺夫在中国唯一被完整翻译出版的著作。

3　这里只描述中国马克思主义哲学研究者们所做的工作。

言之，它们已经通过劳动和技术的转化进入了经济的组成部分"。自然环境提供的至多是"前提"和"发展的方式"，而这些都必须由人类劳动的智慧和理性才能够得以实施。由此，他认为，如果继续研究并延伸开来，那么"人类地理学"（Anthropogeography）将直接进入马克思的社会和历史概念。[1]

E. M. 温斯洛（E. M. Winslow）认为，库诺夫率先运用马克思主义观点研究资本主义问题，提出金融资本是资本主义和帝国主义的重要且主要的因素。与考茨基相比，库诺夫甚至更加强调金融资本对于资本主义发展的深远意义[2]。但是保罗·斯威齐并不认可库诺夫关于资本主义的观点。他认为，库诺夫所谓的资本主义理所当然会崩溃的理论，是"一种粗浅的'市场不足'理论"，而"这种理论在恩格斯的某些通俗著作中或许可以找到证明"，但是，"在马克思的著作中就没有根据"。[3]

劳伦斯·克拉德指出，库诺夫于 1879 年率先察觉了恩格斯与马克思在历史唯物史观的适用范围上的不一致观点。库诺夫提出，在唯物史观原理及其规律是否同样适用于原始民族和文明民族的问题上，马克思与恩格斯持有不同观点。恩格斯认为，"历史

1　M. Bassin. "Nature, Geopolitics and Marxism: Ecological Contestations in Weimar Germany". *Transactions of the Institute of British Geographers*, 1996, Vol. 21 (2):315 - 341.

2　这是库诺夫在重新审视他自己 1900 年发表在《新时代》XVIII, No. 2 的文章《帝国主义的扩张政策》时得出的结论，他将这一观点发表在 1915 年的《新时代》（XXXIII, No. 2,34）上。他通常被认为是"社会帝国主义者"，因为，他支持殖民政策，而且认为帝国主义是资本主义演化发展的必经阶段，就像 Bukharin 评论的那样，因为"历史总是正确的"[《帝国主义和世界经济》(1929) 第 131—132 页]。详见：E. M. Winslow. "Marxian, Liberal, and Sociological Theories of Imperialism" *The Journal of Political Economy*,1931, Vol. 39 (6):713 - 758.

3　[美]保罗·斯威齐：《资本主义发展论——马克思主义政治经济学原理》，陈观烈、秦亚男译，商务印书馆 1997 年版，第 215—216 页。

唯物主义的规律以及随之而来的经济因素在历史上占首要地位的原理,只适用于文明的民族,而对原始的民族则不适用。"但是,马克思本人"从人类与自然界的关系出发反对把原始的民族同文明的民族分割开来"。[1]

斐迪南·滕尼斯提出,库诺夫将辩证法看作马克思唯物史观中的重要因素,正因为此才使得其历史理论对社会经济生活中各要素之间的关联予以充分的考察和研究[2]。托洛茨基对库诺夫将唯物史观理论应用于分析俄国的革命和建设问题,给予了一定的认可与赞同,指出库诺夫对马克思历史理论的实际运用是"切中要害"的[3]。

在中国二十世纪三十年代至四十年代,学界对库诺夫的思想尚处于译介为主的阶段,鲜有研究。当时,各书局和出版社将库诺夫看作马克思主义理论家,通过他的著作对中国民众进行马克思主义思想理论的传播。从客观而言,他在当时中国马克思主义思想传播的过程中起到了积极的影响和作用。当时随着马克思主义在中国大量翻译出版和深入传播,上海相继出版了《马克思研究丛书》,其中包括库诺夫的《马克思的经济概念》《马克思的唯物历史理论》和《新人生哲学》等九本著作。自 1928 年至 1930 年,朱应会根据库诺夫(当时译作"柯诺")《马克思的历史、社会和国家学说》(*Die Marxsche Geschichts,Gesellschafts Und Staatstheorie*)第二卷各章内容,分别以马克思的经济概念、民族、社会及国家概念、

1　[美]劳伦斯·克拉德:《作为民族学家的卡尔·马克思》,周裕昶译,《纽约科学院学报(第 2 类)》1973 年第 35 卷第 4 期,第 197—208 页。

2　[德]斐迪南·滕尼斯:《新时代的精神》,林荣远译,北京大学出版社 2006 年版,第196 页。

3　《国际共产主义运史文献》编辑委员会:《共产国际第三次代表大会文件》,中国人民大学出版社 1988 年版,第 720 页。

唯物史观的实证社会学诠释

阶级斗争理论、国家发展过程、家族发展过程和伦理概念等为主题，编译了七本著作，这些均由上海泰东图书局出版，将其归类为马克思研究丛书。其中关于马克思的伦理概念，上海泰东图书局和上海新宇宙书店先后以不同标题（《马克思主义与伦理》和《新人生哲学》）进行翻译和出版。

上海商务印书馆于 1936 年出版了库诺夫的《经济通史》的第一卷的第一册，由吴觉先翻译。在译者序中，吴先生评价库诺夫是"德国社会民主党现代有名的经济学者兼人种学者"，他的这本著作被誉为"经济史中空前的杰作"，"他撇开旧来的一切虚构，把比较人种学作为处理的对象，根据极丰富的事实材料，从各自然或半开化民族之自然环境及劳动工具出发，阐明各民族的生产方式和生产关系，并进而画出他们的社会组织和政治的、法律的形态之本来面貌来，使（足以帮助我们了解文化民族古代生活情形的）现代的落后民族的经济状况，历历如在眼前"，但是吴先生也坦言库诺夫"摆不脱白人一般的种族成见，颇有包庇侵略者的嫌疑"。[1]

二、唯物史观在人类学与民族学领域中的映射

库诺夫不仅对马克思的唯物史观有自己独特的理解，而且将之原创性地运用于人类学与民族学领域，先后著有《印加王国的社会结构》《神学还是民族学的宗教历史》《原始时代和原始文化阶段的技术》《关于婚姻和家庭的原始史》和《各民族生活中的爱情和婚姻》等。

从十九世纪末至二十世纪末，部分学者关注库诺夫在人类学

1　［德］H. Cunow:《经济通史》（一卷一册），吴觉先译，商务印书馆 1936 年版。

和民族学领域的研究成果。事实上，库诺夫运用马克思主义的理论方法在人类学、民族学领域的研究，多多少少得到了恩格斯以及西方学者的肯定。恩格斯在《家庭、私有制和国家的起源》1891 年的修订版中借鉴了库诺夫、巴霍芬、韦斯特马克、麦克伦南、泰勒、科瓦列夫斯基、费森、豪伊特等人有关人类学方面的研究成果。而这些通常被认为是马克思主义运用于人类学素材的经典案例。此外，M. E. 奥珀（M. E. Opler）指出，库诺夫由于其独立运用马克思主义理论进行人类学、民族学方面的探索，还成了普列汉诺夫感兴趣的为数不多的德国学者之一[1]。

在人类学和民族学研究领域中，从库诺夫所处的时代看来，他将唯物史观理论运用于这一领域的研究方法堪称原创性的突破，由此获得的一些研究成果在他所处的时代具有特别的学术价值。首先，他在十九世纪晚期率先从人类学和民族学视角考察印加社会[2]，他提出，了解印加社会只有一种方法，即考察现代的人种志研究[3]，从而走出了一条与班德利尔（Bandelier）研究墨西哥的方法完全不同的道路，由此得出的一些研究结论颇受当时学者的重视。例如，美国政治学与社会学学术的分类文献中收录了库诺夫的文章，米泰林根（Mitteilungen）和戈登威泽（Goldenweiser）对库

1　M. E. Opler. "Two Converging Lines of Influence in Cultural Evolutionary Theory". *American Anthropologist*, New Series, Part 1, 1962, Vol. 64 (3):524 - 547.

2　参见 Heinrich Cunow 1891 年 的 Das Verwandschaftsistem und die Geschlechtverbaende der Inka. Das Ausland, vol. 64; 1896 年 的 Soziale Verfassung des Inkareiches; 1937 年 的 Geschichte und Kultur des Inkareiches. Amsterdam。

3　C. Morris, E. Hunt. "Reconstructing Patterns of Non-Agricultural Production in the Inca Economy: Archaeology and Documents in Institutional Analysis". *Bulletin of the American Schools of Oriental Research. Supplementary Studies*, 1974, (20):49 - 68.

诺夫的人类学研究做了较为详细的评述,霍尼希施海姆(Honigsheim)对库诺夫的《印加王国的社会结构》发表书评[1]。

其次,库诺夫对原始土著的起源和发展、社会的多元化、部落的血缘关系等方面的比较研究,有助于揭示文明发展的第一推动力和发展进程中的许多信息[2]。他在这一领域的研究得到了当时西方学者的特别关注。例如,1894 年英国皇家地理学会出版的地理学月刊介绍了库诺夫的《澳大利亚黑人亲属组织》,1897 年美国政治学与社会学学术分类文献中列出了 1896 年 11 月 15 日—1897 年 3 月 10 日期间出版的图书,其中也有库诺夫的《印加帝国社会制度——对秘鲁农业共产主义的调查》。

最后,库诺夫的研究为后来学者的探索前行做出了一定程度的铺垫。L. 瓦拉卡塞尔(L. Valcárcel)就是在库诺夫有关印加社会原始乡村社区方面研究成果的基础上,开启了考古学与马克思主义理论之间的对话[3]。

三、理论的前行与偏离:彻底的经济决定论者

库诺夫将马克思唯物史观看作经济史观,他对社会生活中经济决定因素"彻底式"的解读方式,一方面促使他能够在人类学和民族学领域内实现原创性的突破;另一方面则使其在对帝国主义

1　信息来源于 http://www.jstor.org。

2　H. Cunow. "Geographical Literature of the Month Source". *The Geographical Journal*, 1894, Vol. 4 (4): 374 - 382.

3　L. 瓦拉卡塞尔认为库诺夫和考茨基两人是德国社会主义运动中的知识分子,在第二国际时期以及 1889 年至 1914 年的社会主义政党和商会中,两人对马克思主义理论发展和国际社会主义做出了重大贡献。参见 T. C. Patterson. "Social Archaeology in Latin America: An Appreciation". *American Antiquity*, 1994, (59): 531 - 537。

进行定性时,出现了与马克思完全不同的态度。他在理论上的偏差导致其政治上的转向,走向右翼机会主义,并最终被认为是社会沙文主义者。

二十世纪上半叶,对库诺夫最为典型的评价是,他和考茨基、普列汉诺夫等人一样,将马克思主义庸俗化了,是社会沙文主义者。列宁就提出,库诺夫对帝国主义的错误定性使之走入歧途。库诺夫把资本主义的迅速发展看作社会主义的基础,而帝国主义是现代资本主义,是资本主义发展中不可避免的进步阶段,所以,帝国主义是进步的。列宁称,他用这种"诡辩"为自己转向资产阶级辩护。基于这一思想,库诺夫提出革命已是幻想,不能再对革命抱有希望,否认民族自决权,认为那不过是"空想的、虚幻的、小资产阶级的"。他与帕尔乌斯[1]和极端机会主义者、英国的一部分费边派和工联领袖、俄国的机会主义者谢姆柯夫斯基、李普曼、尤尔凯维奇等人的观点如出一辙,"借口帝国主义和政治集中是进步的而赞成兼并",把"保卫祖国"运用于反动的帝国主义战争,"粉饰"第一次世界大战。因此,列宁斥责库诺夫"跪在帝国主义面前歌功颂德"。[2]

布哈林指出了库诺夫对马克思的曲解,认为他常常以两个凡是为理由,空谈当前的形势、当前的各种关系还不成熟,否认革命的意义,根本反对政党的阶级性,在其著作中将马克思变成了"自

1　帕尔乌斯(即 A.L.赫尔凡德,1869—1924),早年参加德国社会民主党左派,从事德国和俄国工运工作;俄国社会民主工党第二次代表大会以后,加入孟什维克派。他所提出的反马克思主义的"不断革命"论,后来成为托洛茨基用以反对列宁主义的武器。此人后来退出社会民主党,充当了德国帝国主义的代理人,从事大规模的投机倒把活动,在军需供应中发了横财。

2　中共中央马克思恩格斯列宁斯大林著作编译局:《列宁选集》,人民出版社1992年版,第460、469、570页。

　　　　　　　　　　　　唯物史观的实证社会学诠释

由主义的无害羔羊"[1]，把马克思的理论分解为两种"倾向"——作为学者的观点，即国家在社会学上是从经济发展条件中产生出来的事物，是行使社会职能的组织；作为"乐观的革命者"的观点，即国家在纯粹政治的意义上，是"对全部祸害负责的阶级压迫机器"。[2]

二十世纪六十年代至九十年代，西方陆续有学者开始研究库诺夫思想理论线索中存在着的从"批判修正主义"到走向右翼、机会主义的转折。弗兰尼茨基、保罗·斯威齐和罗格·弗莱彻尔（Roger Fletcher）[3]等学者都注意到了这一点。"在德国修正主义出现的时期，库诺夫尖锐地批判了修正主义，他是梅林、考茨基和当时其他反修正主义者的战友"。当时也是第一次世界大战前夕，他与罗莎·卢森堡、卡尔·李卜克内西、拉德克、连施、潘涅库克、帕尔乌斯、卡尔斯基等激进的骨干人员，提出的观点与修正主义以及此后的德国社会民主党党内主导观点难以和解，1911年以后甚至达到了狂热敌对资本主义的地步。此时，党内已经出现了多种分歧意见，呈现不同的趋势。正统马克思主义成为一种"启蒙进步和社会达尔文主义的综合体"。

但具有转折意义的是，在1915年9月出版《钟声》（*Die Glocke*）前夕，党内左翼步入了社会帝国主义的初期轨迹。库诺夫和帕尔乌斯等人阐述了这一构想，即建立以德国为主导中心的欧

1　[苏联]布哈林：《历史唯物主义理论——马克思主义社会学通用教材》，李光谟译，人民出版社1983年版，第294页。

2　同上，第305—306页。

3　罗格·弗莱彻尔（Roger Fletcher）在北美、欧洲和大洋洲的学术期刊发表了大量的文章，也是以下专著的作者：《修正主义和帝国：社会主义帝国主义在德国（1897—1914）》（伦敦，1984）；《伯恩施坦到布兰特：德国社会民主党的一段简短的历史》（伦敦，1987）；与F.菲舍尔合著的《从帝制到第三帝国：1871—1945德国历史的连续性因素》（伦敦，1986）。

洲自由贸易区，以此对抗美国、英国以及俄国。此外，库诺夫在《党的毁灭》[1]中宣传了著名的机会主义论点，即帝国主义是过渡到社会主义的必要阶段。"既然资本主义是历史发展和经济发展中不可避免的现象，一时也不会崩溃，而帝国主义和掠夺战争又是必要的过渡阶段，因此反对资本主义的斗争就像工业发展初期工人企图破坏机器一样。而且以战争为途径建立大国也是必要的，民族自决不过是一个'常见的天真想法'。"[2]库诺夫由此获得了明确无误的社会帝国主义者的称号。一位"往昔"的"正统的马克思主义思想领袖"，之后却"或公开地，或略加掩饰地同修正主义结成了联盟"。[3]

不过，对于库诺夫在修正主义立场上的定性，有学者持有不同观点，认为他属于修正主义中的左翼分子。例如，罗格·弗莱彻尔（1988年）通过研究西方学者对修正主义的分类，提出库诺夫与罗莎·卢森堡、帕尔乌斯、潘涅库克、连施、康拉德·海因里希等人一起被看作修正主义的左翼分子（left-wing revisionists），他们和伯恩施坦的思想观点形成一条平行的线索[4]。

在国内，从新中国成立直至改革开放前夕，库诺夫在理论界基

1　又被译作《党破产了吗？——关于党内争论的公开意见》。

2　［南斯拉夫］普雷德腊格·弗兰尼茨基：《马克思主义史·上》，生活·读书·新知三联书店1963年版，第232页。

3　参见［南斯拉夫］普雷德腊格·弗兰尼茨基：《马克思主义史·上》，生活·读书·新知三联书店1963年版，第232页；［美］保罗·斯威齐《资本主义发展论——马克思主义政治经济学原理》，商务印书馆1997年版，第215—216页；H. Cunow. "Geographical Literature of the Month Source". *The Geographical Journal*, 1894, Vol. 4 (4): 374 - 382。

4　西方对修正主义的定义更倾向于通过依据知识分子进行分类，例如，Lidtke不仅对此做出了分类，而且区分了修正主义和改良主义。参见R. Fletcher. "Revisionism and Wilhelmine Imperialism". *Journal of Contemporary History*, 1988, Vol. 23 (3): 347 - 366。

本上都是以批判对象呈现的。以《党破产了吗?——关于党内争论的公开意见》[1]和《第二国际修正主义者关于帝国主义的谬论》[2]为例,库诺夫因其在"一战"中对战争拨款的态度转变及其关于帝国主义的理论而被批判为"德国社会民主党右派"和"狂热的社会帝国主义者"。

从二十世纪末到二十一世纪初,中国学者开始逐步重新审视第二国际中的主流理论思想家,库诺夫的著作在中国也有了新的译本。从研究成果看,虽然学者们对第二国际的研究态度有所改变,但令人遗憾的是,专门针对库诺夫思想理论的研究还不足,已有的研究中,大多数学者几乎毫无保留地采纳了他"是一个社会帝国主义者""否定俄国十月革命""否定民族自决原则"等观点。[3]

在鲜有的研究中出现了新鲜而值得深思的观点。李胜清提出,库诺夫与伯恩斯坦、考茨基并非正统马克思主义者,属于"修正者"派别,他们根据新康德主义、庸俗进化论和实证主义等资产阶级思想修正马克思主义的意识形态理论。伯恩斯坦和考茨基针对正统马克思主义意识形态理论研究中的理性主义立场进行反转,否认马克思主义的科学性。而库诺夫与他们正相反,他把正统马克思主义的意识形态理论研究的"理想化立场更进一步地推向了极端",认为"意识形态不具有独立性""与经济基础并没有本质区别",一定程度上抹杀了意识形态的独立性和能动性,使之仅仅成

---

1 1976 年 12 月由韦任明根据柏林保尔·辛格前进出版公司 1915 年德文版进行翻译。当时库诺夫被译作"亨利希·库诺"。

2 《机会主义、修正主义资料选编》编译组:《第二国际修正主义者关于帝国主义的谬论》,生活·读书·新知三联书店 1976 年版,第 107 页。

3 此处文献参见王锐生、黎德化:《读懂马克思》,四川人民出版社 2001 年版;叶卫平:《西方"马克思学"研究》,北京出版社 1995 年版;陈安:《列宁对民族殖民地革命学说的重大发展》,生活·读书·新知三联书店 1981 年版。

为"经济基础的消极附属物和分泌物"。[1] 他提出了更加极端的观点:一种意识形态因素本身就可能同时是经济层面的因素,区别在于前者是后者抽象的表现形式,它在不同程度上将赤裸的经济因素"包藏"起来了。李胜清指出,库诺夫的这一研究立场貌似坚持了唯物主义,以捍卫马克思主义的形式呈现,更加容易被人们接受,以至于在后来的意识形态理论研究中"一直占据着统治地位","最终酿成一种积重难返的庸俗化理论格局"。[2]

如果说上述研究成果还是从意识形态方面,在隐形思想线索中点出了库诺夫的经济决定论倾向的话,那么姚顺良则进一步点明,库诺夫是把唯物史观诠释为"经济决定论"的典型代表,并且是更加极端的"经济决定论"者。姚顺良教授还深入研究,提出了崭新的观点:第一,库诺夫对马克思的唯物史观理论予以充分的肯定,把唯物史观看作社会学发展的最高成果。第二,他反复强调物质生产和再生产过程是社会生活的基础。第三,他在上层建筑中进一步严格区分了社会制度和国家制度。第四,他强调经济过程与意识形态之间是一种"总和决定"的关系,这也间接反映出他对唯物史观辩证法的深刻理解。第五,他提出道德就是"存在的东西成为应该存在的东西"。但是他的极端的经济决定论倾向也正是导致他最后走向社会帝国主义者的深层思想根源。[3]

对库诺夫的唯物史观思想到底如何定位,我以为,弗兰尼茨基和姚顺良对库诺夫的评价是比较客观的。弗兰尼茨基认为,"在德国社会民主党人中,以及与第二国际大部分理论家走着大致相同

---

1 李胜清:《意识形态诗学的主体向度——文艺的实践论研究》,中央编译出版社 2009 年版,第 26 页。

2 同上。

3 姚顺良:《马克思主义哲学史——从创立到第二国际》,北京师范大学出版社 2010 年版,第 271—279 页。

的道路的德国理论家中,库诺夫是很出名的,至少在世界经济史方面,他留下了大量著作。"[1]而且,他和其他第二国际的马克思主义者一样,"不能说他完全抛弃了马克思主义。他坚持了马克思的许多基本原理,但是正好在某些有关当前具体历史时期的其他根本问题上,他表面上似乎维护马克思主义,实质上却完全抛弃和修正了马克思主义"[2]。不过,弗兰尼茨基还是公允地表示,库诺夫的"最伟大的贡献","无疑是四卷本的巨著《经济通史》"[3],他广泛地考察了从原始农民经济和原始村社到现代资本主义的经济发展过程,运用马克思主义观点阐述经济发展的历史,"在这个方面,他仍然可以是一个更加彻底得多的马克思主义者"[4]。

姚顺良将库诺夫明确界定为"第二国际主流派中把阐释和发挥马克思主义哲学,特别是唯物史观作为直接任务的理论家",并指出,库诺夫的思想理论具有非常浓厚的实证主义倾向,他"是第二国际思想家中第一个从实证社会学视角系统阐释唯物史观的理论家",是将唯物史观运用于社会学和人类学研究的先行者。

以上观点使我们在理解库诺夫的唯物史观思想时有了入手的门径。库诺夫是马克思唯物史观的捍卫者,但是他在理论的坚持和发展进程中出现了偏差甚至是某种程度上的背离,其思想根源在于他对马克思唯物史观的实证主义理解模式,将马克思唯物史观解读为经济史观,这也是他成为彻底的经济决定论者的至关因素。作为第二国际主流派中的重要角色,库诺夫的思想理论造就了马克思主义发展史中独具特色的一环,从中我们依稀可见奥地

1　[南斯拉夫]普雷德腊格·弗兰尼茨基:《马克思主义史·上》,生活·读书·新知三联书店 1963 年版,第 231—232 页。

2　同上,第 231 页。

3　同上,第 234 页。

4　同上,第 235 页。

利马克思主义学派的实证主义研究模式的前兆。

从当代中国的社会实践看，研究库诺夫对马克思主义唯物史观的理解，对于科学建构中国社会具有理论研究和实践探索两方面的借鉴意义和启迪作用。库诺夫对经济因素在社会生活中的决定性作用给予了充分的强调。在中国着力完成工业化、实现现代化的关键阶段，经济要素的引领意义确实为社会发展带来了生机和活力。但我们也有必要防止走入经济决定论，需要避免西方国家发展中的失误，在重视经济因素的同时必须以社会的整体进步和协调发展为基准。

唯物史观的实证社会学诠释

第一章 问题与背景：库诺夫诠释 唯物史观的起点

理解马克思及其哲学与社会思想，最好的方法就是历史地"回到马克思"。审视库诺夫对唯物史观的理解，也需要回到库诺夫本来的文本，回到他生活的时代，回到当时处于世界资本主义发展格局中的德国，了解德国社会民主党内的理论危机，真正客观理解他所处的历史背景和他的方法论范式，才能深刻把握他建构唯物史观的逻辑起点。

第一节
库诺夫所处的历史背景[1]

自十九世纪七十年代以来，在社会经济、政治、文化、意识形态和国际形势等方面，都发生了重大的转变。在近代历史中，德国是"一个受民族主义的瘴气所熏染和沙文主义毒素所麻醉的国

---

1 本节部分内容已发表，参见郑如、孟飞:《库诺夫诠释唯物史观的历史背景》，《北方论丛》2018 年第 1 期。

家"[1]。库诺夫作为一位土生土长的德国学者,其理论研究不可能脱离德国历史和德意志民族思想的浸染。第一次世界大战前德国的崛起,战后世界政治经济格局的变化,德国和俄国在面对资本主义、社会主义革命以及社会主义改良等道路时的不同选择,都发生在库诺夫《马克思的历史、社会和国家学说》的酝酿与创作时期,库诺夫对唯物史观的思考不可能脱离这些历史背景。对德国社会民主党内部的理论危机、面对德国发展的社会现实道路问题、社会民主党的发展方向的思考促成了此书的构思和写作。库诺夫和考茨基争论的本质是"有组织资本主义"是否合理。库诺夫以实证社会学的视角切入唯物史观,认为从人类社会历史出发,以社会—国家为线索,系统阐述马克思有关社会学的基本要点,能够从理论根基上有力地回应党内的争论和危机。

一、资本主义社会经济和政治领域的新情况

十九世纪四十年代到七十年代,资本主义经济经历了前所未有的发展转型过程。第一,资本主义出现了在萧条中实现增长的现象。这一时期,资本主义的触角深入世界各地,一部分前进步伐较快的资本主义国家率先完成了工业化。在资本的飞速膨胀阶段,即使是1847年的经济危机和1857年的经济萧条,都没有能够打断其节节攀升的增长势头。直至1871—1873年,资本主义发展达到了一个繁荣阶段。但是,随后自1873年至1886年,世界经济"不景气",并伴随持续性大萧条。但是,发达资本主义国家并没有因这种特殊的大萧条而经济衰退,反而实现了"戏剧性"增长。在

1　丁建弘、陆世澄:《德国通史简编》,人民出版社1991年版,第553—554页。

唯物史观的实证社会学诠释

这一时期，工业上，主要产铁国家的铁产量增长率超过百分之一百，钢产量增加二十余倍，国际贸易和海外投资都持续大幅度增长，德国和美国的工业化程度明显改善。萧条中的增长引发了理论界的思考。一部分社会主义者认为，资本主义的经济萧条本身体现了资本主义制度的内在矛盾，资本主义国家无法克服其自身矛盾，因此经济萧条意味着资本主义必将灭亡的历史命运。而另一部分学者则认为，即使是如此大规模的经济萧条也没能导致经济衰退，而是以其他方式实现了经济增长，可见资本主义已经发展到能够驾驭经济危机并克服其内在矛盾的阶段，因此，暴力革命已经过时。

第二，伴随股份制公司形式的出现，资本呈现出新现象，即"资本的人民化"。在资本主义飞速发展的进程中，单个资本家的财力开始不能满足其对利润的追求，为了将大量的个人资本（包括雇佣劳动者的闲散资金）集中转化，股份制公司的形式应运而生。通过发行股票、购买股份和出售股份，把分散的资金集中转化为社会资本，从而实现了资本发展史上的重大转变。

第三，随着资本的规模化发展，卡特尔和托拉斯等垄断组织不断涌现。十九世纪六十年代至八十年代，自由竞争发展到空前的高峰，与此同时，卡特尔进入广泛发展期，随后的九十年代，美国的主要工业企业普遍建立了托拉斯。卡特尔原意为协定或同盟，其最早形式于 1865 年产生于德国（德语：Kartell），它是资本主义垄断组织的一种重要形式。生产同类商品的企业为了垄断市场以获取高额利润，在销售市场、产品产量、商品价格等方面达成协议，从而形成垄断性企业联合。第一次世界大战后在各资本主义国家迅速发展，此后随着垄断资本的国际化而萌生出国际卡特尔。另一种垄断组织形式托拉斯也在十九世纪末迅速得到发展，最早发端于美国,西欧在"一战"后也迅速发展了这一垄断形式。十九世纪末二十世纪初在欧洲一些国家出现了辛迪加。德国的许多辛迪加是由卡特尔发展而来的,在1905年的385个工业卡特尔中,约有200个已具有辛迪加性质。辛迪加在德国的煤炭、钢铁等经济领域中的垄断地位非常明显,发展迅猛。到十九世纪末二十世纪初,第四种垄断组织形式——康采恩,在主要资本主义国家先后形成。它的产生和发展,控制着经济、政治、文化以及社会生活的各个方面,充分体现了垄断资本主义时期银行资本与工业资本融合为金融资本的重要特点。

垄断组织取代了以往生产企业个体之间的无序竞争,从自由竞争阶段进入了垄断竞争阶段,这是资本主义发展模式上的历史性巨变。以前,企业主在竞争中"各自为战",在看不见的手的作用下,激烈竞争。而进入垄断竞争阶段后,大型企业成为市场经济的主体,取代了单个的资本家,并且能够根据自身和市场的需要,实现有组织有计划的生产,超越了以往的无序竞争状态。

正如面对萧条中的经济增长现象具有不同的态度一样,学者面对垄断组织的出现也有不同的立场。桑巴特和格弗尼茨等学者认为,垄断组织弥补了资本主义初期的无组织性,实现了社会的计划生产,克服了资本主义内部能够导致经济危机的因素。而考茨基、卢森堡等则认为,垄断组织虽然在资本运行模式上有所改变,但是并没有从本质上改变资本主义的内在矛盾,因此它无法克服自身的局限,必将导致其自身的灭亡。

经济萧条中实现资本主义的经济增长,是否意味着资本主义能够驾驭经济危机?是否意味着不再需要大规模的暴力革命?股份制公司的出现,是否意味着资本就真的实现了"人民化"?各种类型的垄断组织的出现,是否意味着经济的"有序性"和"计划性"?

是否意味着经济发展能够通过组织形式的转变而有质的飞跃?

面对这些资本主义发展进程中的新现象、新问题和新特征,不同的回答必然会将理论引向不同的方向,哪怕是对唯物史观的理解中的些许"异样",都会在对社会现实的思考和政治实践中产生巨大的"偏差"甚至"背离"。库诺夫对唯物史观的解读也不可能脱离这些历史境遇的影响范围。资本主义社会经济领域的新现象,必然在政治领域产生相应的改变。随着资本主义富有转折意义的发展态势,资本主义社会在阶级结构、政治意识形态和世界格局三个方面呈现新情况。

在阶级结构方面,社会内部的阶级构成出现了三个层次的变化。第一个层次的变化是:在工人阶级内部出现了"工人贵族"阶层。马克思恩格斯在世时期,由于当时历史客观条件的局限,他们虽然曾经注意到工人阶级内部的资产阶级化现象,但是并没有将其作为关注的核心。他们辞世后,至二十世纪初,发达资本主义国家,诸如英国、法国、德国和美国等,资本积累达到了新的巅峰,为了在政治上巩固牢固的统治地位,资本家不惜重金收买工人阶级中的领袖、工会官僚和部分具有一定技能的工人,试图培植具有一定特权的"工人贵族"。在实际政治生活领域内,资本家确实达成了目的,在一定程度上使得工人阶级能够"安分守己",稳固了政权。

阶级构成中第二个层次的变化是:无产阶级政党中的小资产阶级的相对数量和绝对数量都有所增加。资本主义从自由竞争阶段发展到垄断竞争阶段时,大批小型企业的资本家破产,加入了无产阶级。在壮大无产阶级力量的同时,也以其特有的世界观和历史观影响着无产阶级成员和政党。这一现象在各个发达资本主义国家都非常普遍。

阶级构成中第三个层次的变化是:单一的无产阶级—资产阶级的两极结构被打破,在两极之间出现了多元化发展的趋势。在卡特尔和托拉斯等垄断组织中,由于企业运转的需要而产生了职业经理、工程师、律师、市场分析等专业人员,他们为资本家工作,是垄断组织内部不可或缺的组成部分,但又不同于无产阶级,他们的收入高于无产阶级。而且,随着资本主义经济的发展,这些中间阶级的数量和比例都有了很大程度的增长。

　　资产阶级逐步通过民主和法制两个途径调节、控制、主导社会政治与经济生活。工人阶级以工会为核心,利用工厂法与资产阶级谈判、斗争,有时甚至可以通过合法的议会斗争,实现工资收入和工作待遇的提升。无产阶级从非法身份逐渐转变为合法身份,并能获得一定的选举等民主权利。1890 年德国的《反社会党人非常法》(以下简称《非常法》)的废止,在一定程度上反映出无产阶级的政治地位明显改善。在《非常法》废止之前,德国工人运动在组织上非常松散,不同地域的工会相互之间处于分裂状态。但是在《非常法》废除后,同年成立了德国工会委员会,会员有二十余万,时隔一年,又扩大至近三十万,到 1899 年会员已经超过了五十万,此后以每五年翻一倍的速度增长,至第一次世界大战爆发前,已经拥有二百五十万名会员。[1]

　　在政治意识形态和世界格局方面,资本主义的国际化发展趋势对世界政治格局产生重大影响。欧洲资产阶级革命基本完成,东方革命的新纪元到来。这一阶段有三场战争可以说明世界革命从西方推进转入东方的态势。第一场是 1870 年的普法战争。普

1　[德]苏珊·米勒、海因里希·波特霍夫:《德国社会民主党简史(1848—1983)》,刘敬钦、李进军、解健真等译,求实出版社 1984 年版,第 48 页。

鲁士和法国为争夺欧洲霸权而开战,结果普鲁士胜出,并完成了德意志的统一,在随后的四十三年中,德意志都是欧洲最为强盛的国家,其间资本主义发展进入了新的历史阶段。第二场是1871年的法国巴黎的革命运动,成立了巴黎公社,但革命和建设的经验不足,革命力量不够,以失败告终。从革命性质而言,这两场战争都属于欧洲资产阶级革命,它们象征着西方资本主义完全超越了前资本主义形态,摆脱了原有的束缚,资本主义基础逐渐变得纯粹而彻底。第三场是1905年的俄国革命。这场革命运动中,无产阶级作为领导阶级展现在政治舞台上,以非资产阶级方式进行了一场资产阶级革命,将欧洲资产阶级革命的浪潮推向了东方,在世界社会主义革命运动历史中留下了浓墨重彩的一笔。

阶级构成的变化,是否意味着无产阶级—资产阶级两极对立的终结趋势;资本主义社会的民主和法制进程,是否意味着无产阶级能够在资本主义社会内部,通过非暴力途径完成资本主义向社会主义的转变;东方社会的革命,能否实现从前资本主义形态向社会主义形态的跨越。这些都是库诺夫在进行马克思主义理论研究过程中直面的现实问题。

二、德意志的崛起及其争霸世界的野心

德意志帝国的成立标志着德国的统一。德国的统一有力地促进了德国经济的发展,并从政治上为德国工业化、民族国家的现代化提供了必要的前提条件。首先,德国统一消除了经济发展的障碍,加速统一民族市场的形成,内部经济得以重视,并融合为一体,对外贸易则在帝国的支持下稳步增长。其次,完成了农业资本主义改造,在工业现代化的基础上保护并促进农业的

飞速发展,使得工业和农业互相促进共同前进。最后,统一国家对德国经济的支持、保护和必要的干预适应了扩大世界市场、提升军事国防力量的特殊需求,对教育文化和科学技术进步都有毋庸置疑的促进作用。

1870年至1900年,德国经历了英国用百余年才完成的工业革命,无论"量"还是"质"都实现了令人惊异的经济转变。美国历史学家曾经客观地评价道,这一阶段德意志民族获得了脱胎换骨式的革命,使其从一个孕育滋养诗人和思想家的民族,转变为一个以精巧的工业技术、活跃的金融市场和颇具规模的工业组织为社会生活特征的现代民族。德国的政治结构、经济结构和社会结构都有了天翻地覆的改变。

然而,即使是在社会、政治、经济等诸多方面的重大转变,也没有改变德国的原有基础,统一后俾斯麦制定的现代政策的根本宗旨之一就是确保容克的政治统治。正因为此,德国现代化道路具有和英国、法国、美国等帝国主义不同的一些特点,它的经济发展和社会政治结构造就了容克资产阶级特性。

在工业高度发展的德国社会生活中,容克的烙印不容忽视。德国资产阶级从来没有单独执掌政权,无论是政权统治还是经济命脉,容克资产阶级始终都牢牢掌握着最重要的部分。德国大部分土地和商业都是容克所有,他们在国民经济中占据非同寻常的重要地位。

当时的德国,在政治上带有半专制主义色彩,在意识形态上保留了半封建主义因素,在政治领域的各个方面都渗透着普鲁士军国主义精神,这些和垄断资产阶级急切扩张的意图融合在一起,在"民族"和"国家"的名义下,德国的社会生活向前推进。

到十九世纪六十年代时,欧洲、北美洲和亚洲的日本,先后以不同形式完成了资产阶级革命和改良运动,为资本主义的发展清除了封建障碍。七十年代后,科技革命发生了重大飞跃,从碱性炼钢法和炼钢转炉到蒸汽涡轮机和内燃发动机,从轻工业到重工业,从各项发明的新产品到化学工业的质的飞跃,以及新型能源的利用,都为资本主义生产规模的扩大和资本积累的扩张提供了科技前提。

在德国,十九世纪五十年代至六十年代,出现了垄断的最初形式,即卡特尔。1873年爆发的世界性经济危机,加大了资本的集中程度和速度。到二十世纪初,德国工业在世界最先进科技的基础上,从起步阶段就采用了最新技术和股份合同的组织管理方式,从而建立了较为完备的工业体系,很快德国就进入工业强国的行列。更重要的是,此时的德国,其工业集中的程度已经达到相当高的水平。

例如,从1875年到1907年,采矿业企业总数减少三成,而从业人员则增加一倍有余;纺织工业企业数减少六成,但从业人员增加近两成。[1] 因此,列宁曾经在《帝国主义是资本主义的最高阶段》中评价道,此时的德国,区区数万个企业就拥有了全国工业的一切,其他数百万个小型企业,无论是生产能力还是对行业的影响力等,都已经无足轻重。

随着工业资本垄断的加剧,与此紧密关联的金融资本也快速发展壮大起来,金融资本也通过银行的金融力量对工业企业进行股权上的控制,并进一步巩固自身的垄断地位。

人们通常将1890年至1918年的德国称为"威廉时代"。这一

1　此处的数据参见马健行:《帝国主义理论形成史》,中国社会科学出版社1993年版,第8—9页。

阶段,德国的社会经济、军国主义(包括海军主义)、民族沙文主义都得到了进一步的发展。德国民众对本国政治经济的飞速发展都报以前所未有的民族自豪感。1913年,威廉执政二十五周年庆典时,经济、科技、学术、新闻等各界人士一致称赞,威廉超越了以往所有的德国皇帝。然而,也有少数人头脑清醒,例如电气工业家瓦尔特·拉特瑙、哲学家尼采和左翼《新观察》报刊编辑等,相继对威廉时代的虚假繁荣和发展后劲发出了警告,对德国的真正实力和国力的持久性表示怀疑。

然而,德国作为后起的现代工业化强国,企图统治整个世界的梦想冲击推动着威廉二世的扩展欲望。他实施了以殖民主义和海军主义为主的"世界政策",通过海外扩张殖民地,掌控制海权,试图实现称雄世界。

威廉二世将德意志的奋力崛起指向了欲与英法等国争霸的局面,第一次世界大战的导火索也就此埋下了伏笔。这恐怕也就是库诺夫后来为对抗英美法而设想建立以德国为中心的自由贸易区的肇始。

三、两条道路,两种可能:魏玛共和国与苏维埃共和国

与俄国相比,当时的德国还是比较发达的国家,面对欧洲资本主义道路的吸引,德国社会民主党内希冀通过改良实现社会主义的呼声很高,由此,德国选择了改良式的"有组织的资本主义"道路,这也是德国的历史选择。

德国近代历史上规模最大的人民革命运动是1848—1849年革命,其主要任务是统一德意志,并建立资产阶级统治,两者都没能实现,因此革命失败了。第一个任务后来由俾斯麦通过自上而

下的王朝战争得以实现，第二个任务则是在七十年后的 1918—
1919 年人民革命运动中被冲击。因此，许多学者认为 1918—1919
年革命是 1848—1849 年革命的延续。实际上，虽然两次重要革命
具有一定联系，但是性质不相同。前一次革命是资产阶级民主革
命，在此基础上，后一次革命转向了社会主义革命，旨在推翻资产
阶级—容克的君主专制统治。然而，在客观上，人们并没有做好思
想上的准备，由于德国无产阶级的分裂和社会民主党对资产阶级
的妥协，造成了 1918—1919 年革命的最终失败的结果。[1]

德国无产阶级和社会主义组织，在革命爆发初期就分裂为三
个党派：社会民主党、独立社会民主党和斯巴达克派。其中，后两
个党派是从原社会民主党中分离出来的，三个党派因为 1914 年对
战争的态度和政见的根本对立而逐步分道扬镳。

当时，倍倍尔逝世后，社会民主党的领袖是艾伯特，主要决策
者是谢德曼。两人皆为从工人阶级走出的党的领导人，他们认为
民族利益高于阶级利益，无法摆脱德国几百年以来的民族传统。
兴登堡元帅先后参与普奥战争和普法战争，德国社会民主党领袖
谢德曼和克谢辛斯基都将他看作德国人民和德国军队的荣耀。可
见，德国社会民主党还无法从民族历史中消除德国军队的荣誉感。
面对国会内的党派斗争和国家之间的战争，他们制定政党的政策
时总是民族主义占了上风。

与此相对的是斯巴达克派，这是革命左派，卡尔·李卜克内西
和卢森堡是该党派的领袖，虽然党员人数不多，但是他们始终坚持
反对帝国主义战争，保持国际主义立场，其影响毫不逊色于其他两
个党派。卡尔·李卜克内西在 1914 年 12 月的帝国议会对军事拨

1　丁建弘、陆世澄：《德国通史简编》，人民出版社 1991 年版，第 549—550 页。

款进行表决时毅然投出了反对票,充分体现了左翼反战运动的立场。

以考茨基、哈塞和迪特曼为代表的中派,从原社会民主党中间分离出来,立足社会和平主义,坚决反对右翼公开支持战争的政策,最终于1917年4月正式建立独立社会民主党。

从政治立场上看,社会民主党和斯巴达克派代表了当时德国工人运动中的两个极端,在针对战争拨款的表决中得到了集中体现。社会民主党还保留了由容克资产阶级铸就的民族历史和民族事业情结,试图建立资产阶级民主制度和议会制度,排斥任何形式的专政,包括无产阶级专政,害怕暴力革命和流血战争,崇尚个人尊严。斯巴达克派则恰恰相反,他们坚持国际无产阶级立场,拒绝资产阶级的民主制度和议会制度,赞成无产阶级专政。

面对俄国十月革命的胜利,两派也表现出完全的反差。社会民主党认为苏维埃政权严重损害了资产阶级民主、自由和人权;而斯巴达克派则对列宁主义的革命成就大加赞赏,希冀德国和欧洲其他国家能够效仿,并取得成功。两个极端派别之间的独立社会民主党,一方面,因浓厚的民族主义和军国主义的传统,而不赞成社会民主党诉诸的议会民主制度;另一方面,因其倡导的"一般的""纯粹的"民主,即全民普选的议会民主制度,而反对斯巴达克派推崇的苏俄式无产阶级专政。

面对德国十一月革命,各方各派人士都不曾有过任何心理准备和思想准备。1918年11月3日基尔水兵武装起义,4日基尔工人起义,奉命镇压起义的士兵也转而站在起义者一方,5日全城总罢工。柏林政府采取措施,社会民主党和独立社会民主党领袖先后到达罢工现场,通过和谈答应了工人和士兵的要求。

虽然事态很快就平息,但是,德国全境内的局势并不平静。从

5日开始,北方以基尔为中心,南方以慕尼黑为中心,加之首都柏林,一共三个革命中心,各个城市相继爆发了革命,成立了工人士兵代表会,接管当地政府或实行监督。然而德国皇帝并不情愿退位,直至9日在柏林起义的推动下,旧政权无法继续,宣告终结。

11月3日至11月9日中午是革命胜利阶段,此后至12月21日是革命去向何处:无产阶级工人士兵代表会制度下的共和国,还是资产阶级的国民议会制度下的共和国,这事关代表会与国民议会及政党之间的关系。

社会民主党唯恐已经占领皇宫的斯巴达克派将成立社会主义共和国,因此,谢德曼于当日下午两点,在国会大厦的阳台上向广场上示威游行的工人群众发表演说,并在结束演说时高呼"伟大的德意志共和国万岁"。当时艾伯特对此大为光火,认为他没有权利宣称德国是否能够成立共和国,这应当由制宪会议决定。但就在两小时之后,卡尔·李卜克内西在皇宫的阳台上向工人群众宣布德国是"自由的社会主义共和国"。一天之中,两次宣布,预示着德国前进中的两条不同的道路和前景。

两条道路的政治形势迥然不同,思想理论上是相互排斥、无法兼容的。议会民主制在表面上看,是由政治平等的公民选出的代表通过表决来决定政策,但是究其实质而言,代表基本上都是有产阶级的代表,是经济利益的代表,因此,是资产阶级专政。列宁曾经对苏俄式的工兵代表会专政做过论述。他提出,无产阶级专政的任务就是要打碎国家机器,其统治工具是工兵代表会,不是三权分立,而是通过选举任用所有的政府官员、司法官员和军队官员,通过生产资料公有化最终实现国家的消亡。

工兵代表会能否成为无产阶级专政的统治工具,关键取决于它能否完全接受并服从无产阶级政党的领导。苏俄的工兵代表会只服从布尔什维克的领导，但是德国的情形则大不相同。德国已经高度工业化，工人在人数上占了德国人口的百分之五十，但是观点并不一致；资产阶级既有一定的历史，也有强大的影响力；工人阶级政党已经分裂成多个党派，有的甚至相互对立；社会主义运动本身也并非集中而统一。

从 1918 年 12 月 16 日至 1919 年 1 月 19 日，进入了革命的第三阶段——危机和失败。在此前的第一届德国工兵代表大会中，社会民主党控制了整个大会的议程和决议，排挤了斯巴达克派，而那些在革命初期万分惊恐的容克、资产阶级政党，披上了"民族"和"民主"的外衣，结果工兵代表大会做出了有利于资产阶级议会民主的决定。

斯巴达克派在这紧要关头根据局势，迅速从组织层面断绝了和独立社会民主党之间的关系，从而改组成立了德国共产党，即斯巴达克同盟。在党纲中，规定了他们的革命方法是用无产阶级的革命暴力反对资产阶级的反革命暴力，革命任务是武装顽强的劳动人民大众，并最终掌握全部政权。在政治上，德国共产党试图建立统一的社会主义共和国，彻底改革社会立法。在国际关系方面，建立与其他国家工人阶级政党之间的联系。

然而，斯巴达克同盟（即德国共产党）并没有能够争取到大多数工人和士兵的支持和拥护，虽然工人和士兵们也认同社会主义，但是他们却止步于苏俄式的无产阶级专政。德国工人阶级和资产阶级在这一点上保持了一致，即议会主义传统和国家观念都根深蒂固。而斯巴达克同盟却没有充分地认识到所处状况，反而认为世界革命即将全面爆发，历史进程正在向他们期望的方向发展，于是就采取了一系列罢工、巷战、起义等行动，结果逐渐将自身陷入了孤立状态。

　　　　　　　　　唯物史观的实证社会学诠释

最终，斯巴达克同盟与政府军之间展开了激战，领袖卡尔·李卜克内西和卢森堡相继惨遭杀害。正是在这样的氛围中，1919年2月6日在小城魏玛召开了制宪的国民议会，随后选举出总统和总理，组建联合政府，于是魏玛共和国就建立了。同年4月，以共产党人莱维内为首，建立了巴伐利亚工人士兵代表会共和国。柏林社会民主党政府对此实施了镇压，5月巴伐利亚工人士兵代表会共和国被彻底颠覆。

客观而言，十一月革命的暴力和流血事件都较少，人们称赞这是一场几乎无流血的辉煌胜利，但是，在革命胜利的面纱下掩盖着的是几乎没有变化的社会基础。作为德国军队最高统帅的兴登堡和格棱纳等人，对魏玛共和国的效忠，并非因为他们赞成革命，而是因为他们已经清晰地认识到，在当时状况下反对革命是徒劳无用的，因此，他们选择了保存军队的实力，以谋求将来德国民族主义的复兴。这也是魏玛共和国命运中暗藏着的危机因素。

魏玛共和国是德国历史上第一个共和国，如果以魏玛宪法公布为标志，则德意志国家的成立应当从1919年8月开始算起。魏玛宪法是近代主要资本主义国家中产生最晚的民主宪法，所以它在主客观上就能够吸收其他欧美国家宪法的精华。例如，在政体方面贯彻了国会、总统与政府、法院三权分立的原则，宪法中甚至写入了"社会化""国有化"和"工兵代表会"等。整个宪法几乎完善无疵，虽然，它似乎遮蔽了资产阶级—容克的统治实质，但是从政治本质而言，它规定的民主始终在资产阶级民主的界限之内。其中一些大而无当的民主权利，虽然看似是对民主的体现，但是在未来的现实社会生活中可能被极端民族主义分子利用，之后的现实也证明了这一点。

魏玛共和国从诞生初，就处在尖锐的矛盾和深重的政治一经济危机之中。虽然魏玛共和国取代了君主政体,但对苏俄式的无产阶级专政持坚决反对的立场,在经济和政治两个方面都没有触动德国的传统。因此,作为激进左派的斯巴达克同盟认为他们是"革命的叛徒"。与此同时,新成立的共和国在《凡尔赛和约》上签字,不得不为德国战败承担所有赔款责任,甚至被迫割地。所以,极端保守的右派就将其当作"民族的叛徒""十一月罪人"。

面对德国战败、霍亨索伦王朝被推翻和十一月革命,魏玛共和国"左右为难",这与其政治基础密切相关。其政治基础主要是社会民主党和部分民主自由的资产阶级政党结成的较为广泛的联盟。他们旨在维护旧德国的政治—经济基础及其社会结构。此时的社会民主党,通常被认为是"温和"的工人阶级政党,那些民主自由的资产阶级也被当作"温和"的中间政党。

这样一个联盟之所以能够取代旧德国容克和大资产阶级(即垄断资产阶级)的政治统治,主要是因为当时资产阶级处于分裂状态。实际上,他们仍旧掌控德国的经济命脉,但是,他们和素有"国中之国"称号的德国陆军一样,既不接受共和国,也无法接受《凡尔赛和约》对德国的掠夺。德国无产阶级没能成为共和国的政治基础,主要是因为德国的无产阶级也处于一种分裂状态。一言以蔽之,魏玛共和国的产生,主要是因为德国的资产阶级和无产阶级暂时势均力敌,因此,在两个阶级中的温和派就成为主要的政治力量。但是,共和国的未来命运,还取决于两个阶级的力量发展状况。

唯物史观的实证社会学诠释

第二节
库诺夫所处的理论资源

库诺夫试图阐释唯物史观时,他所处的理论资源环境比较丰富。十九世纪至二十世纪是西方社会科学和自然科学飞速发展的历史时期,作为对自然科学发展成就的总结和思考,实证主义受到重视。它兴起于自然科学,从实证主义到逻辑实证主义,这种方法论模式很快就对社会科学的思想方法论产生了前所未有的影响,社会学、人类学、民族学等领域相继得到了质的飞跃。这些都构成了库诺夫诠释唯物史观的学理地基。不仅如此,德国特有的历史主义和民族主义思想也对他的理论研究、现实考察产生了潜移默化的作用,而奥地利马克思主义则与他的思想理论发生了一种相互影响的作用。这些都在他建构唯物史观的过程中不经意地留下了思想痕迹。

一、实证主义方法论模式风靡欧洲

第二国际的马克思主义理论家在进行资本主义社会研究的过程中,普遍存在从唯物史观的历史批判模式转向实证主义的非批判模式的问题,库诺夫表现得尤为彻底,究其原因,恐怕和当时的实证主义思潮有密不可分的关系。

实证主义从一开始就声称,面对知识的立场应保持中立,即仅仅研究关于知识的规则和评价标准,在此过程中既不研究也不关注人们获取知识的具体方式,也不探讨产生知识的社会历史基础。

换而言之,实证主义只是从表层研究社会现实,不关心社会现实背后的深层本质,因为实证主义者们通常认为,知识的本性就已经决定了社会研究者的方法路径,即只能研究世界对人类提供的内容,而无法对世界本身进行考察。

现代实证主义哲学的始祖——孔德同时是西方现代社会学的至圣,他最初就是受自然科学研究的启发,对社会用类似于物理学的方式进行研究,像研究牛顿经典力学一样,将社会分为静力系统和动力系统,并应当追求社会科学研究的精确性。在他看来,社会科学就是以客观真实的实在为前提,只有通过观察法、实验法、比较法和历史法才能够获得真实、有用、肯定、精确、组织和相对的真理(即实证的六层含义)。此后,以密尔和斯宾塞为代表,实证主义进一步得到了发展。随着自然科学领域的大发展,特别是达尔文进化论的巨大影响,社会科学领域普遍运用实证经验研究方法。由于生物学界是自然界和人类社会之间的中间领域,而它本身又是自然界发展的顶峰,所以,生物界中的伟大发现——达尔文主义学说几乎风靡全球,在自然科学和社会科学领域,甚至在整个世界的思想文化界都产生了无可比拟的影响。

从十九世纪七十年代至二十世纪初,德国、奥地利以及欧洲其他国家流行着马赫主义,即实证主义的第二代形式。这个唯心主义哲学流派由马赫和阿芬那留斯创立,继承了英国经验论的主观唯心主义和法国社会哲学的实证主义,强调经验的重要意义,认为感觉经验具有第一性,因为感觉经验是人类认识的界限和世界的基础。马赫主义宣称,自己克服了唯心主义和唯物主义的片面性,建立了凌驾于两者之上的无党派性质的中立哲学。由此出发,马赫主义者认为,科学理论不是对客观世界及其规律的正确反映,而是对感觉经验的描述,以最少量的思维做出最完善的陈述原则(即

"经济思维原则",又称为"费力最小原则")。此外,虽然马赫没有直接提出历史观的研究问题,但是他在描述热学、力学和数学等自然科学领域的发展史过程中,始终将经济关系作为出发点,从库诺夫的经济主义倾向看,马赫主义对他解读唯物史观具有一定的影响。

此后,马赫主义的后裔——逻辑实证主义产生于二十世纪二十年代。起初,维也纳大学的石里克和卡尔纳普等人在继承实证主义的基础上,总结和反思二十世纪初的科学革命(当时有两个最主要的成果:以相对论、量子力学为标志的现代物理学和在研究数学基础的过程中产生的数理逻辑),同时吸收了罗素、维特根斯坦的数理逻辑学和操作主义的思想理论观点,由此创立了维也纳学派,随后出现了以赖兴巴赫为首的柏林学派和以塔尔斯基为首的华沙学派,逐步形成了逻辑实证主义。

逻辑实证主义修正了第一代实证主义,在实证等于经验之外补充了逻辑,通向实证的道路上有经验和逻辑两条路径,即实证=经验+逻辑。两代实证主义都是以经验为知识的唯一源泉,崇尚科学,坚持认为科学方法是研究人类社会的唯一正确方法。所谓的"逻辑"就是在有限的实验基础上,通过思想上的实验,进行逻辑分析和推理,对理论进行修正和拓展。

逻辑实证主义否认"形而上"的哲学,认为哲学不应当成为包罗万象的理论体系,也无须探索世界的本质和普遍规律,而是一种阐明命题意义的分析活动和分析方法。而命题是否有意义的判断标准是以经验证实为原则,即被经验证实或证伪才有意义。

在此值得一提的是奥地利经济学派。当库诺夫正在进行《马克思的历史、社会和国家学说》的创作时,欧洲兴起了这个重要的经济学派,它在一定程度上可以被看作库诺夫实证主义倾向的源头之一。奥地利经济学派产生于十九世纪七十年代,流行于十九世纪末二十世纪初,是近代资产阶级经济学领域边际效用学派中最主要的一个学术派别,也是二十世纪影响最为广泛、持续最长久的一个哲学流派,在一定程度上典型地反映出自然科学对哲学研究的挑战,而其中的唯科学主义和实证主义倾向对现代哲学产生了一定影响。

由于创始人门格尔及其继承者维塞尔、庞巴维克同为奥地利人,又都是维也纳大学的教授,他们致力于用边际效用的个人消费心理构建理论体系,因此,该学派也常被称为奥地利学派、维也纳学派或心理学派。

1871 年门格尔出版了《经济学原理》,由此形成了奥地利经济学派的发端。他试图在保持经济学的抽象特征和理论特色的前提下,在价格与价值方面超越古典经济学,从而重建经济学基础。古典经济学家们认为,以往的资源成本决定了价值,而门格尔则提出,价值主要取决于对今后满足消费者需要的实用性的判断。虽然,他意在将自己的著作献给以罗雪尔为代表的德语经济学界,期望以这样一种经济学上的启迪方式作为友好的问候。但是,显然门格尔大失所望——他的研究方法与德国大学中经济学研究方式完全异质。因此,他的学说备受冷落,德国经济学界对他的理论几乎"不屑一顾",偶尔被提及,也往往是曲解。此后,他意识到,有必要从正面对德国古典经济学予以批判,于是引起了激烈的方法论之争。有的经济史学家认为这场争论简直是学术精力的"可悲浪费"。

不过,这样的直面激烈争论从客观上提升了国际经济学界对奥地利学派的关注度,毕竟,那些新生代(对那个时代而言)经济学家们提出了大量令人耳目一新并言之凿凿的理论观点,在实质意

唯物史观的实证社会学诠释

义上完善了新生的边际主义理论思想,在相当程度上颠覆了当时占据着主流地位的古典价值理论。

此后,更年轻的经济学家——维塞尔和庞巴维克,连同门格尔的学生们竭尽所能地进行这一领域的研究和写作,详细地论述了门格尔在价格、价值以及成本等方面的核心思想,逐步获得了国际经济学界的重视,终成公认的学术派别。

门格尔的独特之处在于,主观的"效用"在决定经济价值的过程中起到的作用。在马歇尔经济学中,价值由主观的效用和客观的有形成本"共同"决定,而门格尔坚持认为,这是由消费者在既定的生产力前提下"单独"决定的。他们对成本、资本、利息、剩余价值和利润等做了包罗万象的评述。

虽然奥地利经济学派的成员不可能完全拒斥形而上学的理论体系,但是他们对形而上式的命题做出了逻辑分析性的批判,他们提倡阐明问题和逻辑分析方法,并使之成为一种较为普遍的哲学批判方法,促使学界再也无法像过去那样崇尚并试图构建形而上学体系了——这些都是奥地利经济学派为现代哲学提供的思想理论资源。

库诺夫将唯物史观拓展到人类学和民族学领域,并将这种应用的研究成果用于阐释唯物史观,在这双重过程中,他对印加王国和澳大利亚土著的观察和历史比较,他对人类历史规律的肯定性、精确性和必然性,以及他的价值中立理论立场,都映衬出实证主义、马赫主义和逻辑实证主义对他的方法论影响。

不可否认的是,从实证主义到马赫主义,再到逻辑实证主义,其理论贡献突出,其偏颇之处也一样的"突出"。它的唯科学主义只重视"科学的逻辑",几乎无视所谓的科学一直赖以产生并得以发展的人文社会背景;对科学实证精神的强调,几乎无视作为社会主体的人的创新性和创造性（或者称之为人的主观能动性）。过度强调科学与人文之间的"鸿沟"般的区别，必将导致对人文与科学间关联的遮蔽，以及对科学的人文意义与价值的忽视，这也是在审视库诺夫对唯物史观的解读过程中必须注意的问题。

十九世纪下半叶开始，与实证主义和马克思主义紧密相关的另一条理论线索是新康德主义。康德之后，西方哲学思想的发展主要朝三个方向发展：从黑格尔到马克思的理性认识道路，由非理性主义思潮引发的现代西方人本主义，以及从实证主义到现代科学哲学，有学者由此提出这些都偏离了康德的哲学基础，于是提出了应当回到康德的理论主张。从时间和空间两个维度可以划分出新康德主义的三个派别：早期学派、马堡学派和弗莱堡学派。三个学派的理论出发点各不相同，早期学派融合当时生理心理学的知识理论，侧重于康德认识论中先验感性学说，认为先验感性是人类理性和知识的基础和出发点。马堡学派从纯粹理性出发，主张理性是人类知识的基础，强调认识的关键不在于先天心理能力，而在于逻辑理性。因此，马堡学派又称为逻辑学派，重视客观事实，强调历史必然性，在研究领域上则表现为侧重于自然科学。弗莱堡学派注重实践理性，认为这是高于理论理性的思想，只有以实践为基础才能说明人类理性。其中，马堡学派的逻辑理性对库诺夫阐释唯物史观具有一定的影响。

马堡学派认为，人类知识超越先验感性和地域性，人类追求知识的重点就是探索社会主体之外的客观性，这与库诺夫强调人类社会历史发展规律的客观必然性何其相似；马堡学派认为，人类知识的起点应当从认识的最高成果出发，从而评价认识能力，而库诺夫从唯物史观是社会学研究的最高成果出发，以此为标准评析历史上的各种社会哲学思想，这与马堡学派的观点在本质上具有共

唯物史观的实证社会学诠释

通之处。

二、社会学与人类学的理论成果

库诺夫在诠释唯物史观的过程中,注重对社会学和人类学等领域的知识运用,同时有意识地将唯物史观思想拓展到这两个学科,特别是他对原始社会史的偏重,与他所处时代社会学与人类学科发展有着密不可分的关系。当时的实证社会主义思潮大大促进了社会学和人类学的发展,一方面为库诺夫研究原始社会史提供了丰富的第一手资料,另一方面也为他拓展了研究和应用的领域,并提供了理论参照系,这些都构成了他阐释唯物史观的知识资源和理论平台。

第一,从库诺夫解读唯物史观的过程中可以看出,社会学对他具有深刻影响意义:他将整个唯物史观都置于社会静力学和社会动力学两个维度中,这是他与其他马克思主义研究者的最大区别;同时,他试图将实证主义彻底贯穿于唯物史观,这既是他解读马克思的一大特点,也为他理论发展的倾向性埋下了伏笔。

社会学创立于十九世纪三十年代。从词源上看,它的英文sociology 的前半部分源于拉丁文"socius",即社会中的人;后半部分源于希腊文"logos",即论述、学说。法国实证主义哲学家、社会学家孔德于 1838 年出版的《实证哲学教程》第 4 卷中正式提出了"社会学"概念,从而建立一个崭新而独立的学科,采用具体的经验研究,与以往思辨性的社会哲学和历史哲学相区别,旨在运用实证方法研究社会现象的基本规律。[1] 他对实证方法做了一个比较明

1 　李芹:《社会学概论》,山东大学出版社 1999 年版,第 1—2 页。

确的界定:(1) 实在而不是幻想;(2) 有用而不是无用;(3) 可靠而不是可疑;(4) 确切而不是含糊;(5) 相对而不是绝对。[1]

孔德将自己的社会学理论界划为两个部分:社会静力学和社会动力学。前者考察社会有机体中各部分之间的关系和规律。他对社会考察的基本单位是家庭,因为他认为人是通过家庭才摆脱了单独个体的人格。这也体现出他的整体性原则,即"整体大于局部,综合先于分析"。后者主要是研究社会的发展和进步机制。在连续的社会形态的发展进程中,后一种社会形态是前一种社会形态的必然结果,前一种社会形态又是后一种社会形态的客观推动力。斯宾塞将社会看作一个有机整体,并且在永恒的、不可抗拒的"力"的作用下不断进化,依据同质⇒分化⇒异质⇒整合的路径,向前推进和发展。

在孔德和斯宾塞的基础上,迪尔凯姆(又被译作涂尔干)、韦伯与马克思有所前进,这三位理论家被西方社会学界共同称为"现代社会学之父"。

迪尔凯姆是"社会年鉴派"的代表人物,该学派形成于十九世纪末二十世纪初的法国,因创办了《社会学年鉴》而得名。庄孔韶先生曾经将迪尔凯姆的社会学理论概括总结为社会决定论,即社会事实只能用既定的事实解释,而不能在心理和生理方面寻求原因,社会独立于个体之外,并高于个体之和,通过集体意识对个体形成无形的强制力。所有社会现象都能够运用科学方法进行实证研究。[2]

库诺夫认为,从资本主义向社会主义的转变和发展不可能因

1　尹保华、魏晨:《通识社会学》,吉林人民出版社 2004 年版,第 33—34 页。
2　庄孔韶:《人类学通论》,山西教育出版社 2004 年版,第 55—56 页。

　　　　　　　　　　　唯物史观的实证社会学诠释

为人民的心理而加速，只能由既定的社会事实所决定，社会存在在总和上决定了社会意识，所有的社会现象都可以从社会事实中寻找根由，这与迪尔凯姆的社会学理论的思想内核如出一辙。

第二，人类学的飞速发展，尤其是其中民族学的兴起，为库诺夫从原始社会的角度阐释唯物史观提供了丰富的理论资源和知识背景。

库诺夫在梳理社会哲学史的过程中，时常感慨理论家们由于没有足够的人类学知识和理论作为支撑，从而无法在社会—国家理论领域做出更加深刻的研究，即使是康德和黑格尔也不例外，这也从另一个理论维度激发了他对人类学知识的研究动力。

人类学和社会学之间具有非常紧密的联系。人类学主要是针对人类的生物性和文化性（即人类的两大基本特性）的整体性研究，包括体质人类学（又称为生物人类学）、考古人类学、语言人类学和社会/文化人类学/民族学。诚然，在第四项内容上，社会学与人类学较为接近，但两者之间仍然存在一定的区别，例如，人类学有博物馆物质文化研究，而社会学则基本没有。[1]

人类学，顾名思义，是研究人类的科学，不是对单个的人，而是从整体上研究人类群体的状况，包括人类的起源和发展，人类对环境的适应方式，人类在发展进程中呈现出来的多样性及其实质根源，特定群体与其他群体的关系及差异，等等，总之，人类学是一门颇具整合性的人类研究科学。

在国际学术界，人类学的含义不尽相同。在欧洲，"人类学"特指"体质人类学"，而研究人类社会生活的科学被称为"社会人类

1　庄孔韶：《人类学概论》，中国人民大学出版社 2006 年版，第 20—21 页。

学",在英国则被称为"比较社会学"。[1] 在德国更加偏重于社会文化人类学的含义。

人类学理论的发展大致可以划分为六个主要阶段[2]：（1）1890年之前——进化论；（2）1890年至二十世纪二十年代——传播、社会和文化论；（3）二十世纪二十年代至五十年代——功能论；（4）二十世纪五十年代至六十年代——自然、结构和符号论；（5）二十世纪七十年代至八十年代——结构马克思主义与实践理论；（6）二十世纪八十年代至今——后现代主义与人类学的重构。

从中可以看出，库诺夫当时所处的年代正是人类学从早期第一阶段向第二阶段发展的时期。就这一阶段而言，十九世纪六十年代至七十年代是一个重要时期。当时，人们对人种问题产生了极大的兴趣，开始着重研究人种的起源、分类及迁徙等。这些或多或少都与当时资本主义国家开发世界市场，以及欧美列强进行殖民扩张存在一定程度的关联。[3]

十九世纪末至二十世纪七十年代是人类学走向成熟的重要时期，理论形式日趋完整，学科结构逐渐体系化，研究方法更加科学务实，研究理论不断有所创新，其中文化人类学先后出现了文化传播论、历史特殊论和社会整体功能论等新观点。

在此，主要介绍十九世纪末至二十世纪四十年代具有代表性的人类学理论，以考察库诺夫将唯物史观方法拓展应用于人类学领域的时代背景。

（1）文化传播论，综合了自然史、地理学和博物学，德国学者

1　[美]康拉德·P.科达克：《多样性的世界——文化人类学概论》，格勒、刘一民、刘月玲译，四川民族出版社1990年版，第1—3页。

2　此处的划分参见庄孔韶：《人类学概论》，中国人民大学出版社2006年版，第33页。

3　[苏联]雅·雅·罗金斯基、马·格·列文：《人类学》，王培英、汪连兴、史庆礼等译，警官教育出版社1993年版，第7页。

拉采尔是其理论先驱，随着理论的发展，逐步形成了三个理论体系：以德国、奥地利学者为代表的文化圈理论，以英国学者为代表的埃及中心论，以美国学者为代表的文化区理论。德奥学者和美国学者的理论，与库诺夫的人类学理论关系较为紧密，因此，这里只讨论他们具有典型代表意义的思想理论。

德国的弗罗贝纽斯、格雷布纳尔和奥地利的施密特奠定了文化圈理论的坚实基石。弗罗贝纽斯率先提出文化圈概念。格雷布纳尔进一步阐释了文化圈的内涵，提出人类社会只有少数优秀民族才能创造文化，并向其他民族输送或被借鉴，他同时提出了文化圈中传播文化的强度与信度在"形"和"量"上的标准。施密特发展并完善了格雷布纳尔的理论，并创办了《国际人类学杂志》。

美国学者的文化区理论是对德奥文化圈理论的深化和发展，细化了文化传播中的内部元素和实质内容，逻辑结构和理论层次更加清晰明确。代表人物博厄斯为这一体系建构了严谨的逻辑链条：文化特质→文化丛结→文化类型→文化带→文化区。他在美国人类学领域是重要的先驱人物，对人类学在美国的发展具有不可磨灭的引领意义，而他同时也是德裔学者，不可避免地带有德国人类学的思想传统。因此，从一定程度上说，美国的人类学发展初期的研究和德国的人类学研究具有一脉相承的关系。美国有关人类学的分类文献中收录了库诺夫的研究成果，在一定程度上也体现了这一点。[1]

（2）历史学派理论，有时又被称为历史文化论或历史特殊论。主要代表人物有博厄斯，包括文化区理论、区域年代假说、语言相对论假说、文化相对论、文化整合论等，其理论核心是以文化与个

1　叶启晓：《诠释人类学》，北京大学出版社 2012 年版，第 33—35 页。

体之间的关系为研究主体,通过经验和实证方法,以文化相对论为理论原则,从而建构各地域不同民族的文化史。

(3)社会整体功能论,以马林诺斯基的《西太平洋的航海者》和布朗的《安达曼岛人》两部著作的出版为形成标志。马林诺斯基提出,人类学的重要任务就是研究文化的功能,应着眼于文化要素的关系研究,其中社会制度是文化的核心要素,研究任何社会现象或事物,都应将其置于真实的社会制度和文化布局中,才能对其社会地位和相互关系有一个明晰的理解,真正理解其文化功能和文化意义。布朗与马林诺斯基在观点上略有差别,他强调经验事实的表象性,必须探寻社会现象背后抽象结构的真实本体,功能不是研究核心,而是研究社会整体结构的路标,即他重视的是社会结构—功能的研究。

(4)人文地理学,从总体上分为三个阶段:第一阶段从公元前九世纪至1859年洪堡和李特尔逝世(也有学者认为第一阶段的结束标志是:1874年德国建立第一个大学地理教席),是古代人文地理学的萌芽和奠基时期;第二阶段从1859年至第二次世界大战结束,是近代人文地理学的创立和起步时期;第三阶段从1945年至今,是现代人文地理学的发展时期。

德国是科学地理学和近代人文地理学的发源地。康德曾提出,地理学离不开人文要素的研究,而历史和地理分别是人类社会在时间和空间两个维度的展开。德国杰出地理学家洪堡和李特尔是古典地理学的掘墓人,同时也是近代地理学的奠基人,相对而言,李特尔的理论贡献更为重大。虽然李特尔受到其自身宗教观的局限,但是,他始终强调地理学的中心是研究自然的一切现象和形态对人类的影响,以及两者间关系,在他的诸多地理学著作中都体现出人是研究的焦点。

唯物史观的实证社会学诠释

近代人文地理学的主要流派中有德国、美国、法国、英国和苏俄五大流派。在德国流派中，拉采尔是其中著名的人文地理学者，他认为人是地理环境的产物，致力于人类通过自然选择的途径以适应环境的研究。但因其对地理作用的过度强调而被他的后人发展形成了"地理环境决定论"。其他德国学者中较为突出的理论有：从方志学家角度进行的景观研究，城市地理发展的重要理论——中心地学说，经济地理区位理论等。美国流派的学理渊源始于德国，但随后走上了独特的发展之路，显现出人类生态学和文化景观论的特色。[1]

（5）政治人类学。人类学家对政治学的研究不同于政治学家，他们不仅仅关注现代社会的政治，而且还注重人类社会历史中各种政治组织形式及其发展历程，致力于对人类社会中政治组织"前国家""无政府"阶段的研究，这一领域被称为"政治人类学"。政治人类学的研究对象主要分为以下四个方面：从进化论的视角出发，诠释并分类人类社会政治制度和政治组织；分析人类社会制度的政治功能；识别特定地域的政治组织并探究其外部关系及其影响；对政治活动进行民族志调研。[2] 十九世纪中期，美国的摩尔根、英国的斯宾塞和梅因等都在这一领域做出了大量研究。

库诺夫在用印加王国和澳大利亚土著的事例以印证唯物史观的过程中，也曾涉及这几个领域，他堪称将唯物史观运用于人类学的"隐性先导"。"二战"结束后，人类学从黯然萧条逐步走向反思、复苏和转型阶段，从战后到二十世纪六十年代，人类学理论在世界范围内开始有所分化，其中一个特点就是将马克思主义唯物史观

1　苏正贤、宋济平、祝炜平等编著《人文地理学概论》，浙江教育学院《教学月刊》社 1987 年版，第 1—6 页。

2　庄孔韶：《人类学通论》，山西教育出版社 2004 年版，第 359—360 页。

运用于人类学的体系研究,政治经济学人类学和结构马克思主义人类学就是这一领域中的两个重要部分。

库诺夫反对卢梭的国家—社会同一的观点,认为后者既不考察家庭联合的历史进程,也不关心人类历史中国家的现实发展,而是直接提出国家就是纯粹法律的结合。卢梭认为,理性的重要性意义远大于考察史实。对此,库诺夫持否定态度。对于康德,库诺夫认为,他始终没有清晰地界定社会概念,几近倒退至神学理论,他为社会哲学理论添加的仅仅是一种目的论指向。库诺夫对卢梭和康德的否定态度,主要集中在一点,即国家与社会的区分,共同体与社会的辨析。如果不能辨析社会、共同体和国家概念,就无法理解在社会和国家之间的民族概念。而探究库诺夫对唯物史观中民族的理解,就无法脱离德国的民族学传统。

在人类学领域中,研究人类不同风俗习惯的科学通常被称为“民族学”(考古学和语言学被划分在人类学之外)。人类学中一个分支名为:社会文化人类学,是民族志和民族学两个部分的结合。民族志主要是在特定社会中收集研究资料的初级阶段。民族学主要是通过对不同社会的资料进行比较性的研究,从而构建特定的理论体系以理解人类社会行为的共性和特性。[1]

德国思想家们认为,每个民族及其文化都有其独到之处,即民族精神,由其自身特有的历史进程所铸就。而且,要理解一个民族当下文化的基本要素,就必须了解它的历史及其史前史。他们不仅探索自己所处的德意志民族的文化和历史,而且也为其他的民族文化所着迷,主要对各民族文化中的宗教、神话等人文元素进行

1　[美]康拉德·P.科达克:《多样性的世界——文化人类学概论》,格勒、刘一民、刘月玲译,四川民族出版社1990年版,第1—3页。

　　　　　　　　　　　唯物史观的实证社会学诠释

研究。德国民族志学传统，从一开始就试图通过在比较中界定德意志民族。在比较研究的过程中，往往带有一定程度的"以自我为中心"的特征。在当时，这种比较民族志学是德国历史研究中的一个重要特色。

英法思想家主要倾向于从社会和政治的视角思考社会进步的概念，这与英国和法国当时显赫的国家地位以及稳定的王权统治不无关联。

同一时期的德国，虽然是弱小王国的联合体，并频繁参战，但是德国在哲学、艺术和文学等文化领域取得了辉煌成就，与其他欧洲主要国家相比，毫不逊色。这就在一定程度上，导致了德国思想家在思考进步理念的过程中，跳出政治领域，他们坚持认为，"任何一个民族最基本的东西不是社会政治机制，而是其思想和表达模式"[1]。哲学之思引起的思想共鸣自始至终贯穿着德国文化和哲学，在民族志领域也不例外。

库诺夫早期的人类学和民族学方面的论著以及最后出版的《经济通史》都具有一定的世界史色彩，这一特征受到了德国早期民族志研究中世界史特征的影响。当时，民族志研究多以世界史的形式呈现，将世界文化依据文明的进步程度，对当地文化、特有语言、风俗、所在地域的地理特征、家庭和公共生活等民族方面的信息和资料进行汇编整理。二十世纪之前，德国学者就出版了大量的人类学百科全书，汇总了他们能够收集到的世界各地的民族信息。罗维、克雷穆、泰勒、维茨、拉采尔等都留下了比较重要的早期人类学著作。这些出版物也引起了广泛关注，在德国和奥地利

1　［美］威廉·亚当斯：《人类学的哲学之根》，黄剑波、李文建译，广西师范大学出版社2006年版，前言第8页。

的十余个城市中都相继建立了民族志博物馆,当时这类博物馆的数量在欧洲堪称之最。

德国的民族志传统与社会哲学思想,在一定程度上构成了库诺夫对人类社会历史规律的客观必然性强调的理论"源头"。德国的民族志传统较之美国的"田野工作革命"至少早了五十年。在人类学成为相对独立的公认学科之前,德国探险家早已深入南美洲、北美洲和非洲的部分边远地区,除了带回用于提供给博物馆的标本,还详细地描述了沿途关于民族文化的所见所闻。德国社会哲学家们试图通过经验发现和抽象逻辑,在人类社会历史中探寻一种历史秩序。

德国的思想传统对美国的影响,主要是由十九世纪七十年代大批移居到纽约的德国中产阶级带来的,著名的德国民族志学家弗朗茨·博厄斯就在其中。当时,在德国大学中几乎司空见惯的人类学研究,到了美国却成为极为罕见的专业。在美国第一批获得博士学位的研究生总共十六人,其中有十四人是由博厄斯授予学位,这些博士后来在美国许多大学中创建了人类学系。博厄斯和他的学生们将德国理想主义的思想传统和丰富厚实的田野研究有机结合,形成了颇具特色的印第安学,构成了二十世纪三十年代的美国人类学的主体。随着印第安学的衰落,德国思想在人类学领域的影响力开始逐渐减弱,但是,与其他国家的同行相比,美国人类学家仍然更加关注民族文化中精神和思想层面,更为重视民族特定历史历程的重要性。

十九世纪下半叶至二十世纪初,社会学和人类学的迅猛发展既在客观上推动了唯物史观的形成和完善,也促进了对唯物史观的理解和阐发,为库诺夫从实证社会学视角阐释唯物史观提供了思想理论的支撑。

三、德意志民族文化思维传统

德国是一个讲究历史传统的国家,具有鲜明的民族思想特征,这些滋养了德国社会科学学者。德国的历史主义和民族主义曾经对国家政治经济生活产生了不同性质的影响,在近代成立了德国历史学派,这些都是考察库诺夫解读唯物史观过程中不能遗忘的要素。

1. 德国历史主义在近代的集中表现——德国经济史学派

库诺夫曾经提出这样的构想,即通过建立以德国为主导中心的欧洲自由贸易区,来对抗美国、英国以及俄国。他的这一个构想的源头要追溯到德国经济史学派。

库诺夫在《马克思的历史、社会和国家学说》中对人类社会经济历史阶段的考察方法,对国家机器以及国家对社会的工具性作用的推崇,对社会生活中经济要素的片面强调,都和德国经济历史学派的主要观点形成了一种"流"和"源"的关系。库诺夫尝试以黑格尔哲学史的论述模式考察社会历史,试图达到逻辑与历史的一致。

十九世纪中叶,威廉·罗雪尔开创了德国经济史学派(又称为德国历史学派或经济史学派,为了与十九世纪七十年代后形成的新历史学派相区别,也称为旧历史学派)。罗雪尔认为,政治经济学是一门论述国家经济发展各种规律的科学,甚至可以称为"国民经济的解剖学和生理学"。他将以往的学术理论研究方法分为两种:"哲学方法"和"历史方法"。前者是哲学家尽可能抽象地去寻求概念或理论的体系,抛去了一切时间和空间的规定;后者则是历史学家尽可能忠实地描写现实生活,寻求与人类进化有关的记录和表述。他强调的主要是"历史方法",具体可以归结为五点：第一，国民经济学不仅仅是"致富术"，而且是力图研究并分析社会主体并判断其行为，从而试图控制人们行为的一种政治科学。因此，他的经济史学研究的目的在于忠实记录各个国家和民族的社会经济生活过程，并且将它们和国家历史、法律历史、文化历史相结合，从而构成其研究价值。第二，在"国民经济"研究范围方面提出，应不仅仅观察和分析国家当前的个体的单纯集合，而且对于此前的各文化阶段也必须做同样的研究。第三，从研究方法上，他考虑到从诸多复杂现象中探寻本质规律的难度，孤立的研究是难以完成的，因此应当借助于将已知的各国各民族经济生活的比较，从相互间的紧密联系中进行研究。第四，从社会制度层面，他提出，没有适合所有国家民族的社会经济制度，因此，不能轻率地肯定或者否定经济制度，而应当着重于剖析产生社会经济问题的原因和机理。第五，他提出了"历史的生理学方法"，即将国民经济生活比喻为生物界，国家经济将经历四个发展阶段，即幼年、青年、成年和老年。每一个经济发展阶段都取决于自然、资本、劳动三个经济要素，并主张通过国家干预解决发展中可能出现的问题。

李斯特坚决反对英国古典学派的抽象、演绎等自然主义的方法，主张运用从历史实际情况出发的具体而实证的历史主义方法。在经济理论层面，他批判斯密的单纯"交换价值"理论，提出发展国民生产力的理论。在现实的社会经济政策上，他力主通过贸易保护政策，发展德国经济。罗雪尔和李斯特的经济历史主义论，形成了德国经济史学派的学术传统和基本特征。

十九世纪初，较之于英国和法国，德国资本主义发展较晚。当德国资产阶级刚刚登上历史舞台之时，英法等国的资产阶级已经执政多年。德国资产阶级非常清醒地意识到，如果要飞速发展经

唯物史观的实证社会学诠释

济,增强国力,就必须保护本国市场,避免和英法的自由竞争,同时他们也注意到资产阶级与无产阶级之间的矛盾问题。德国封建势力强大,这既是导致资产阶级不够壮大的原因,也是德国资产阶级必须面对的政治局面,德国资产阶级限于自身实力而往往选择与封建容克贵族联合,这种妥协的立场不可避免地在学界有所体现。旧经济史学派的理论充满了这种妥协和折中。

德国新历史学派以施穆勒、布伦塔诺和瓦格纳为主要代表,他们虽然同属于一个学派,但是对产业资本家、工人阶级以及两者之间的中小企业、中小商人、自耕农、封建容克贵族持有不同的态度和立场。最终,在施穆勒和奥地利经济学派的门格尔之间引发的近二十年的"方法论论争"[1]中,德国经济史学派逐渐走向衰落。

德国经济史学派的理论家们否定理论研究,专注于整理分析各国各地区的经济史资料,他们的论著往往由丰富的史料组成,但并没有对各种史料进行理论说明,史料之间没有建立有机联系。第一次世界大战后,德国出现了空前的通货膨胀,经济史学派没有相应的理论解释,更没有应对政策,许多学者相继脱离学派,最终德国经济史学派解体。这也在一定程度上预示了库诺夫诠释唯物史观的方法论范式在政治实践上难以成功的必然趋势。

---

1 1883年奥地利经济学家C.门格尔发表《关于社会科学,特别是政治经济学方法的研究》,批判历史学派不能区别理论科学、历史科学和政策实践的关系,将经济现象的历史记述和经济理论的历史性混淆,在方法论上缺乏理论分析和抽象,陷入了世俗的经验主义,因此缺乏"精密的方法",放弃对"精密法则"的研究。门格尔强调理论经济学正像自然科学中的物理学、化学一样,主张理论是经济学的中心,而历史只不过是它的辅助。施穆勒立即在《施穆勒年鉴》上发表了反批判文章《国家科学和社会科学方法论》(1883年),接着门格尔又针对施穆勒的文章,发表了《德国国民经济学中历史主义的谬误》(1884年),施穆勒不予回答。他们二人之间的争论虽然就此结束,但在双方门下弟子之间持续了二十多年。从此以后,历史学派逐渐衰落解体,而完成这一解体过程的还有待于历史学派内部韦伯尔的批判,即所谓的"价值判断论争"。

2. 从民族沙文主义走向国家主义

库诺夫对唯物史观的理解线索中呈现出:从历史走进社会、最终走向国家的形式。他甚至提出国家职能必将发展到能够取代社会的地步,或者从某种程度上说是"社会的国家组织化",他这种对国家的推崇有其德国特有的文化传统缘由。

十九世纪初,德国民族主义思想推动人们实现德意志民族内部的政治独立和民族繁荣;而到了十九世纪晚期,它演化为新形式的民族沙文主义,在意识形态方面,为威廉时代的"世界政策"提供了思想根据,德意志民族作为一个优秀的民族,就应当通过统治世界,体现自身的生命力和对世界文化肩负的使命,这极大地推动了帝国扩张的进程。

十九世纪末民族主义在德国以新的形式呈现,它在"世界政策"的推行和军备扩张的历史背景中产生并发展起来,传统的民族主义发展成为民族沙文主义,它和反犹主义、张伯伦传播的新种族理论三者相融合。各种要求向外扩张的殖民组织层出不穷。其中泛德意志协会的成立非常典型地体现了德国民族沙文主义不断膨胀的发展势态。它的前身是1891年成立的日耳曼总同盟。从组织前后两次的命名就能看出德国当时企图争霸世界的狂热倾向。

这一组织在德国政界、军事界、工业界和学界都最有影响力,对德国境外生活的德裔民众都颇具广泛影响。旨在联合全球德意志族民,组成庞大的泛德意志国家,推动德国政府在欧洲和海外推行强权利益政策,消除阻碍德意志民族发展的一切思想和行为。

1914年,社会民主党人艾斯纳在《新时代》中对泛德意志主义者的作用做出了比较客观准确的评价。他认为,自1889年以来,泛德意志主义者对德国外交政策具有毋庸置疑的决定性作用。这

唯物史观的实证社会学诠释

是德国容克、资本家们都无法比及的。从第一个海军议案到最后一个陆军法案，几乎所有军备计划都是在他们手中制订出来的。

研究德国历史的学者曾经将尼采、韦伯和爱因斯坦列为德国强权时代的精神代表人物。其中尼采的"超人哲学"和"权力至上论"既符合当时德国资本主义发展的需要，也是民族沙文主义思想高度膨胀的反映。

德国的这种民族主义逐渐在崇尚国家的思想中得到体现。十九世纪中叶至二十世纪初，在德国，社会学往往容易被误解为社会主义，无形中使得社会学本身就具有一种政治威胁意味。在黑格尔哲学的影响下，人们更加信奉理性国家高于市民社会，许多学者都是在这种根深蒂固的理念中进行研究。

以著名社会学家韦伯为例，即使是他，也没能摆脱国家至上的理念。第一次世界大战伊始，年逾五十的他毅然报名参军，但是由于年龄因素，他被派往海德堡地区筹建军事医院。这是一件极富戏剧性的状况：韦伯捍卫民主政治，坚决抵制官僚制式的独裁统治，及其对社会个体权力的剥夺和对意志自由的限制，但他反对社会革命，鼓吹德意志民族国家至高无上的地位，并极力为德国的殖民扩张政策辩护。[1]

连韦伯这样的社会学家都难以消除自己潜意识中的国家至上主义，可见德国崇尚国家的思想根深蒂固，无怪乎十分推崇黑格尔哲学的库诺夫也不能幸免。

德国的民族沙文主义还有一大特点，即其中夹杂着普鲁士军国主义传统。普鲁士军人的地位在德国是至高无上的，他们对战

1　苏国勋：《理性化及其限制——韦伯思想引论》，上海人民出版社 1988 年版，第 325 页。

争与和平的理解方式独特,加之黑格尔提出国家对于国民而言,不是福利,而是权力,这些都有助于德国形成这样的社会意识氛围,即倘若德国军队发动了战争,无论德国民众是否愿意参战,都必将跟随军队的行动步伐。

普鲁士历史学家特赖赤克的著述也对这样的意识氛围起到了推波助澜的作用。他的政治类和历史类著作都对德国民众产生了不可忽视的心理影响。[1] 他提出,战争是上帝界定的世界法则,国家意味着权力,必须由优秀的军队通过战争实现国家的权力,没有所谓的和平,只有优秀的雅利安民族的国家权力。

在德国,根深蒂固的军国主义传统,经由社会教育、风俗习惯和政治生活等各个方面的多重熏陶和灌输,使几乎所有民众都在军国主义上达成了共识,从而形成了一种"有毒"的民族主义思想。

社会民主党老一辈的领导人威廉·李卜克内西曾经这样评价普鲁士军国主义精神[2]。他说,想了解德国,就必须牢牢抓住一个事实,即德国(特别是普鲁士)是一个倒立着的金字塔:深深埋在土地中的塔尖是普鲁士士兵头盔上的尖铁,整个国家的一切都是由这个尖铁支撑。倘若一个不慎,这金字塔就必将坍塌,毁了自己,并连带着其他许多都将被毁失殆尽。理解这金字塔倒下的道理,才算是对德国了解的开始。

倍倍尔也曾经指出,虽然近卫军中九成是柏林人,八成是社会民主党人,但是一旦出现状况,他们都会毫不犹豫地按照皇帝君主的命令,将任何人处决,无论是政府官员,还是社会民主党领袖,包括他自己在内。整个国家的民众都沉醉在军事荣耀中,要想使国

1　丁建弘:《德国通史》,上海社会科学院出版社 2002 年版,第 288 页。
2　同上。

民清醒,只有经历一场浩劫才有可能,别无他法。

君主制军国主义意识形态在德国民众心目中更具有根深蒂固的特性。当第一次世界大战的导火索爆发后,各交战国人民都紧密团结支持本国政府,但是宣布战争后能够像德国那样,经历热烈欢迎并如同节日一样地进行庆祝的,没有第二个国家。威廉二世呼吁,在投入战争时,全国一切政党都应停止争吵,因为大家都是德意志兄弟。就连韦伯当时也在信中写道,虽然这场战争极其可怕,但是仍然不失其伟大,因此值得体验。直到战争后期,他才幡然醒悟,质疑自己坚持和拥护的君主制军国主义的政治前提的正确性与合理性。

德国的民族沙文主义的顶点是"族民共同体"理论。它是纳粹理论体系的核心和基础,其德文是"Volksgemeinschaft",作为词根的"Volk"通常被译作"民族""人民"之义,它的特殊含义主要指"一种以血统和乡土为基础的马尔克公社时期的部族民集团"[1]。"族民共同体"即"民族社会主义",亦即"纳粹主义",旨在消除德意志民族内部的差异性,淡化内部矛盾,强调统一性和民族的整体利益,共同对外,从而实现德意志民族大业的复兴。这一理论基础在某种程度上说,正是库诺夫的国家—社会理想的变相极端表现,而他的理论被德国法西斯利用,其原因也多多少少与此相关。

四、奥地利马克思主义学派

从十九世纪末至二十世纪第一次世界大战之前,在维也纳兴起了一个以麦克斯·阿德勒、卡尔·伦纳、奥托·鲍威尔和鲁道

---

1 丁建弘:《德国通史》,上海社会科学院出版社 2002 年版,第 336 页。

夫·希法亭为代表的马克思主义思想学派——奥地利马克思主义学派。虽然,第一次世界大战之后,随着正统马克思列宁主义在国际上影响力的上升,甚至达到统治性地位,加之第二次世界大战前夕奥地利法西斯的统治,奥地利马克思主义学派受到了前所未有的破坏,其学术理论和政治实践影响力逐渐黯然失色。但是,该学派对发达资本主义社会结构和经济生活的考察和研究,及其表现出的实证主义倾向(必须承认的是,这种实证主义倾向既有其现实意义,也有其局限性),对马克思主义的发展具有深刻的借鉴和启示,对评析库诺夫诠释唯物史观具有重要的理论意义。

如果说前几个理论资源对库诺夫解读唯物史观具有思想渊源意义的话,那么作为以上理论资源的结果之一——奥地利马克思主义的实证主义倾向则与库诺夫的实证主义倾向互相影响。

第二国际的两代理论家大致以十九世纪九十年代为分界点,库诺夫的界划则有些特殊:从年龄角度而言,他与考茨基、梅林、拉法格等同属于第一代理论家;从接受马克思主义的时期而言,库诺夫介于两代之间;从积极理论活动时期而言,1898 年开始担任《新时代》编辑,1907 年他与卢森堡和希法亭等人一同担任德国社会民主党党校的讲师,1917 年担任《新时代》的主编,他的理论活动与狄慈根、普列汉诺夫、拉布里奥拉、卢森堡和奥地利马克思主义学派的麦克斯·阿德勒、弗里德里希·阿德勒、希法亭、奥托·鲍威尔等第二代理论家在同一时间维度。因此,他可以算作介于第一代和第二代之间的马克思主义理论家。

库诺夫与奥地利马克思主义学派之间的相互影响中,既有后者受前者的理论影响,也有前者吸取后者研究成果甚至理论观点。他们之间的相互影响和理论共通之处可以归纳为三个方面。

第一,奥地利马克思主义学派是系统进行马克思主义研究的起点,主要从实践需要出发,在研究马克思主义理论的旨趣上具有浓厚的学术性,这与库诺夫诠释唯物史观具有同质性。

这一学派的诞生伴随着康德主义和实证主义哲学的双重思潮影响,社会科学领域中以边际效用经济学领衔的新理论不断涌现,以及拥有多民族的哈布斯堡帝国需要正视各种特殊社会问题的政治需要。

奥地利马克思主义的首次公开亮相是1904年创办的《马克思研究》,麦克斯·阿德勒和希法亭编辑该刊物,三年后,该学派又创办了新理论杂志《斗争》。同期的《新时代》是第二国际理论教皇——考茨基主编的欧洲马克思主义的重要刊物,而《斗争》很快就和《新时代》呈现出分庭抗礼之势。奥地利马克思主义对马克思主义的独特研究方式通过《马克思研究》和《斗争》这两个刊物得以巩固。在政治实践上,奥地利马克思主义者积极投身工人运动及其教育事业,并成为新兴奥地利社会民主党的主导力量。

奥地利马克思主义学派主张创造性地运用马克思主义的基本方法论研究资本主义社会在发展进程中的新现象,并在经济学、法学、政治学和社会学等具体的社会科学领域内进行颇有成效的开创性研究。1904年,他们出版了《马克思研究》丛刊。1911年至1927年,他们推出了两个出版计划,即"维也纳出版计划"和《马克思恩格斯全集》的历史考证版。虽然最后两个计划都没有能够实施,但是这从一个侧面反映出他们的理论旨趣。

丛刊的出版和两个出版计划彰显出奥地利马克思主义学派对马克思本人及马克思主义本身的研究,这两点已然成为独立的研究对象。从相关论著中可以看出,这与库诺夫从实证社会学视角诠释唯物史观,以马克思的社会学观点为研究对象的方式,具有共通之处。

库诺夫对资本主义新现象的研究旨趣与奥地利马克思主义学派相互影响。例如,对资本主义的垄断组织形式,他和希法亭都对此进行了比较深入的考察。希法亭在批判分析边际效用经济理论的过程中,与以个体为中心的政治经济学心理学派的观点针锋相对,提出马克思的价值理论以"社会"和"社会关系"为基点,即社会不是个体性的,其目标在于揭示资本主义社会经济现象的本质及其社会决定论。在代表作《金融资本》中,他引用了麦克斯·阿德勒的因果关系—目的论作为论证的依据,提出研究目的就是要考察研究资本主义社会在帝国主义阶段中遇到的各种现象的因果关系,从信用货币到股份制公司的兴起,从以银行为代表的金融行业到以垄断为特征的卡特尔和托拉斯组织,由此演绎帝国主义阶段是资本主义社会发展的必经历程。

第二,虽然奥地利马克思主义的代表人物麦克斯·阿德勒和弗里德里希·阿德勒与库诺夫在理论观点上并不相同,有时甚至针锋相对,但是三人的实证主义方法论模式如出一辙,他们都是将唯物史观看作经验科学。

麦克斯·阿德勒主张用新康德主义论证唯物史观。因为他将唯物史观理解为一种经验科学,所以他试图用康德的认识批判重塑唯物史观,使社会生活中因果关系的规律性与自然科学和社会科学之间的和谐统一相融合。他奠定了奥地利马克思主义理论体系的思想架构。他从因果律和目的论出发,将马克思主义定义为系统阐述社会生活及其因果关系发展规律的社会学科学,始终强调人类社会生活中的因果关系以社会意识为中介,即使是经济现象本身也具有明确的社会意识特质,并非"物质"(唯物主义意义上的物质),其形式多样并表现为非机械性特征。在他看来,马克思主义关于社会的理论中最基本的概念是社会联合,即社会化的人类,这是由超验性既定理论体系所直接提供的,而不是经验科学产生的。在同一的方法论模式中,虽然也存在和库诺夫不同的理论观点,但是对社会生活中因果关系的决定性作用的强调,还是体现出两人在方法论上的同质性。

库诺夫和弗里德里希·阿德勒在实证主义上存在一致性,两人都认为唯物史观仅仅是一门具体的经验性的历史社会观。弗里德里希·阿德勒认为需要严密的、完备的自然科学体系作为补充。作为马赫的学生,他深受其哲学的影响,这种方法论模式渗透进入他对马克思主义的理解和应用。首先,他认为,虽然马赫没有直接提出历史观理论,但是马赫在描述热学、力学和数学等自然科学发展史的过程中,始终将经济关系作为出发点,这为唯物史观提供了新的有力证明。对经济关系的基础决定地位的强调,是他和库诺夫两人受马赫主义影响的共同点。其次,他注重汲取科学认识论的新成果,以使唯物史观更加科学化。而库诺夫则力图从社会学和人类学领域汲取新成果运用于唯物史观的方法。

第三,库诺夫与奥地利马克思主义学派之间,不仅在研究主题和方法论模式上具有一致性,而且在民族和阶级领域、社会政治和法,以及有组织的资本主义问题上,库诺夫甚至直接吸收了奥地利马克思主义学派代表人物的研究成果。

在民族和阶级研究领域中,库诺夫关于否定民族自决权只认可文化自治的理论观点,直接来源于鲍威尔和伦纳。鲍威尔和伦纳将马克思主义视为一种社会学理论。鲍威尔在 1907 年出版的《民族问题和社会民主党》中,通过对民族与民族性问题的历史分析,否认历史是民族斗争的反映,他详细论述了:社会个体的民族性取决于社会历史和物质生产条件,而民族自身只有在民族特性和社会个体的民族性中才能得以体现,民族的本质即人类社会历史斗争的反映和结果。

与当时许多马克思主义者对社会阶级的态度相比,奥地利马克思主义者对社会阶级构成的实证研究是难能可贵的。他们通过关注资本主义社会进入二十世纪后的阶级结构,从多个角度分析其在不同国家的政治实践意义。麦克斯·阿德勒、伦纳和鲍威尔等人敏锐地意识到无产阶级内部已经随资本主义经济生活的变化而出现一定程度的分化,既有阶级的重组,也有阶级的分化。

麦克斯·阿德勒将这种分化称为无产阶级的"变态",他对无产阶级构成进行了三个层次的划分,依次是:生产过程中的工人——无产阶级的主体,失业工人——工人的后备军,和流氓无产阶级。正是资本主义社会的推进,决定了无产阶级结构的根本性变化,社会经济生活的发展导致了劳动者之间彻底的劳动分工,无产阶级已经不再是一个单纯的阶级,这和马克思主义创立时期的历史境遇存在不小的差距。一面是能够不断提薪的职员(技术工人、机关工作人员和代理人),他们如同工人贵族,其中部分甚至能够主动做出决策;另一面是大多数只能被动接受的工人群众,包括有组织的工人和长期失业的工人(有的甚至是永久性失业)。无产阶级内部不同层次的群体(暂且称之为"群体")在社会经济生活中具有不同的地位,这进而决定了他们在政治实践活动中的基本倾向。阶级结构的分裂导致了无产阶级往往无法集中力量采取有效的政治行动。例如,德国和意大利两国的无产阶级在面对法西斯运动时,并没有发挥出他们的政治作用。

伦纳认为,马克思写作《资本论》时的工人阶级必将"不复存在"。他在"二战"后专门研究了作为政府公职人员和私人雇员的新兴社会阶层。伦纳认为他们是以领取薪金为特征的"服务阶层",虽然也称为雇员,但是他们的雇佣合同并没有实质上的雇佣劳动关系，他们与工人阶级往往有交集，但两者并不等同，而人们通常将他们与工人阶级混为一谈。在现实的工会斗争中，往往出现更多的工人具有和官员相类似的地位。

鲍威尔选择了一个与阿德勒、伦纳不同的角度进行阶级分析，他主要集中考察了社会主义革命运动中的阶级状况，他先后比较研究了俄国和德国革命运动中的工人阶级和农民，详细分析评述了1923年奥地利革命运动，考察了苏联从无产阶级专政走向强大官僚体制的过程中出现的统治阶级新状况。

伦纳最具开创性的理论贡献是马克思主义的法律社会学。虽然麦克斯·阿德勒也曾对马克思主义法律社会学进行了基本原理层面的研究，但他仅考察了各法律要素的逻辑关系，并从微观层面对法律规范进行辨析。伦纳则不同，在其代表作《私法的制度及其社会功能》(1904)中，他从当时的法律制度出发，引证马克思有关法律的观点，论述了法律规范为适应社会生活（尤其是在经济结构领域）的变革而不断改变发展的过程，试图通过这种方式表明一个社会中的法律规范制度是如何随着社会的发展而推进的历程及其根源。在阐释法律社会学理论时，他表明了自己的理论立场，即法律规范不仅仅是被动接受社会经济生活的变化，而且是在维系原有社会或者社会更替时期能够产生能动性作用的有力因素。

为库诺夫所吸收的理论观点中还有奥地利马克思主义学派的另一个重要的理论内容——有组织的资本主义。马克思主义者中，希法亭等人率先对国家干预社会经济生活进行了系统的研究，这是库诺夫重要的理论渊源，也是他国家观的组成部分。

希法亭从《金融资本》中的理论分析出发，阐述了有组织的资本主义理论。他认为，国家在社会生活中具有相对独立的作用，它是为所有国民的利益而"自觉"并"合理"地组织社会生活。进入二十世纪后,社会经济力量将隶属于国家强制力,随着这种趋势的日渐显著,国家对社会的作用将发生质变,最终成为极权国家。他进而提出所谓有组织的资本主义的两个可能的发展方向:如果垄断资产阶级执政,那么国家将成为一种团伙式的国家组织;如果无产阶级执政,那将实现社会主义并使社会向着合理的生活继续推进。通过此后的世界历史发展,可以看到,第一种可能已经在"二战"阶段的德国和意大利实现(法西斯的形式)。就此,鲍威尔还专门以马克思主义思想为核心,对法西斯之所以能够在这两个欧洲国家出现的社会基础和现实条件进行了系统考察。

此外,伦纳提出,帝国主义就是国家权力与经济权力的高度结合,渗透进入私有制经济,有意识地自觉控制社会经济生活,由此,国民经济成为国家权力的一个工具手段,而国家权力则是强化国民经济的一个工具手段。

在库诺夫与考茨基的论战中,他主要吸取了希法亭和伦纳的理论观点,认为资本主义的发展趋势将是有组织的资本主义,社会经济力量将归结于国家强制力,因此他的国家职能将替代社会的功能,只要是国家组织完备就能为将来从资本主义走向社会主义奠定重要基础。

在此社会文化研究平台上,第二国际出现了将马克思主义,特别是其中的唯物史观进行实证主义化或者说所谓"科学化"的理论企图。有学者认为,在唯物史观与近代以牛顿经典力学为基础的自然科学唯物主义之间应当画等号;有学者将唯物史观的方法论解读为还原主义的"科学"方法,即片面强调经济基础对社会上层建筑的决定作用,并进而否定人类主观意志和能动的社会实践,以及人类精神和价值在唯物史观中的地位和作用。库诺夫就是这样的典型代表。

在这一思潮背景下,辩证法在社会研究中被历史性地遮蔽了。十九世纪下半叶,欧洲社会文化界和思想界形成了一种普遍拒斥黑格尔的思潮,值得关注的是,他们将其理论体系中最为核心的内核也一同排斥,即历史辩证法,而它正是马克思主义理论最重要的一个特征。就像倒洗澡水时将洗澡的孩子也倒走了一样,当学者们抨击黑格尔绝对唯心主义的时候,他的辩证法思想竟然也一同被抛弃了。这样的结果就是,学者们进行社会科学研究理论地基中历史辩证法的缺失,导致他们在世界观和方法论的层面上重蹈覆辙——回到了十八世纪唯物主义哲学家的老路。

　　如果说,十九世纪末至二十世纪初,资产阶级理论圈中弥漫着一种极度漠视黑格尔哲学的氛围,那么,在第二国际内部,马克思主义理论家们竟然也以近乎相同的方式遗忘辩证法。在第二国际内部形成的将马克思主义庸俗化主要倾向中,对马克思主义进行"翻新式"的重释,一种是将其等同于自然科学的唯物主义,另一种则是将其简化为经济唯物主义,即唯物史观成了经济史观。

　　库诺夫就在这种思潮中代表了其中一种主要倾向。在阐释马克思主义哲学,特别是唯物史观的过程中,黑格尔及其辩证法的缺失,必然导致难以把握马克思主义哲学的精髓,无法了解其在哲学历史上实现划时代变革意义的真正内涵。或是将其简化为十七至十八世纪的旧唯物主义,或是片面地以经济唯物主义代替唯物史观,或是将历史发展论误读为庸俗进化论。

第三节
库诺夫直面的理论境遇[1]

一、德国社会民主主义阵营：从分歧走向分裂

　　要考察德国社会民主主义运动，必须了解《非常法》，它的颁布源于俾斯麦铁腕式的政治统治。俾斯麦为了巩固帝国的政治统治，发展资本主义经济，对社会主义运动始终采取毫不留情的镇压，1878 年 5 月和 6 月相继发生了对德国皇帝的行刺事件，这两次事件与社会民主党没有丝毫关系，而俾斯麦为了打击社会主义运动，将刺杀事件归咎于德国工人党，宣称这是"赤色危险"。同年 10 月 10 日，在帝国议会中投票通过了反对社会民主党企图危害治安的法令，即《非常法》，用以查禁报刊等出版物，解散工人组织，放逐社会民主党人，利用国家机器镇压工人运动。此后，俾斯麦利用自己的权力操纵帝国议会的决议，将《非常法》的实施时间一延再延。

　　德国工人阶级在反《非常法》时期进行了不屈不挠的斗争，并最终取得了成功，德国社会民主党成为当时世界工人运动的先锋和范例。对 1889 年成立的第二国际也发挥出举足轻重的作用。

　　《非常法》取消后，德国社会主义工人党（社会民主党的前身）

1　本节部分内容已发表，参见郑如：《"回到库诺夫"的历史镜像——从库诺夫阐发历史唯物主义所直面的理论危机谈起》，《中共南京市委党校学报》2017 年第 6 期。

终于重新获得了合法地位,摆脱了地下活动的状态,这一条件有力推动了党在工人阶级中开展工作的广度和深度。在反《非常法》阶段作为指导原则的社会民主主义,顺理成章地成为此后阶段党的理论。但是,倘若对"社会民主主义"的含义追根究底,倒是存在分歧——社会革命,抑或社会改良。作为国际工人运动的指导者和德国工人阶级政党的"行为监护人",恩格斯认为,社会民主主义首先是指革命的社会主义,旨在实现马克思理论中的暴力革命和无产阶级革命专政。与此同时,全球资本主义的发展以及德国工业化和现代化进程的推进,都不同程度地导致了社会剧变,社会民主党内的改良主义认为,应当通过和平、合法的途径走议会民主道路。

党内改良主义妥协派倾向不断增长,以格奥尔格·福尔马尔为首的政治集团要求改变党的革命路线。他们声称德国皇帝及其政府对工人阶级及其政党的态度"真正友好",因此,社会民主党应当与政府妥协,将党的工作依照资产阶级改良主义精神开展,并限制在议会活动的范围内,支持政府对外扩张,甚至公开要求和资产阶级政党结为联盟,停止对容克—资产阶级国家的敌视态度。福尔马尔的政治集团从实质上看,就是党内真正的反党宗派联盟,他们与工人阶级毫无共同之处,已经成为当时分裂社会民主党的重要危险因素。

恩格斯洞悉到党内的分歧以及从分歧走向分裂的倾向,为了使广大党员和人民群众理解马克思的革命路线和政治实践的原则立场,他立刻着手整理马克思的《哥达纲领批判》手稿,公开发表在《新时代》上,对福尔马尔政治集团坚决予以反击。之后,他写下《1891年社会民主党纲领草案批判》(即《爱尔福特纲领批判》),明确指出,目前党内领袖(如倍倍尔)几乎完全没有意识到改良主义的滋生，还有部分领袖担心政府再次实施《非常法》而不敢提出"社会主义革命"，甚至避免提及民主共和国的建立。

在恩格斯的敦促、指导和帮助下，倍倍尔终于意识到党内的危机，坚决回击福尔马尔政治集团。1891年10月，在爱尔福特召开党的代表大会，正式定名为德国社会民主党，通过了由考茨基起草的党纲。虽然新党纲中取消了拉萨尔的教义，表明了党在政治和经济上的要求，但是对于无产阶级专政、推翻君主制、建立民主共和国等要求并没有提及。

社会民主党的正式更名并不能消除党内改良社会主义的思潮，这一思潮实际上反映了一定时代的特性，有其时代背景。首先，高速的工业化发展大力推进资本主义经济迅猛发展，社会财富急剧增长，使得统治阶级能够从超额利润的大蛋糕中，抽取一小部分用以工人阶级的"糖果政策"，改善工人阶级的生活状况，这在一定程度上动摇了工人阶级的革命信念和革命动力。

其次，在资本主义发展的进程中，城镇化脚步使得城乡小生产者大规模进入工人阶级队伍，但是他们从思想上和客观现实条件看，并非彻底的无产阶级。因此，他们并不完全认同社会主义革命方式和最终目标，往往满足于妥协后的改良。这种观念构成了德国反马克思主义最为广泛而深厚的阶级基础和思想氛围。

最后，十九世纪晚期资产阶级内部产生的反马克思主义学派，对无产阶级革命实践形成巨大对抗性。例如，十九世纪七十年代在德国广泛流行的马堡学派，从数学和逻辑角度对康德哲学进行改造，将哲学归结为认识论，提出伦理社会主义的主要代表人物有柯亨、施穆勒等。同时期，新康德主义弗莱堡学派，试图将康德先验哲学运用于社会历史领域，强调价值凌驾于一切存在之上，仿佛消除价值判断的差异就能解决社会基本矛盾了一样，代表人物有

唯物史观的实证社会学诠释

施穆勒、桑巴特、瓦格纳、布伦塔诺、韦贝尔等。还有，资产阶级庸俗经济学学者提出，通过在工人中间筹款成立合作互助社，达到资产阶级和工人阶级之间的和谐。新历史学派的教授组建"讲坛社会主义"，倡导通过改良实现所谓的社会主义，认为国家组织是超越阶级的，能够在不影响资产阶级经济利益和政治统治的前提下，对相互对立的阶级关系予以调和。

十九世纪下半叶，伯恩施坦起初和施拉姆、赫希伯尔格组成了苏黎世三人团，这是一个右倾机会主义小宗派，他们放弃革命和阶级斗争，声称党应当吸收所有具备真正仁爱精神的民众为党员，认为无产阶级本身无法依靠自身力量获得革命解放，而应当服从资产阶级的领导，不应通过暴力革命，而应选择合作式的改良道路，最切实可行的就是议会活动。

随后，伯恩施坦受到马克思和恩格斯的严厉批判，在恩格斯的帮助下，他迅速转变立场，开始从理论上宣传马克思主义思想，在党内报刊上揭露政府对工人运动的"鞭子＋糖果"的政策实质，同党内的拉萨尔主义思想坚决斗争，向广大工人阶级传播科学社会主义原理。

在英国费边社渐进主义思想和德国资产阶级现代经济学派的影响下，伯恩施坦走上了修正主义之路。他认为，在新时代条件下，马克思主义革命原理已经过时，他以"自由批判"和必要的"修正"形式，对马克思主义的灵魂进行了阉割。他俨然成为新时代条件下党内改良主义的代表人物，同列其中的还有福尔马尔、奥埃尔、达维德、希法亭等。

伯恩施坦以"社会主义"为主题发表文章，声称垄断赋予资本主义更多的适应性，它具有比以往"更长的寿命"和"更强的弹性"，工业文明先进的国家中处于统治地位的资产阶级开始走向民主。

因此,在当前已然逐渐质变的主客观条件下,曾经需要流血革命才能实现的社会变革,现在只需要通过议会投票、示威游行等"威逼手段"即可实现。

他进而提出无产阶级政党的最重要的任务,不是取得政权,不是实现专政,而只需要进行"细小的工作",只需要"运动"。在他看来,无产阶级的最终目的不足道哉,因为运动即一切。1899 年 1 月,伯恩施坦出版《社会主义的前提和社会民主党的任务》,汇集了他那一时期的言论,从政治经济学、哲学和社会主义学说等多维度,系统阐述其修正主义理论。

面对右派的进攻,社会民主党内很快成立了以卡尔·李卜克内西、卢森堡、蔡特金、梅林等为代表的左派与此针锋相对,这些代表人物后来也成为第二国际中的左派领袖。卡尔·李卜克内西是一位革命斗士,他坚决反对修正主义,出版《军国主义和反军国主义》,明确反对军国主义,提出只有无产阶级才能够战胜帝国主义和军国主义,唯有此,方能争取德意志民族的繁荣昌盛。革命雄鹰——卢森堡,忠于马克思主义革命立场,始终站在反对修正主义的最前沿阵线上。蔡特金在反修正主义的斗争中开辟了妇女工作之先河。梅林以马克思主义为指导原则,撰写历史研究论著和政治批判文章,从而在社会历史和政治领域对右派予以有力批驳。

左派和右派在党内都仅仅是少数派,更多的党员和工人群众集中在中间派。中间派领袖考茨基,不仅是社会民主党内的首席理论代表,而且是第二国际的主要领导人物。在"不惜代价维护党的统一"的口号下,他没有就修正主义实质进行坚决斗争,反而时时处处调和左右之间的矛盾和斗争。在 1900 年的第二国际巴黎代表大会上,社会民主党各派就身为法国社会主义者的米勒兰入阁一事进行针锋相对的论战。以卢森堡为代表的左派认为,米勒兰参加资产阶级政府的行为就是叛变,而以伯恩施坦为代表的右派则认为这属于无产阶级夺取政权的起步阶段。考茨基在维护国际社会主义政党统一的旗帜下,既不赞同任何一派的观点,也不批驳任何一方,而是提出了一个看似折中的决议草案,即加入资产阶级政府是无产阶级夺取政权的非正常性开端,不能就此做原则性判断,因为这是一个政治策略。由于考茨基名字的德文 Kautsky 与橡皮一词 Kautschuk 非常相似,所以人们往往讽刺这次大会的议案是富有弹性的"橡皮决议案"。

正是在以考茨基为代表的中间派的调和中,右派仿佛是在中间派的掩护下,不断发展壮大,其代表人物日益占据了党内的领导岗位,逐渐排挤左派,而中间派则与右派越走越近,这一切使得党内三派之间的力量对比发生了变化。1913 年 8 月,随着德国社会民主党老一辈领袖倍倍尔的逝世,党内实际领导权落入了右派人物手中,德国社会民主党逐步在时代与革命主题上,从分歧走向分裂。

就本质而言,社会民主主义的所谓社会革命原则,已然被和平行动、合法斗争以及议会民主的外衣包裹住。面对资本主义进入帝国主义新阶段的形势,列宁认为这是资本主义的最高阶段也是其最后阶段,必须用革命对抗国际资本和帝国主义。

当时库诺夫所在的德国社会民主党右派(包括最终几乎被右派消解的中间派),坚持认为工业化—现代化阶段并非革命形势,不存在革命危机和革命胜利的机会,于是他们以民族工人运动为立场,试图走和平道路进入社会主义的终极目标。左派的立场不同,他们站在国际工人运动的立场上,始终遵循马克思主义的革命原则,主张以革命为手段。两派力量悬殊,右派占了党员的多数,左派只有少部分党员。因此,有学者曾提出,当时带有中间派倾向的党内领袖倍倍尔是非常难能可贵的,他既不放弃议会民主,又能坚持革命原则;既顺应国际工人运动的潮流,又能兼顾到不放弃民族工人运动的利益,在批判党内错误思潮的同时,尽可能团结党内的所有成员,始终以党组织大局为重,不做无谓的组织决裂。如果倍倍尔不是在 1913 年逝世,也许德国社会民主党的发展会有所不同。

二、德国社会民主党内的严重理论危机

"当前马克思主义正处在严重的危机之中,特别是与马克思的政治经济学有别而通常称为社会哲学的马克思主义的那一部分。这一事实清楚地表现在:以往至少在形式上是以马克思主义为基础的德国社会民主党,今天分裂为一系列相互敌对的党派。"虽然这些敌对的党派都标榜自己的理论是马克思主义,但是他们引证马克思主义学说时,都是"从五花八门的社会哲学的基本观点"出发的,作为根基的理论逻辑联系消散了,"形形色色的观点、原则和结论杂乱无章地混在一起"。马克思主义不再是党内的理论基础,而成了各党派在论战中信手拈来的"日用品",其中充斥了对马克思主义的曲解和误读。于是,由此带来了一个严重后果,即面对世界大战引起的革命形势,党内制定的政治斗争策略"已完全变得莫衷一是"。政治实践的危机恰恰反映出了党内理论危机的严峻现实。[1] 当时出现的各种对唯物史观的曲解和误读,论调大致可以分为以下几类。

1　[德]亨利希·库诺:《马克思的历史、社会和国家学说》,袁志英译,上海译文出版社 2006 年版,前言第 1 页。

第一方面,对生产方式的曲解。马克思唯物史观数十年以来备受指责,甚至是攻击,虽然批评者也使用马克思所论述的生产方式,但是他们往往有各种各样的曲解和误读。

第一种,将生产过程与技术混淆。马克思对生产的概念往往遭到各种各样的误解,学者们用先入之见阅读马克思的著作,并没有真正理解马克思的观点,因此他们常常将曲解后的概念强加给马克思,将马克思的理论看作"黑格尔主义的穿凿附会"或是"犹太法典的繁文缛节",将技术和生产方式"混为一谈"。其中最具代表性的有维尔讷·佐姆巴特,他在1910年10月14日德国法兰克福召开的第一届社会学家会议上发表"技术和文化"主题演讲,"简单武断"地认为,马克思的"唯物史观本来就是一种技术史观"[1]。

不仅非马克思主义者有误解,就是一部分自称为马克思主义者的人也有曲解。非马克思主义者中维纳·索姆巴特是将生产过程和技术混为一谈的典型。马克思主义者中赫尔曼·戈特是荷兰激进派领导人之一,虽然他的著作曾得到考茨基的推荐,但是他竟也是混淆生产过程和技术的代表人物。

戈特在《历史唯物主义》中将生产力、技术和工具等同,并将其归属于社会下层建筑,是整个社会体系赖以存在的基础。他认为物质生产关系,具体而言就是技术关系,构成了社会关系,人们也相应以这种结构形成自己的观念和思想,因此人们的思想和物质关系取决于技术,即工具、生产力。库诺夫对戈特的观点进行了剖析和反驳。

1　[德]亨利希·库诺:《马克思的历史、社会和国家学说》,袁志英译,上海译文出版社2006年版,第516页。

第二种混淆和曲解,以保尔·巴尔特教授为典型。以巴尔特为典型的原因有三:一则他在学者中享有社会学家的声誉;二则他自称是马克思专家;三则他的言论具有很大的代表性。巴尔特将经济结构理解为企业形式,这在很大程度上代表了当时的一种社会哲学思潮。马克思关于经济结构的理论经过巴尔特的逻辑就改头换面成了:技术=企业形式=所有制。《哲学的贫困》中,马克思写道:"机器正像拖犁的牛一样,并不是一个经济范畴。机器只是一种生产力。以应用机器为基础的现代工厂才是社会生产关系,才是经济范畴。"[1]于是乎,巴尔特教授逻辑就是,经济结构是由各个部分组成的,而这些诸多的部分以企业形式出现并发生相互间关系。一定的企业形式与生产关系、经济结构之间确实存在着一定程度上的交集,从特定的企业形式中能够产生并形成相应的经济关系,但这绝不意味着两者可以等同。库诺夫打了个形象的比方,即鸡蛋可以孵出鸡,但是不能就因此而认为鸡和鸡蛋是一回事。

第三种,将生产关系理解为"技术关系",或者"企业制度",或者"技术企业关系的总和",甚至"各工业部门的相互关系""取得原料和商品销售的方式""农业土质状况""耕作面积的分布"等。这也往往使人们误以为生产关系、生产方式与生产技术是同类概念。

还有一部分社会主义理论家也对马克思的生产关系概念产生误解,例如麦克斯·阿德勒将人们生活区域中的土壤和自然状况也当作生产关系。根据马克思对生产关系的定义,这两个因素应当属于自然关系,既不是财产关系,也不是法律关系,虽然它对生产关系的形成可能产生某种影响,但是从性质上来说它并非生产

1　《马克思恩格斯选集》(第1卷),人民出版社1995年版,第161页。

关系的范畴。

　　生产力与生产条件也往往会被误解。例如,马萨利克将马克思的三个术语等同,即认为生产力、生产条件、生产关系三者是同一概念。生产力时常被当作一种"技术力量",即生产过程中使用的工具、机械的总和。这与马克思的界定完全不同。

　　第二方面,对社会存在决定社会意识的误读。马克思的批评者往往误将唯物史观理解为:"任何一种历史过程都可直接从经济结构中找出它的根源。"进而得出这样的结论,即马克思的观点就是"在经济和任何一个时代的各个政治观点、道德观点与宗教观点之间,存在着一种直接的'机械的'或'机械主义'的关系"。与之同质的论调还有:"唯物史观排除了思想在历史中的影响","只知道经济事实对历史进程的'机械的'或'机械主义的'作用"。[1] 库诺夫认为,这是"对马克思主义社会学的完全的误解"。[2]

　　如果理解马克思唯物史观,那么恩格斯书信中的论述就是不言而喻的,但一部分所谓的社会主义者不断创造着各种形式的曲解,甚至认为恩格斯承认非经济因素在社会历史进程中的作用,因而经济因素仅仅是众多影响历史发展的因素之一,其他因素若产生作用则证明社会生活并不单纯由社会经济决定。例如爱德华·伯恩施坦在《社会主义的前提和社会民主党的任务》中明确提出,经济之外的那些因素越多,最终决定因素在质和量上承受的局限就越大。伯恩施坦没有理解社会经济与各种形式的意识形态之间的关系和相互作用机制,所以,他将意识形态与社会经济因素两者当作相互对立的等质因素。实际上,马克思从来不曾否定意识形

1　[德]亨利希·库诺:《马克思的历史、社会和国家学说》,袁志英译,上海译文出版社2006年版,第538页。

2　同上,第538页。

态对社会历史演进的影响力和推动作用，他和恩格斯一直强调，在一定时代，当经济发展在创造历史的人们头脑中转化为相应的意识形态，不同的意识形态发生冲突并推动人们实践时，意识形态才能够成为历史的推动力。所谓的观念形式的意识形态和社会经济本就不存在根本的对立，它们之间的区别仅仅在于前者是后者在人脑中的转化。因此，马克思称对历史进程产生作用的观念是"在人的头脑中转化了的物质"。

伯恩施坦对马克思误解的根源还在于，他没能准确理解马克思对生产关系的界定，反而将它模糊成了纯生产技术—机械式的关系以及类似气候、土质、水源之类的自然关系。伯恩施坦谈到了恩格斯的书信，其实书信中恩格斯主要讨论的是，在一定社会中意识形态的状况，它们在多大程度上取决于社会经济结构，它们和社会经济结构之间存在着何种依存关系或因果关系，在历史发展进程中意识形态是独自发挥作用，抑或受制于社会经济，能否对社会经济反作用（推动或是阻碍、破坏），意识形态和社会经济之间是否存在着"不等式"，前者最终是否紧紧"跟随"社会经济发展。

对于这些问题的回答，马克思主义者中分为两派。一派主要以"康德主义者"为主，以麦克斯·阿德勒和阿尔弗雷德·布劳恩塔尔[1]为代表，他们认为社会经济发展影响意识形态的形成，而后者一旦形成就外在于社会经济的发展，以相对独立的自身规律向前推进。另一派以考茨基、梅林、普列汉诺夫为代表，他们否认意识形态的独立性，坚持这些都可以追溯到社会经济生活之中，并最终取决于社会经济的发展。虽然两者之间会在一定时期存在一定程度的"不等式"，意识形态不能始终如一且完全无误地和社会经

1　通常译为"布伦塔诺"。

　唯物史观的实证社会学诠释

济结构"相匹配",但是前者始终紧随后者,或快或慢地在后面"跛行"。

第三方面,在社会—国家视域中存在对唯物史观的误读。首先,对于阶级斗争问题,当时出现三种论调。论调之一:"随着社会的发展,最终阶级将消亡"这个观点是"没有根据的",因为"阶级的差别是建立在个人天赋和才能的先天的区别之上",所以"社会内部总是不可避免地一再出现产生阶级的条件"。[1] 论调之二:社会内部的利益总是有差别的,每个社会成员都有特殊的利益,因此根本就不存在阶级和阶级利益。论调之三:完全误解马克思对阶级概念的界定,以捷克当时的总统 Th. G. 马萨里克为例,还是根据古老的划分方式——财产,将阶级划分为无产阶级和有产阶级,即"无产者"和"富人"。其次,主要集中体现在国家观。十九世纪中后期至二十世纪初的几十年间,马克思主义理论家们关于国家否定与国家社会主义问题的争论。他们忽视了马克思对《共产党宣言》中有关消除国家政权方面论述的修改,以及哥达纲领草案的批判(即《哥达纲领批判》),没有理解马克思关于国家理论的精髓,而只是将无政府主义的国家虚无主义理论化了。

当时庸俗马克思主义(在库诺夫看来的庸俗马克思主义)大行其道,将马克思恩格斯的思想曲解到一种极端倾向,仿佛只要工人阶级取得了政权,掌握国家权力,那么崭新的社会主义制度便会得到保障。例如,考茨基在《新时代》第一卷《形形色色的革命者》中写道,"这两本小册子(《革命之前》与《革命之后》——笔者注)归结为一句话,即夺取政权。无产阶级有了政权,那社会主义就会自动

1　[德]亨利希·库诺:《马克思的历史、社会和国家学说》,袁志英译,上海译文出版社2006年版,第414页。

到来。没有政府权力,我们在消灭阶级和阶级矛盾方面就无法前进一步。"而安东·潘内奎克虽然是社会主义理论家,但他对马克思恩格斯的国家观进行惊人的篡改,他无视国家是在社会发展中形成的史实,提出国家是统治阶级为了统治目的而创造出的组织。考茨基在关于1907—1908年度预算的文章中,提出"我们对国家的看法则和无政府主义者不谋而合",但后者"不和国家发生任何联系"是不可能的,而且即使"用一种非政治的活动将国家取消",也"同样是不可能的"。因此"我们的任务恰恰就是要夺取国家政权,将它从一个有产阶级的机关变为一个无产阶级的机关,从一个压迫机关变为一个解放的机关"。[1]

三、考茨基与库诺夫关于帝国主义的论战

库诺夫在第一次世界大战爆发初始,与《前进报》编辑部的多数派,共同反对议会党团对军事拨款的议案,后来却转变了立场,成为一名社会沙文主义者,对战争拨款持支持态度。库诺夫解释说,起初抗议战争拨款并非出于对帝国主义战争的反对,而是当时没有认识到萨拉热窝事件竟会成为大战的起因,"在某种程度上是一个正在发展中的无目的的插曲",因此"社会民主党国会党团不应当通过赞同战争拨款而对此承担责任",但自从"明确地认识到","英国资产阶级打算利用这次战争的有利时机",那么这场战争就是"不能回避的大清算"。[2]

1　[德]亨利希·库诺:《马克思的历史、社会和国家学说》,袁志英译,上海译文出版社2006年版,第340页。
2　[德]亨利希·库诺:《党破产了吗?——关于党内争论的公开意见》,韦任明译,生活·读书·新知三联书店1977年版,第15页。

这一时期,库诺夫和考茨基围绕资本主义发展阶段——帝国主义展开了激烈论战。考茨基先后在《帝国主义》《两本论述重新学习的书》《再论我们的幻想》《帝国主义战争》中对帝国主义进行论述,其中在《帝国主义》中阐述得最为系统。他提出在资本主义发展进程中,在帝国主义以外存在其他的发展道路。而库诺夫反对这一观点,他认为从当前帝国主义发展状况看,这是前进中的"加强版"资本主义,是从资本主义走向社会主义的必经的准备阶段。从各资本主义国家内部看,生产部门几乎全部由庞大的联合资本掌控,生产经营权与生产资料所有权逐步分离,大资本家剥夺中小资本家的过程加剧,产业资本和金融资本结合更加紧密,大型企业相互协作,形成一定程度上的联盟。

从国际关系看,资本主义国家之间的战争,体现的是日益发展壮大的金融资本对新兴投资市场的迫切追求,在世界范围内的市场争夺必将导致更加激烈的利益冲突。这是资本主义发展的新阶段,因其殖民扩张的特点而被称为帝国主义阶段,这是从资本主义内部萌发而出的,以金融资本统治为鲜明特征。

对于这个加强版的资本主义,如果还要探讨其发展是否有其他可能的路径,就需要紧紧抓住现存事物和社会既定的历史前提,始终以社会发展进程中业已用事实印证、得到贯彻的事物为判断依据。只有那些历史前进中已经存在并有所发展的事物才是社会发展的必然。任何人主观上的设想和喜好,甚至在道德观念方面的判断,都不能左右社会历史发展的必然性。因此,库诺夫提出,在帝国主义之外设想其他的资本主义发展道路,是一种错误观点。通过侵占殖民地,实现资本的对外输出和国际市场的占有,这些既不是帝国主义最主要的表现内容,也不能简单等同于帝国主义阶段。首先,帝国主义阶段最显著的特征是金融资本的统治,它使绝大部分的大型工商业都从属于自己,成为资本主义国家的决定性因素。与此相对应,金融资本要求从国家谋求更多的特殊利益。其次,殖民地市场和资本输出仅仅是金融资本众多活动方式中的一种而已。这一方式在当下的资本主义发展阶段尤为突出,主要是因为在目前的政治经济状况下,这是能够获取高额收益的最高效的方式。因此,金融资本仍然有可能通过侵占殖民地的方式,进一步同化周边的国家和地区。

诚然,库诺夫对帝国主义的界定和对金融资本的看法都是基于唯物史观做出的正确判断,但是,他没有据此得出科学合理的结论,相反,他将对客观必然性的认同转变为一种宿命论,并以此为帝国主义的发展进行辩护。这其中也内含了他对奥地利马克思主义学派中希法亭和伦纳有关"有组织的资本主义"理论的吸收。

十九世纪的俄国"合法马克思主义者"曾有过类似的论断。他们将俄国资本主义发展的必然性看作社会历史进程的宿命,因此为俄国资本主义辩护。但不同的是,十九世纪末这一论断促进了马克思主义在俄国的传播和发展。列宁在特定的阶段,与"合法马克思主义者"达成协议,共同反对俄国民粹派。

库诺夫在德国当时的历史阶段提出这一论断,客观上是在为垄断资产阶级和金融资本辩护。他不赞成消灭帝国主义,认为既然帝国主义是社会发展进程中的必然阶段,那么"直截了当"地"铲除"它,让它"从资本主义发展序列中勾销"是"荒谬的"。他把这种荒谬行为与资本主义发展初期工人试图通过砸毁机器来阻挠资本主义发展的愚蠢行为等量齐观。

考茨基专门在《新时代》第 33 卷第 2 期、第 4 期和第 8 期上,相继发表文章反驳库诺夫的观点。反驳的起点是反对将帝国主义和现代资本主义等同,他认为帝国主义仅仅是资本主义发展的一个特殊类型。库诺夫将帝国主义看作加强版的资本主义,是资本主义发展中一个以资本高度集中为本质的经济阶段。然而,考茨基的反驳不是构筑在对资本主义发展历史现状的深入剖析之上,而是从词源学中找依据。考茨基考察"帝国主义"一词的产生和演变过程,提出帝国主义是资本主义中一种特殊类型的政策。他认为,当代资本主义因是金融资本,果是帝国主义,原因和结果必须加以区分。帝国主义的词源来自拉丁文,起初用于表明与特定帝国相联系的一种政治意图,后来在拿破仑第一帝国时期用于表明帝国政策,到了十八世纪九十年代,英国与其殖民地之间结成一定的联盟,用大不列颠帝国替代了原先的王国概念,即用以表示为一种特殊类型的政策,而不是特定的经济阶段。

否定了帝国主义与现代资本主义的等同关系后,考茨基对帝国主义是社会发展的历史必然性进行了驳斥。他首先提出"必然"具有两种完全不同的含义,第一种是指在一定情况下不可避免、必将发生,第二种是指为了满足人们的一定需要而不可缺少。考茨基认为,根据当前的政治立场,对社会历史必然性的讨论,并非在一定历史条件下不可避免的事物,而是要看对无产阶级而言,是否不可或缺。显然,帝国主义不是无产阶级需要的,所以它就不是历史必然。

当时英国关税保护政策力度有所减弱,美国关税税率降低,军备有裁减之势,法国和德国的资本输出大幅减少,部分金融资本集团间的国际融合趋势逐渐显著。据此考茨基认为,帝国主义这一特殊的政策将极有可能被新型的超帝国主义政策取代,即帝国主义国家之间的斗争将被取代——金融资本通过国际联合而获取利益。

库诺夫对考茨基的反驳不以为然,认为他对帝国主义定义泛泛而谈,并没有注意到现代殖民政策背后的帝国主义本质特征,没有看到金融资本的推动力量。两人就"金融资本到底是不是帝国主义的核心特征"这一问题展开争论。

考茨基对库诺夫的驳斥不是正面批判,更像是一种无力的侧面诡辩。他强调说,当代帝国主义对农业区的民族和国家的吞并,产生于高度发达的资本主义。仅就这一点而言,就能够和十六世纪至十七世纪的知名政策相区别。随着工业资本的飞跃和增长,早先就已形成的殖民政策才有了全新的特质,即帝国主义政策。考茨基拒绝承认资本主义这一阶段的核心特质是金融资本的形成和发展。

金融资本是由银行支配、工业资本家运用的资本,金融资本也就是广义的工业资本中衍生出的一种资本,而当时工业资本与金融资本的发展日益呈现同一化倾向。所以,考茨基提出反驳,库诺夫断言金融资本是殖民政策主要推动力量固然不错,但是他批判考茨基说殖民政策背后的推动力是工业资本就不合理了。可见,考茨基用广义的工业资本概念,偷换了具有特指意义的金融资本概念。

理论资源的出发点毕竟不是终点,库诺夫理解唯物史观原初的思想背景并不意味着他一定无法真正把握马克思主义哲学的实质。关键问题在于,他需要经历更为艰难和曲折的道路。库诺夫本人对资产阶级主流意识形态缺乏足够深刻的认识,从他对唯物史观的理解可以发现,他在处理自己原有的思想同唯物史观之间的关系上呈现出一种片面的倾向,即把原有的非马克思主义思想影响带进了后来对唯物史观的理解之中。因此,他对唯物史观的理解在理论内核上已经打上了形形色色的其他非马克思主义思潮的烙印。

当马克思和恩格斯在世时，对他们学说的"古怪的篡改和解释"就已经多次出现了，以至马克思都曾说出："我不是马克思主义者。"面对这些篡改和折中主义庸俗化的倾向和企图，马克思和恩格斯本人都进行了有力的批驳，但是随着马克思、恩格斯相继去世，他们都尚未"来得及对他们的社会哲学思想从逻辑联系上做有系统的阐发"，加之镇压社会主义者的《非常法》的废止，德国官方认可的庸俗马克思主义逐渐在政治理论舞台上取得主导地位。

鉴于此，库诺夫写作《马克思的历史、社会和国家学说》的主要任务就是，将马克思主义"从错误的诠释中和令人困惑的七拼八凑的混合中解脱出来"，在此基础之上完成对马克思社会学理论的批判和发展。他试图收集整理马克思和恩格斯"散见于各种著作、论文、书评和报刊文章"中"简短的格言体"和"论战"式的文字表述，在保持马克思主义逻辑脉络的前提下，去除那些性质完全不同的观点和理论，"剥离"出马克思的社会学基本要点，追溯其思想根源，系统表述马克思的历史、社会和国家学说。在整个"剥离"过程中，他有意识地将自己的观点隔离于马克思的历史、社会和国家学说，力图"还原"马克思—恩格斯对社会哲学理论的系统阐述，而不是用自己的观点"填补"可能的理论"漏洞"。由于马克思和恩格斯都没有对社会学问题进行专门而系统的考察，因此，库诺夫的这一努力本身就对马克思主义唯物史观具有创新意味。

第二章 唯物史观：社会学发展的 最高成果

　　从社会学理论范式及其历史发展的进程看，经典理论贡献中的研究范式主要有四种：社会事实（以斯宾塞和迪尔凯姆为代表）、社会批判（以马克思和恩格斯为代表）、社会释义（以滕尼斯、韦伯和齐美尔为代表）、社会行为（以马歇尔、帕累托、塔尔德和弗洛伊德为代表）。库诺夫理解的唯物史观兼具了前三种范式的色彩，但是对社会批判不足，在重视社会事实和社会释义的过程中，甚至部分地遮蔽了对唯物史观中的社会批判性。

　　库诺夫对唯物史观的解读并不是一种偶然，在历史必然性中体现的是当时的"时代精神"。以斯宾塞和孔德部分论著的相似性为例，当斯宾塞撰写《社会静力学》时，连这部著作的名称都能让人联想到孔德早期著作的内容，但是有证据显示，斯宾塞本人当时确实不知道孔德及其著作。因此，社会学家亨利·巴恩斯就提出，两人之间的众多相似性也许正是一种巧合。这其实从一个侧面反映出，十九世纪中叶社会学的产生并不是一种偶然，无论是社会政治经济生活，还是文化思想上的准备，都为将社会学作为一门独立的学科提供了充分的可能性，或者说这正是黑格尔所说的一种"时代精神"。它使不同国家不同地区的学者以类似方法，致力于理解当时的工业社会的本质。

因此，我们有理由相信，虽然库诺夫是否研读过孔德和斯宾塞等人的著作已经难以考证，但是从他对《马克思的历史、社会和国家学说》全书的编排中可以发现，他对社会哲学的研究与两位和他几乎同时代的现代社会学大师有着一种理论上的相似性，甚至是一种共通性，他对社会学基本要点的论述主要包含两条隐性的线索：社会静力学（社会结构）和社会动力学（历史进程）。

库诺夫提出，从古至今的社会历史哲学理论影响着马克思对社会历史的研究，许多有代表性的理论和学说甚至可以在一定程度上理解为马克思社会理论形成进程中的阶段性成果。库诺夫设立了三个标准：是否能够突破人对神的依赖、对民族精神和社会生活之间关系的研究程度、对社会和政治国家之间的区分程度。根据这三个标准，库诺夫将人类社会哲学史分为三大阶段：社会哲学的孕育和萌芽时期、社会学的真正形成和成熟时期、科学社会学的完成式——唯物史观。

库诺夫认为，唯物史观不是马克思凭空想象出来的，而是几千年以来先哲们的思考及其对现实社会考察的结果。一言以蔽之，唯物史观是社会历史考察的沉淀，是整个人类认识自身历史和社会发展的必然产物，是社会学发展的最高成果。因此，考察库诺夫对唯物史观的理解，有必要梳理他对从古代到近代的社会历史哲学理论的解读。他紧紧围绕国家—社会，以此为线索，有选择地对此前各历史阶段的社会历史哲学理论进行解读，并划分出四个社会哲学发展阶段：以神为主宰的社会学孕育时期、从国家契约论走向社会契约论的社会学萌芽时期、追寻社会本质和历史规律的社会学真正形成时期、为社会学真正开辟出新道路的社会学完成时期。

第一节
社会哲学的孕育和萌芽时期

一、古代：神学史观衰微

所谓历史,不过是"经过查究的消息"。从东方古国中国和印度,到西亚古老文明,从希腊到罗马,它们保留着世界历史中最早的典籍,有很多是以古老的传说为表现形式。这些古老的传说主要是关于战争的颂歌、民族的迁徙、英雄和神话、当时的生活习俗,有时还穿插了一些国君、智者或英雄的名言。古老的历史著作往往局限于表层的因果关联,为了告诉后人:民族家族的渊源以及祖先们完成的丰功伟绩。

虽然在古希腊历史残篇中出现了一定程度的批判考察倾向,甚至出现了对传说的朴素唯理主义的解释,在古印度和阿拉伯的传说中也有类似的情形,但是从整体而言,人们将古代历史著作中的谱系传说和英雄传记看作真实而神圣的。以历史学之父——希罗多德为例,他著书颇多,但开篇即称自己写作历史著作的目的是向世人和后代宣扬希腊人的光荣,并进而对社会政治施以必要的影响。他认为神话传说可信,而且这些与希腊主义中的政治人生观和爱国主义情结紧密相连。但是,理性的历史意识又不时提醒他,那些奇迹般的传说并非全然可信。

几十年后,古希腊历史学家修昔底德在写作伯罗奔尼撒战争史期间,开始注意到被人们信仰的神话不一定符合史实。同时,他

唯物史观的实证社会学诠释

对当时具有相当影响力的政治事件的根源、对国家和历史人物的行为动机有所考察。在描述历史战争时，他往往会对参战国的文化、政治、生活以及备战状态做必要的说明。在考察史实的过程中，他试图寻找所谓的原因（例如民族等）背后的那个现实的"功利"因素，认为这才是历史事件的根本动因。修昔底德认为，推动社会历史前进的，不是盲目的命运和所谓神的意志，而是人创造了自己的历史。那么人是如何创造历史的呢？他认为是人们通过自己的行动创造历史的。而人们的行动取决于人的本性，在此他将"人的本性"解释为"人的性格"，这不由人自身决定，也不是社会造就，而是与生俱来的。换而言之，人的天性决定了人的行动，进而决定了社会历史的进程。另一位古希腊历史学家色诺芬认为领袖人物和贵族英雄的独特品格影响了历史进程。

虽然有哲人提出"人是万物的尺度"，但是仍然有观点认为存在"宇宙之灵"，作为整个宇宙的普遍理性，无处不在。苏格拉底将自然现象分为两大类，一类是由神祇主宰，另一类是在神的意志之外，人们可以考察其因果关联。学者们开始从人们的行为动机和欲望中寻找社会生活的因果关联。在希罗多德和修昔底德的假设中，不同民族所处地域的气候决定了人们的动机和欲望，到了希波格拉底那里，就发展为一种因果论。他提出，自然环境决定了当地人的体质和气质，并最终决定了人们的行为。政治制度决定了人们的性格。公元前一世纪，斯特拉博在关于地理方面的著作中尚未摆脱这种自然决定论的影响，他认为气候和地理环境对人口密度具有重要的影响作用。

深刻影响希腊历史著作撰写的另一个重要因素是国家哲学。如果说在亚里士多德之前，希腊哲学基本属于自然哲学，那么在亚里士多德时代，国家哲学就已经取代了自然哲学的地位。先哲们描绘的是目的论式的世界图景,苏格拉底则将研究对象聚焦于可以认识的有用之物上,即"人在国家中的生活",开始关心国家组织的形成和运作,以及国家和公民之间的关系。

亚里士多德认为,国家不是一个统一体,而是一个由众多个体组成的联合体。个人的本性决定其自身的情感和思维方式,所有公民个性的总和就是国家的本质。与近代的自由契约论不同,他将研究焦点集中在历史视域中的国家本质。他还提出,国家对公民的统治源于普遍的人性关系,奴隶制度符合人类社会发展规律。拥有良好制度的国家能够使高贵的希腊人生活美满,而手工业者则不能成为公民,自由民全面参政有违国家本质。

库诺夫认为,在亚里士多德的国家哲学和国家伦理思想中,根本没有"发展"和"历史局限性"等理念,因此,才会将社会历史长期发展而形成的贫富差距、社会分工等现象,看作基于社会个体本性的结果。

库诺夫认为波里比阿的作品是希腊历史著作的佼佼者,波里比阿"从实用历史中总结经验"[1],通过考察已知世界的历史进程,向世人揭示谋求国力强盛的治国之道。波里比阿提出,个人的特性取决于其本性、本能、情感和情欲的总和,民族亦然。在他的理论中,国家和民族是同一概念。和亚里士多德相似的是,他也认为国家是众多个体的联合体。不过他向前多走了一步,他并不认为民族就是所有个体特性总和的平均数,与个体相比,群体行动往往表现得更加具有自发性,民族的文明程度与这种自发性之间呈反比关系。与前人相比,波里比阿更加强调民族领袖的历史创造性

---

1 [德]亨利希·库诺:《马克思的历史、社会和国家学说》,袁志英译,上海译文出版社2006年版,第18页。

和社会影响力。

库诺夫对波里比阿的历史著作表示赞赏，但也评价他对历史的考察仍然是"肤浅"的，对社会生活本质缺乏了解，简而化之地将社会与国家等同，虽然对历史的前因后果联系把握得较好，但是缺少塔西佗胸怀世界政治的宽广视野以及对不同民族制度的理解和领悟。

二、中世纪：历史哲学和国家哲学

中世纪，基督教会将希腊罗马历史著作中体现的科学历史研究传统几乎"摧毁殆尽"。基督教会将历史看作上帝及其反叛者的作品。奥古斯汀认为上帝先知先觉，上帝的意志就是人类社会发展的唯一动因，人类虽然具有自由的意志，但是这种自由是贯彻上帝意志、秩序的自由，是体现上帝安排的内在必然性范围之内的所谓自由。他的世界观决定了他的"古怪"历史观。他甚至认为《圣经》中写下的所有情节都是历史事实、古希腊和罗马神话都是真实发生过的事。

奥古斯汀的国家观受其世界观和历史观的影响，他认为，人类社会历史的发展目标就是要消除所有敌视上帝的力量并进而重建"神国"。国家的正义就在于其对自然法则和上帝秩序的遵从。他根据新柏拉图主义提出，世界源于理念（逻各斯），这和上帝意志等同。他根据亚里士多德和西塞罗的国家哲学思想提出，形成国家的根源在于人的社交本能——合群性。基于这样的国家观，他提出，罗马是一个罪恶的国家，因为罗马不信仰真正的上帝，只崇尚那些不洁的妖魔鬼怪。

奥古斯汀的宗教观则有所不同，只要基督教没有违反自己的教义,就要理所当然地服从国家,即使是一个腐朽罪恶的国家也应服从。而国家则应该接受神圣教会的领导,以保证自身不误入歧途。基督教的未来应当像罗马一样,以统治和奴役为国家架构的平台。

阿奎那是罗马教会最伟大最富才华的经院哲学家,他巧妙地将亚里士多德和奥古斯汀的国家哲学相结合,并使之适应于罗马教会的教义和权力。他的观点是:国家是人类理性发展的最高级别和最为完美的共同体形式,远远高于家庭形式,国家的本质是服务于道德生活。

亚里士多德称人是"政治动物",阿奎那则前进了一步,认为人是"社会动物"(他有时也称之为"社会和政治动物"),为了生存和生活的需要而和其他人生活在一起,因此先是形成了家庭,当家庭形式也不足以满足人们的需要时,家庭与家庭之间的联合逐步产生了分工,最终分工促成了国家组织的形成。他先从国家的目的谈起,认为国家最基本的目标是满足尘世生活的需求,从而实现"美好生活",这以道德的幸福生活为首要目的。因为人天生就存在才能的差别,所以国家内部的阶层差别和阶层统治是天然合理的。但人是上帝创造的,生而自由平等,之所以出现反自然的奴隶制,是源于上帝的正义流露,对于一部分人的原罪的惩罚。此外,他还从万民法的角度提出,万民法具有一定的合理性,产生于自然的关系,因此,奴隶制是古老的法律习惯。

在讨论国家经济时,阿奎那从独立城邦经济出发考察十三世纪的意大利,那正是当时比较发达的资本主义典型代表。亚里士多德认为商业是不道德的,而阿奎那则认为商业是一个城市经济发展的必要前提,农业不再是城市居民的主要经济来源,而农村将仅仅成为城市的农产品供应来源,于是农村将依附于城市。相应

唯物史观的实证社会学诠释

的，农民和以务农为生的人们将成为最低的阶层，与此相对的是，大商户、牧师、学者和艺术家等脑力劳动者是较高的阶层。

阿奎那的国家学说与其对历史进程和自然法的态度是相辅相成的。他认为，教皇是上帝掌管人间社会的代理人，拥有无上的权威，国家从属于教会。上帝主宰社会历史发展的进程，人的行动取决于其天生的本性，社会历史是人的本性发生现实作用的结果，而神的意志则是自始至终都贯彻于整个社会历史的进程之中。神的意志，或者可以称之为神的理性，是人类社会的最高法则，同时也是自然法的渊源。因此，信仰万能的神，就和人的自然本性相契合，完全达到了同一。虽然阿奎那的思想理论迎合了罗马教廷的利益需要，并因而得到了教廷的极大推崇，作为经院哲学的基础理论，但是库诺夫认为，阿奎那等大多数自然法理论家的特点"都是直接将他那个时代存在的生活与法律状况宣称为自然的，自古以来就行之有效的'自然法'"[1]，而缺少历史进程的视角。

到了十五世纪至十六世纪，天主教的历史学家认为上帝的意志就是人类社会发展的法则，因此，历史发展的终极目标是绝对的、包罗万象的、永恒的。相对于教会而言，国家的任务则是管理世俗事务，所以教会应当凌驾于国家之上。为了显示上帝对历史的影响，他们试图证明上帝"亲自干预"历史事件，但是许多历史事件无法用统一的上帝意志解释，于是就设想作为正方的上帝以及作为反方的撒旦这两种力量的较量在影响历史发展，从而自圆其说。这些在中世纪晚期的圣经传、一部分编年史、野史类演义中都有所体现。新教的历史观和宗教观，与天主教基本一致，都是崇尚

1　[德]亨利希·库诺：《马克思的历史、社会和国家学说》，袁志英译，上海译文出版社2006年版，第33页。

上帝意志,认为上帝主宰社会发展的历史进程。

三、国家契约论和近代自然法理论

十六世纪至十七世纪,随着新兴城市资产阶级的壮大及其与封建贵族之间斗争的升级,国家观与社会观开始有了质的飞跃。斗争双方都试图为自己的立场辩护,从上帝和自然的秩序中寻求争取政权的依据,由此产生了一系列问题,例如:国家的权力源于何处、君王的权力由谁赋予、君王拥有怎样的权力、为什么能够赋予君王如此权力等。

这一时期的理论家接受了前人的观点,即国家(同时是社会,因为此时他们还没有对国家和社会区分界限)是以自由契约为基础建立的联盟,国家的目的就是提升国民的福利。他们不再关注国家的形成历程,只是将缔约作为历史事实,将其当作整个契约思想的出发点。

十六世纪下半叶,为迎合贵族利益的国家学说,出现了"反暴君派",包含天主教派和加尔文派(有时也称为胡格诺派)。加尔文派中最著名的理论家胡伯特·朗居特曾撰写《反暴君论》。他没有区分国家与社会的界限,认为国家就是个体的总和,国民依据上帝的契约和国家统治者缔结统治与被统治契约。当统治者宣誓能够接受国民提出的条件后,契约关系成立,国民的义务就是服从统治。因此,可以说,这是君轻民重的契约。如果统治者没有按契约履行义务,那么人民就不再受此契约的约束。

库诺夫并没有肤浅理解这一时期的契约论,而是看到该学说背后的实质其实是适应封建贵族利益的政治理论。因为真正行使最高国家权力的不是普罗大众,而是王公贵族和议员代表,他们掌控国家的立法权和国家所有重大决策权。没有这些贵族议员的授权，任何民众都不能反抗王权，也就是说，只要贵族议员不认同人民反对王权，统治者就会长久实现统治。

法国王权政治势力渐强，促成了国家哲学中专制主义的突破。大资产阶级中最负盛名的学者让·博丹就是维护王权联盟和大资产阶级利益的典型代表。他提出，人民可以将有限的权力移交给国家统治者，也可以将全部权力移交给国君。国君只需对上帝尽责，却无须对他的子民尽责。然而，国君也并非就能为所欲为，因为，他的行为受到神祇法和自然法的制约。

在反暴君派的理论运动中，最重要的当属主教雅斯克斯·波舒埃，他在1710年出版的《笃行圣经训诫的政治》中几乎完全摒弃了流行一时的国家起源说和契约统治论。他以博丹和霍布斯的国家理论为基础，以混乱的自然状态为理论出发点，得出了与博丹和霍布斯不同的结论，即没有自然状态的万民法，只有强者的法律和统治，人们因上帝赋予的本性而厌倦了混乱和不安全，才会放弃自身的自然"自由"。总而言之，他的国家理论就是，上帝是真正的国家统治者，国君是上帝在人间的代理，人们对国君的绝对服从就是对上帝的信仰和遵从。

1748年，孟德斯鸠出版了《论法的精神》，指出地理因素对历史发展具有重要意义。他尝试从因果关联方面论述社会历史进程，但是并没有超越希波格拉底。他对人类地理学的阐释，是指自然气候对人类的生理（主要指体质）具有一定影响。例如，寒冷的气候使人的肌肉伸缩更加有力，因此寒带的居民更加强壮，由此带来的一系列作用：更自信→更勇敢→更优越→鲜有报复心理→更具安全感→坦率而少心机少虚伪不狡诈，而热带的居民则相反。

孟德斯鸠在其代表作中有一段话提到，地理条件的优劣将决定居住的人们是否被奴役。土地贫瘠导致人们为生存忙碌,无暇顾他,而土地肥沃则使人们担心自己的家产被破坏。因此,自然环境优越的地域应实行寡头政治制度,例如土地肥沃的拉栖第梦实行贵族政体;土地贫瘠的地域则应实行多头政治制度,例如雅典实现民主制;介于两者之间的温和气候的地域应当实行独裁制。他的推理及得出的结论恰恰与博丹完全相反。

孟德斯鸠的著作行文流畅、语言生动、文字优美隽永、广为流传,人们往往将他当作人类地理学的第一人。而对于博丹,库诺夫认为,虽然他的著作充满了沉闷的学究气,文字枯燥无味,流传上远远不及孟德斯鸠,但仍然堪称"人类地理学历史观的先驱者和创始者"[1]。博丹以希波格拉底、斯特拉博和波里比阿的理论为基础,对他们的气候土质影响论做了大量的补充。他的理论逻辑是,一定地域的气候和土壤决定了当地民众的本性,即国民的气质,这又决定了所在民族和人们的行动。土质的差异决定了产出物的不同,促成了劳动方式(博丹也称之为职业)的差异,并最终决定了不同地域人们能力的差异。职业对人们身心发展而言,是一个非常重要的因素。

虽然德国和英法两国的政治经济发展水平不同,但德国的学者试图借鉴英法的国家哲学,导致其理论思想并不符合德国社会发展现状,因此,德国的政治发展水平并不理想,国家尚处于分崩离析的状态。

宗教改革之后,法国反暴君派理论逐渐为德国学界接受,分裂的各个小国家巩固了专制制度后,一部分国家就开始运用霍布斯、

1　[德]亨利希·库诺:《马克思的历史、社会和国家学说》,袁志英译,上海译文出版社2006年版,第53页。

　　　　　　　　　　　　唯物史观的实证社会学诠释

博丹和波舒埃等人的国家理论,强化自己的国家哲学,而另一部分则从洛克的学说中寻找国君与国民之间分权的原则和依据。阿尔图修斯是其中一位颇有理论贡献的人物,库诺夫将其称为朗居特的"学舌者",认为他将朗居特的学说体系化,并补充了逻辑推理,完善了朗居特的理论。他在《系统地论述并以宗教及世俗事例说明的政治学》中,开宗明义地将国家看作基于人们的需要组合而成的社会联盟,有契约约束,并有责任、有义务促进公众利益,人民主权不可转让、不可分割。阿尔图修斯不再将国家简单地看作个人或单个家庭的组合,而是看作由众多形式的联盟联合形成的生活公社。他还对联盟做了简单的区分,即国家作为一种联盟,较其他形式的联盟而言,更为复杂且层次更高,是"包容一切"的公众联盟。阿尔图修斯认为,虽然全体人民具有主权,但是他们需要接受管理和监护,王公贵族和官吏就组成了代表人民决定政治事务的群体。

阿尔图修斯与朗居特的学说对政治现实的作用不同,朗居特的学说和得出的结论适应了当时法国具有反叛意义的加尔文教派的夺取政权需要,而阿尔图修斯的学说则适应了德国治理城市的市议会的贵族利益。西里西亚人约翰·弗里德里希·霍恩是阿尔图修斯的反对派中的杰出代表,他在《国家的政治组成部分》中,像波舒埃一样抨击了契约论。

十九世纪之前,在德国与荷兰的理论界,国家契约论都占据着绝对主流地位。只是对其中缔结契约的方式各有不同观点。十七世纪的自然法哲学家格劳修斯[1],在《战争与和平法》中对社会和国家进行了区分。他提出,社会是家长制的家庭组合,组织松散,

---

[1]　常译为"格劳修斯",有时也译为"格劳秀斯"。

不受行政和法律的制约;国家则不同,它是自由人的联合,大家为了法律保护和功利目的而组合。国家是社会的组成部分,直到松散的家庭组合签订了联合契约与统治契约,国家才从社会中产生。但格劳修斯并没有坚持这种国家—社会的划分,有时他将国家、社会和民族三者混为一谈。

普芬道夫在《自然法和万民法》中也提出了类似的观点。家庭并不是简单结合就能形成国家的,需要将全体成员的意志通过契约统一起来,委任一个国家政府,由政府履行共同意志。因此,国家的建立需要三个层面的契约:全体决议,即建立国家的意愿;依据契约对国家政体达成一致,即组建国家的方式;缔结全体成员与统治者之间相互负有责任和义务的契约。当这三个条件成立后,国家才真正"走出"社会。

中世纪的欧洲人禁锢在神学理念中,认为上帝的意志是尘世的终极目标和永恒原则,人只能服从上帝。他们起初完全无法理解,法的产生是为了调节人类的共同生活,它的形成过程具有内在必然性。万民法也不同于当代的国际公法,而是指由个体本性中产生并合理引申到全体公民的一种法,即具有多元化兼容性且源于自然的个体法。

十六世纪末就曾有学者对自然法的假设进行了反驳。法国社会哲学家米歇尔·蒙台涅认为,在某个特定时代和特定民族中理所当然的法律观点,往往在另一个民族和另一个时代被看作违反自然法,故此,自然法因源于人的本性而永恒不变这种说法是滑稽可笑的。可以推知,原先的自然法,如果有自然法存在的话,那么也必定随着时代的进步和民族的不同而逐步失效。

格劳修斯认为自然法是"理性的诚命",是"一种行为或因其与理性的本性相协调一致,或因其不相一致而包含着道义上的丑恶或道义上的必然性,因而身为自然法创造者的上帝要么是赞助这一行为,要么是禁止这一行为"[1]。他进而将民法和社会礼仪归入自然法的范围,将神祇法和万民法看作成文法或意志法。他还提出,人可以通过契约将自身的天赋权利让渡给他人。这一点他和其他大多数自然法学家的观点大相径庭。另外,他"降格以求"地引申出"不完善的自然法",即根据自然法的基本原则,以逻辑推理的方式,适用于社会现实的法。

英国政治家、哲学家托马斯·霍布斯认为自然法不能被称为当时司法意义上的法律,而仅仅是道德责任,真正的法是伴随着国家的建立得以诞生的,法律意义上的"是"与"非"纯粹是指国家的"允许"与"禁止"。斯宾诺莎在《神学政治论文》(1670 年)和《伦理学》(1677 年)中提出,所有的法都源于社会性。他认为不存在永恒的自然权利和自然法原则。

与格劳修斯和托马斯·霍布斯一样,斯宾诺莎也认为自然法不是司法意义上的法。因为法律是人们为了一定的目的而对自己和他人做出一定规定的生活方式,而自然法仅仅表明在自然状态下人受自然本能驱使的必然性与合理性,并非有关个体之间生活方式的规定,这些自然法原则并不存在后来市民社会中所谓的"好"和"坏",不受人类理性的制约。斯宾诺莎认为所谓的自然权利只不过是人类在社会前期自然状态的人拥有的自然本能(主要是力量和欲念决定的自然本能)的权利。自然界中所有财产属于所有成员,没有任何物品能称为是特定个体的财产。因此,不存在某个人对其他人财产的剥夺,没有"正义"与"不正义"的概念。国

1　转引自[德]亨利希·库诺:《马克思的历史、社会和国家学说》,袁志英译,上海译文出版社 2006 年版,第 62 页。

家权力诞生之后，人们为了自身利益而组成社会（斯宾诺莎没有区分国家与社会），为了能够共同生活而合理节制欲望，并将自身权力移交于社会，因此，社会拥有最高权力，所有个体必须服从社会法律，否则将处以严厉惩罚。即使在宗教领域，国家也拥有支配权和决定权。国家的必要性取代了前国家时期的自然必要性。

人类学与社会学理论知识的匮乏以及历史意识的缺失，导致鲜有学者认同斯宾诺莎的观点。面对新兴的资本主义经济，经济学家大多将资本主义经济范畴当作自然永恒的规律和关系，哲学家则将资产阶级的权利范畴，例如财产、契约和政治自决权等看作根源于人性的永恒性的权利。其中的概念界定和原则确定往往没有确定性，不同的理论家有不同的解释，无非是以哲学的修辞表达古老道德。

克利斯坦·托马斯（库诺夫有时也称其为托马修斯）试图在自然法、人的本能和自然的道德法规三者之间，以及权利和法律之间，做进一步的区分，实际上他在当时推进了自然法的理论发展。他认为，人的本能和自然法必须有所区别，人的本性并不能为行动是否合理提供可靠依据和判断准绳，而人的天生的、固有的、铭刻于心的理性则能做到这一点，因此，所谓自然法不过是人类关于自然理性的法。如果追根究底地考察人类自然理性的来源，那就是上帝，这不能和自然道德法相混淆。法律规定的义务和责任，对人们具有强制制约作用，但不能改变自然道德法；而自然法中规定的权利和义务，人们可以通过契约或法律途径予以增加、取消或者限制自然权利。托马斯还认为，所有民族的一切法的基本原则是"促进人生幸福"，因此，自然法的最高原则就是"做与社会生活相符合的事"，而不是反之。其实，这就是古老道德戒律中"要使你自己的利益服从集体利益"的另一种修辞表达而已。

唯物史观的实证社会学诠释

克里斯琴·沃尔夫在《自然法与万民法的基本原则》中也表达了和托马斯类似的观点,即自然法就是自然理性法,它赋予人们不断完善自我的义务,行动的准则是公众利益优先于个人利益,所有民法都以自然法为基础。

自然法哲学在法国大革命数十年间达到了新高潮,对于维护资产阶级的政治要求起到了积极作用。以拉法耶特为代表的资产阶级学者认为"与生俱来""非人莫属""永不失效""由人的本性铭刻于心"的权利是古老的人性权利。

四、国家契约论向社会契约论的转变

十六世纪至十七世纪,英国资产阶级理论家尚在传统契约论的禁锢中,他们的考察视角主要从"虚构"的国家契约和人民主权论出发,而在某些结论上往往受到法国反暴君论的影响,这与英法两国的革命情况大有关联。法国的资产阶级革命主要是天主教和胡格诺教派代表的封建贵族与趋向专制主义且受到部分城市资产阶级支持的王权之间的斗争。英国工商业比法国发达,斗争的一方是资产阶级以及与其结盟的地主,另一方则是王室宫廷贵族和家臣贵族(骑士党)。斗争双方的差异决定了英法两国的国家契约论所争取或维护的权利有所不同。在英国,实力雄厚的资产者被当作所有资产阶级的典范以及优秀品质的化身,因此代表这一阶层利益的议会自然就成为人民"真正正确"的代表。

乔治·布坎南在《苏格兰的王国法律》中提出了适应英国资产阶级利益的国家法论证方式。国君有义务按照人民提出的要求治理国家,否则就将被废黜,但是人民没有能力管理自己的事务,他们需要统治者的领导和保护,因此,废黜后还需要选出一名新的国君。

密尔顿在《为英国人民申辩》中应英国议会的请求，驳斥哲学家克劳狄乌斯·萨尔马修斯为查理一世撰写的辩护词。他从《旧约》中引证国君的统治权不是天赋权力，而是人民委托，必须遵守自然法和契约的规定，恪尽职守并主持正义，议会和议院的职责不是对国君"顶礼膜拜"，而是要与国君共同为公众谋福利，即使没有国君也要肩负这样的责任。值得强调的是，他所说的"人民"不是广大民众，而是正义且富裕的资产阶级，当时的英国特权议院被他称作"真正的国民议会"。

站在密尔顿等人对立面的是为专制王权辩护的众多理论家，他们试图从《圣经》中找到依据以证明王权是上帝的恩赐，而人们无权要求自由和民主，所有这些已经获得的权利都是国君的恩典和善心。

托马斯·霍布斯从当时颇为流行的契约论出发，论证专制王权的合理性。库诺夫对他的论证方法的评价是"极其卓越的社会哲学方法"。霍布斯首先将人类社会的原初状态设想为"人对人，像狼一样"，即人们为了自我生存而处于持续不断的一切人反对一切人的战争状态，每个人的要求不受任何法条的限制，只对自身拥有一切权利。这种时刻都要提防外部侵犯的状态，促使人们寻求个体之间的联盟，于是个体之间的对抗转化为联盟之间的对抗，为了在对抗中占据优势，小联盟发展为大联盟。

为了更好地增强联盟的力量，个体放弃自身所有权利以利于联盟内领袖（单个人或小团体）用统一且唯一的主权意志进行领导。个体放弃了所有权利，才建立的国家，国家就应完成所有成员的目标，因此国家权力不受任何限制。在宣战和停战讲和，立法权、司法权、执法权，国家官员的任免，公众教育，财政等各个方面，国家都不受任何制约。

在霍布斯眼里,国家是全智全能的,而人最强大的推动力是自私。他从当时英国资产阶级对权力的渴求背后洞悉其真正实质,即为其阶级的利益寻找政治上的认可,所谓的政治道德和正义不过是变相的诡辩术。因此,他打了一个形象的比方,如果三角形的几何定律触犯了资产阶级的利益,那么他们会毫不犹豫地将所有几何书烧尽。

霍布斯将国家看作国民为建立统一和平的政权而放弃自身的自然权利的结果,这一理论出发点决定了人民与国君之间的关系本质。他企图用这种国家的本源性特质限制商业资产阶级的利益。显然,他还没有意识到资产阶级的兴起是历史的必然,也是社会进步所不可避免的。霍布斯理论中存在的进步性在当时没有得到大多数学者的认可,他的理论不仅彰显了国家公民在政治上完全平等,而且有力驳斥了社会差别源于人性差别的流行观点。

相对于藐视英国商业资产阶级的霍布斯而言,约翰·洛克则是他们的维护者。他不仅论证了威廉国王权威的合法性基础源于国民的一致赞同,而且为英国人民追求合法自然权利进行了有力辩护。霍布斯认为人的自然原初状态是彻底的野蛮自私,而洛克则认为自然人是由理性支配的道德人。洛克认为,在自然状态中每个人都有权惩戒违反自然法的人,如果要免除其惩罚,就必须为惩罚者服务或者做其奴隶。这就从自然状态推导出了一定的物权、所有制形式、刑罚的萌芽、劳役权和统治权。他为资产阶级辩护的立场还表现在,他将资本主义经济关系,例如雇佣劳动、剩余价值、利润、地租和利息等,都看作自古有之的经济关系。为了证明土地私有制的永恒性与合理性,他将其论证为立足于自然法基础,并植根于人性的制度。自然原初状态下,人们占有土地只以家庭基本需要为标准,洛克认为这适用于太古时代,但是这种土地所有制不再适用于以金银货币为价值尺度和流通媒介的资本主义商品经济。人们将更愿意积累货币,为了货币占有量而占有更多的土地,土地不再仅仅以满足家庭基本需要为目的。

霍布斯从建立和平与秩序的必要性中演绎出市民社会和国家的起源,而洛克则是根据上帝赋予人的理性需要和社会需求演绎出了从家庭到联盟再到国家的进程。洛克反驳霍布斯那种建立专制政治制度的观点,因为,除了统治者一人之外,其他所有人都将自身置于统治和法律的强制制约中,统治者自然将会因无所限制而变得"无法无天"。洛克认为,联合成立社会的最重要目的就是保护私有财产。

洛克提出权力分为三种:立法权、行政权和联邦权。立法权拥有最高权力,由推选出的人组成的议会(委员会)承担;国君由人们委托行使行政权,随时都可能撤换。联邦权与行政权往往合二为一,服务于立法权。这与十八世纪法国国家哲学中的"立法权、行政权和司法权"三权分立是完全不同的概念。洛克将司法权归入行政权,将对外代表国家利益的外交事务与行政权区分,称为联邦权,用以缔结和约或建立联盟等。

库诺夫指出,人类学的发展直接促进了理论家对国家与社会的区分,十八世纪的英国政治理论家们经常援引旅行者和传教士的游记、见闻,人类学对他们的影响可见一斑。十八世纪初,随着人类学和民族学知识的增长,古老的契约论在英国逐渐失去了影响力,人们开始认识到,社会的原初并非孤立的个人,也不是因契约而结为联盟。大批政治学家和社会学家都不认同社会契约论。比较有代表性的是谢夫特斯伯利。他提出人就是社会的产物,从人之为人开始,就在社会之中,这些都是再自然不过的事理了。孤

唯物史观的实证社会学诠释

立的人仅仅是虚妄的假想，为了保全自己，人只有在与他人的协作、联合中才得以实现。社会契约论的衰落也出现在了法国。孟德斯鸠就曾指出，研究国家法就必须以社会起源为起点。

人所处的社会从小型发展为大型，为了更好地共同生活，协调相互间关系，就必须制定一定的法规对各成员的行为进行约束，为了维护法规的执行力，需要一定的权威，因此，这就产生了父权、家长权威、酋长权威、统帅权威、国君权威、市民社会中的政府权威。

大卫·休谟在《论政府起源》中做了简洁的总结，人来自家庭，由于自然倾向和习惯而被迫与他人建立社会，为了更好地处理相互间关系而产生了建立政治社会的需要，以此保证社会成员之间的安全与和平的交往，维护法律秩序就是达到这一目的的核心环节。国家权力的出现带有一定程度的偶然性，这也决定了它的不完善性。在战争中，混乱只能将情况变得更糟，只有某个具有领袖才能的人得到大家的支持和拥戴，并且能够进行统一指挥，这一方才能获得战争的胜利。当人们习惯于服从这类领袖人物时，即使在非战争时期，即在日常的社会生活中也能够对内部纠纷予以仲裁，那么这种类型的领袖就逐步成为具有权威的统治者。倘若统治者的后代也具有他的优秀品质，那么统治权威就会日渐巩固和趋于成熟，统治者拥有一定资源后，就能够做到赏罚分明，国家就此诞生。

亚当·斯密基本认同以休谟为代表的观点，但是他进一步提出，统治者的权威不仅由于战时的统治，还由于其拥有更多的财富。只有出现对牲畜的占有，并由此产生了拥有财富的不均，才会诞生政府，因为政府建立的目标就是保护私有财产，并进而由此出现一系列统治与制约人们行为的法规。

通过考察这些具有代表性的学说，库诺夫认为，自古有之的将国家与社会等同的观点并没有根本改观。虽然当时人们已经逐渐意识到社会在国家建立之前就已经存在，国家并不等同于社会，但并不清楚国家和社会的本质区别，而只是将国家看作"一种纯粹的社会"，是"一种社会发展的高级阶段"或"高级形式"。[1] 那些家庭公社、部落、群体等形式属于原始社会，在人类社会的发展进程中，逐步走向了政治型的"市民社会"，为了更好地调节社会成员之间的众多关系而建立了市民政府，于是这样的社会就被称为国家。国家不等同于社会，而是社会进入文明阶段的高级形式。可见，对社会的定性并没有因契约论的破产而有本质变化，社会仍然被当作共同生活并联合而成的个体的"堆积"。与古老的契约论观点认为社会个体事实自愿联合成社会不同的是，当时的主流观点认为国家源于古代的"家族社会"。

这一历史阶段的英国社会学家已经认识到，不是社会决定个体，而是社会个体性格的总和决定社会的性质。其间还出现过这样的观点，即将人看作社会的一部分，因此人的特征由他归属的种族的特征决定。亚当·弗格森就曾经提出过，"人类历史就是人类种族的历史"（虽然他并没有完整论证这一观点）。从总体而言，虽然这一时期的社会哲学家肯定了社会对个体的影响，但他们认为这种影响不足以根本改变人的天性，人终究是自然生物。他们对人性和社会关系的认识尚未达到这一步，即人性是社会发展的历史产物，人是社会生物。

基于这一观点，那时的英国社会哲学家将社会和国家生活看作植根于人天性的本能和欲望之间的相互作用，而通常利己本能

---

1 ［德］亨利希·库诺：《马克思的历史、社会和国家学说》，袁志英译，上海译文出版社 2006 年版，第 90 页。

唯物史观的实证社会学诠释

与公益本能相互对立,例如,自我保护欲望、贪欲等和集体感、怜悯心等是难以相融合的。国家与社会内部的对抗就是源于个体本能和其所属社会集团本能的斗争与冲突。

库诺夫评价道,正是因为他们不理解国家与社会的本质区别,没有考察在个体与社会之间存在的众多类型的共同体形式,所以不可能认识到社会对抗远远不限于个体与社会之间的对立。如果社会对抗源于利己与公益两种本能的对抗,那么社会伦理学首要解决的问题就是,如何运用理性节制个人本能中与社会对抗的欲望,以避免对社会公共生活的负面影响。对社会个体而言,自然的欲望和所谓的天性是推动社会发展的动力,而理性是人们观察、思考和判断的结果,对自身和他人之间关系的权衡,对个人欲望中对抗社会的因素具有一定程度的修正作用。弗兰西斯·哈契森的《道德哲学大系》、亨利·圣·约翰·博林布罗克的《关于历史研究和应用的通讯》、伯纳德·曼德维尔的蜜蜂寓言等,都对这一观点有所阐释。他们认为人类社会走入市民社会后,社会个体既不可能完全受自然本能驱使,也不可能完全由理性支配其行动,两种因素互相作用,从而形成了社会道德与理性的共同制约,在社会中占据主导地位并决定社会的特征。

库诺夫认为,这一阶段的学者将理性解读为自然本能的"矫正"因素,此后的英国道德哲学和社会理论中,理性已然渐渐转变为对自然本能的彻底控制因素,而且将社会进步的动因也归结为理性。虽然理性是"唯一的立法力量"(曼德维尔在蜜蜂寓言中的用词),但是理性对人的决定作用只有在社会中才能有效发挥。弗格森在《文明社会史论》中就提出,理性纯粹是社会个体本身最高级最可贵的一种力量,但是人们并不是根据理性就能使社会发展向着某一既定目标前进,即人类理性无法决定社会发展。因为,任何一个社会发展阶段都是为下一个阶段做的铺垫和前提,下一阶段则是前一阶段的延伸和发展,发展前进的趋势有其自身的特性,不是个人意志能决定的。虽然弗格森的观点并不能从一开始就为其他学者接纳,但是从他开始,逐步发展出了对社会发展的更高层次的思考:理性与人的其他特性有所区别,是置于人之外的一种独立力量,并引导人们向更高目标发展的力量,于是,人类历史就成为与人自身相独立的、能够"自行自立"地依据"理性"走向未来的历史。

许多英国学者不能认同弗格森的观点,以休谟为例,他就反对将理性看作全能的意志推动力。因为,理性不能单独成为人们行为的意志动因,而且理性从来都不能和人们的欲望相斗争。尽管不同民族、不同时代,人们的特点有所不同,但是从社会现实看来,各民族的历史具有一定程度的相似性。因此,历史不是独立地向前发展,不是向世人展示新现象,而是在于发现人类本性中永恒、普遍的原则。

弗格森的《文明社会史论》和《道德与政治科学原理》否认了国家契约学说的理论意义,提出对孤立的自然人的假设根本就是"捏造",人天生就是整体的一个部分,人的自然状态中就内含了社会属性,只有在社会中才有人。他进一步提出,社会一直存在,而国家则是后来才形成的。国家的建立有赖于社会经济基础,尤其是建立在财产分配制度上的依赖性与从属性,为了调整所有制关系而必然地产生了国家形式。虽然亚当·斯密也曾提出类似的观点,但弗格森将其更加准确地表达了出来。国家内部财富和社会地位的差异,导致不同等级和阶级的出现,最终构成了国家的主体。因此,国家从来都不是一个统一体,其内部的不同阶级和等级都在追求各自的利益。国家法律的制定取决于国家内部的阶级与等级的构成状况。

唯物史观的实证社会学诠释

遗憾的是,虽然弗格森讨论等级与阶级利益,但是他始终认为,社会斗争的根源是个体与社会两者间利益的矛盾,他并没有认识到政治斗争的实质是不同阶级之间利益和权力的斗争,更没有认识到所谓个体与社会之间对立的背后是等级和阶级的对立。他不能区分国家与社会、政治社会和市民社会、人民和民族,往往将这些都看作国家的同义语,如果说这些概念之间存在些许差异的话,那就是国家更侧重于组织和管理机器,民族更偏重于自成体系的族群并与其他国家相区别,人民是指共同生活的居民。

　　十八世纪的英国国家理论家们已经达成共识,即国家的建立以财富差异和等级差别为前提条件,为了协调阶级关系以及维护财产关系,国家的出现就是历史的必然。朗居特、伯克和戈特温的理论颇具代表性。朗居特的《民法论或社会的基本原则》就体现了这一共识,也是对当时英国社会学理论的一种继承和发挥。他对国家的建立基础及其内部阶级构成的经济根源,有着较同时代学者更为深刻的认识。他将社会分为两类:原始社会和真正的社会(政治国家),并提出,后者是建立在统治的基础之上。为了维护社会中各个等级关系,并确认统治关系,就产生了法律。在国家结构尚未达到整体崩溃的地步时,这种统治的基础就不可能被改变,更不可能被取消。他和霍布斯一样,认为自由资产阶级统治的国家并非完美社会,也绝不是历史前进的必要阶段,因此他主张回到"先前"的社会或国家状态中。

　　艾德蒙·伯克在其理论成熟后提出,自由不是绝对的"善",而是根据需要受到一定的社会目标制约。所谓的绝对自由只有自然的原初社会中才有,人与人之间关系的协调必须有规矩加以保证,因此真正的社会中,自由是受到一定限制的自由。国家存在的意义就在于最大限度地保障个人自由。这种观点的出现和当时英国商业发展的国情是密不可分的。在自由资本主义日益激烈的竞争中,利己主义被当作完全合理并且是促进社会发展的优秀品质,而且被认为是植根于个人本性之中的。因此,伯克的国家观正适应了这一自由主义思潮。

威廉·戈特温在《政治正义》中诠释了他的无政府主义和个人主义的社会哲学。他认为,社会就是纯粹的个体堆积,社会化是人们追求幸福的最坏选择,因此国家的政治正义就在于尽可能减少社会化的程度,减少对个人行动的干预。他还认为,道德是永恒理性的表现,社会生活应当遵循道德的准则。从这个意义上说,社会隶属于道德哲学。他反对社会生活中的经济不平等,但是应当"遵循"所谓自由的协调,反对用暴力手段实现经济上的平等。

第二节
社会学的真正形成:追寻社会本质和历史规律

一、经历法国革命洗礼的社会哲学:从社会现象到社会本质

当十八世纪的英国社会学不再热衷于社会契约论时,法国却将其继续发扬光大,随着资本主义经济的发展而将社会契约论日趋资产阶级化。在英国,拥有大量财富的资产阶级为保证其特殊的政治和经济利益而夺取国家权力;在法国,则是中下层民众为改善自身生活条件而对封建主义残余进行斗争。不同的国情决定了不同的理论倾向,在法国表现得更为民主,也更加抽象,拓展的领域也更多更广。在法国革命中国家哲学理论方面影响最大的当属

　　　　　　　唯物史观的实证社会学诠释

卢梭的《社会契约论》。

卢梭认为,国家和社会是同一的,都是个体联合共同生活而产生的。原本相互独立的人是通过与他人联合,从而过渡到共同生活方式。最古老的自然联合是家庭,但他并不认同社会是家庭联合从小规模发展为大规模的结果,也不认可社会是强制力量的结果,对霍布斯等人提出的个人将自身权利委托交给国君的观点也极为反对。他认为,所有公民的共同意志才能够产生国家,并决定政府的施政方式。当人类从自然状态中产生社会共同体时,就已经缔结了社会契约。

休谟、斯密、弗格森、朗居特等人都是以史实为理论依据,而卢梭的理论前提完全不同,卢梭认为,正确理性的重要性远大于考察史实。在他眼里,国家是转让得来的权利联盟,即个人因共同意志而将自己的权利转让给国家。库诺夫认为,卢梭这一观点进一步引发了一些错误的认识。例如,虽然卢梭称罪犯是社会公敌,但是对罪犯的惩罚并非源于他对社会(即国家)安全的损害,而是对已经缔结的社会契约的破坏,因此罪犯不再成为社会成员,如果他还坚持自己是其中的成员,那么就要将其放逐或判处死刑,从而淘汰这个违反契约的不合格成员。

休谟、弗格森、朗居特等人将国家看作不同阶级为自身牟利的共同体,国家的实质就是最有力的阶级统治工具。但是,卢梭还停留在中世纪社会哲学的理论水平上,对社会阶级几乎毫无察觉,对社会斗争矛盾的认识还滞留于个人的特殊意志与国家社会的共同意志的对立。他认为国家成员应当保持相对的独立并不受干扰,不赞同具有党派色彩的代议制,认为英国推选议员根本就不是民主自由,而是"伪造民意"。而对于国家的共同意志到底如何表现这个问题,卢梭则没有清楚的表述。对于国民大会中对重大事务的表决,只要多数同意就是共同意志的典型标志,因为哪怕是接近半数但没到半数,都表明了一种普遍性,那些否决的人和另一部人的愿望其实是共同的,都是"至善"的意愿,只不过表决错了而已。这就暗含了一个前提条件,即多数决议只有在其确实体现了国家利益时才是有效的。

对于卢梭的社会契约论,库诺夫认为,其政治学说与社会现实完全脱节,是与托马斯·莫尔的"乌托邦"和康帕内拉的"太阳城"处于同一层次的空想。任何一种政治哲学思想的评判标准,不是单纯从理论层面进行考量,关键是考察它在多大程度上适应了所处时代发展的需要。

从法国革命的现实看,卢梭的社会契约论正是契合了这一潮流的政治需要。在与法国封建专制政权斗争的过程中自由反对派几乎都标榜自己是卢梭主义者,他们根据卢梭的政治原则,进行政治活动,并演绎推理补充新的观点。不过,他们得出的结论往往与卢梭的论证相背离。究其原因,既有卢梭的理论原则在运用到现实政治时的"水土不服",也有政治家们的曲解因素。其中,共同意志论被曲解得最为严重,以至于最后被完全抛弃了。卢梭的共同意志论,经过其追随者的发展之后,最后主要显现为以下状态,即个人将自身所有权利包括能力、财富等都转交给国家,国家对个人的限制和制约不能超越共同利益的范围,只要个人不违反国家利益,就应当保护个人的自由。换而言之,国家应当尽可能少地干预个人自由。这与英国激进自由政治理论的观点几乎完全相同。

在法国第一次国民大会的演说中,人们不断引述共同意志。共同意志的内涵到底是什么?是对自由、幸福和民族荣誉的合理追求,还是新兴资产阶级的自由意志呢?结论是共同意志等于自由资产阶级意志。等式的推导是这样的:第一,共同意志等于所有个体意志的总和;第二,由于历史经验表明难以有全民一致,因此,将多数意志等同于共同意志;第三,因为个体容易犯错误,贫穷的无产阶级缺少"严谨的教育"和远见卓识,对捍卫自己利益的意愿和能力不及那些拥有大量财富的资产阶级,还需为生计操劳,可能会为生存而接受贿赂,所以需要寻找那些更具见识和理性的拥有大量财富的人作为表决者,由此,占有巨额财富的资产阶级的意愿就演变成为共同意志。可见,市民社会通过剥夺选举权使穷人丧失表达自己意志的权利。三分之二的法国民众被排除在选举之外,而其余三分之一的表决权也受到限制,最后,只有少数富有的资产阶级才能参与立法等重要的政治活动。

法国革命中各阶层之间斗争日益激烈,人们发现不同的阶级或阶层之间客观存在明显的利益对抗。不少学者已经注意到国家和社会都分为多个等级,例如社会上分为有产者阶级和无产者阶级。所有党派都宣称自身代表了公共利益,对立党派是特殊利益团体,直至以政治家让·保尔·马拉为代表的学者提出不同观点,这一状况才有所改观。这些学者清晰地意识到:现实的市民社会不存在公共利益,法国社会由不同的阶级组成,每一个阶级都维护其特殊利益。贵族、高级僧侣、权贵大资产阶级属于上层阶级,富有的商业资产阶级属于中上层阶级,处于底层的是人民群众,包括工人(包括短工)、小职员、小手工业者、贫农和贫穷的知识分子。这些不同的利益集团为其特殊利益而在阶级之间不断进行斗争。

传统的观点认为人类历史是"人的精神"的发展史,人的精神被设想为一种独立存在并超越经验之上。到法国革命时期,这一观点被发展延伸为,理性将人类从自然原初状态引向文明的路径,这种理性在一定程度上受人的需要的影响,甚至由人们的需求所推动。所谓人的需要,首要的就是经济需要,即为增加生活资料和财富而产生的需求。

对此,孟德斯鸠和伏尔泰先后都提出,人的精神因地域的不同而呈现一定的差异,卢梭则更进一步。他提出,人类的文明史就是人类精神理性的发展史,而且呈现为不断进步的趋势,人们不断变化的需要对社会进步是一种促进和推动。自然环境的优越和社会的文明程度并不成正比,关键是看人们日益增长的需要是否能有效地推动他们自身进行思考和奋斗。从古埃及和古希腊的历史现实经验中可以看出,各民族的理性与他们的需要成正比关系,严酷的现实生存条件往往能够更加强烈地激发人们奋发有为,良好的自然环境往往催生人们的惰性和依赖性。

一定发展阶段中涌现出现实需求,从而产生了土地私有制,随之又产生了国家。土地的私有破坏了自然状态,产生了不平等,不平等产生更多的不平等,于是社会就始终处于内部充满矛盾的运动中,任何一种文明的进步和发展都是社会不平等程度的推进,从自然状态发展出来的文明社会反而愈加与原初的自然状态日趋对立。因此,卢梭认为,只有返回自然才是社会发展的出路。

卢梭试图使国家恢复到原初自然道德状态的思想理论影响了后来者,还引发人们思考:科技发展与人类文明之间到底存在何种关系。从后来学者的研究中可以看出,人们注意到,制造技术和商业发展水平在一定程度上决定人类社会的文明程度[1]。科学技艺的水平取决于人们的理性发展程度。其中,阿贝·托马斯·雷纳尔就在这方面取得了较为杰出的研究成果。他在《欧洲人在东西印度的殖民与贸易的哲学政治史》中就明确地表明:经济方面的发

---

[1] 袁志英先生翻译时使用的是"风尚"一词,根据上下文,笔者认为,用"人类社会的文明程度"更能明确清晰地表达"风尚"的含义。

唯物史观的实证社会学诠释

展水平对民族的文明程度具有重大影响。经济方面的因素主要有：商业、工业和农业发展水平。他以发现新大陆和通往好望角的新航线为例，提出这两大事件对整个人类，特别是欧洲民众而言，具有重大意义，因为这两大事件推动了各国的经济进步，促使各民族的工商业、政治和文明状态发生脱胎换骨式的发展。经济的发展又促进了各民族之间文化、艺术、哲学等各方面的交流，以至于道德理念和宗教观都发生了相互间的影响。当然，如果说是基督教使奴隶制得以消除，那是不客观的。奴隶制之所以能够被废除，关键是因为它已经不再适应社会生活中形成的新型财产关系和等级关系。他通过对社会历史的考察得出的结论是，不是宗教完善了社会状况，真正撬动改善社会生活的杠杆恰恰是整个社会工商业的发展。"制造业有助于精神和科学的进步"，是"工业的火炬照亮了广阔的地平线"。[1] "新的经济结构的崛起"推动了政治、法律以及宗教的变革和发展。

雷纳尔著作中时常体现出"一定的经济状况导致政治进步"的推论，库诺夫对此评价为：这种推理"毋庸置疑"是"难能可贵"的，而且"意义深远"。对雷纳尔的赞许多少也是库诺夫本人在理论上具有经济史观倾向的表现。

从十八世纪后期的法国报刊、历史回忆录以及文学作品中可以看出，法国革命使人们认识到社会内部各集团（即各阶级）的政治立场取决于经济利益，而不是其他因素。当时法国社会通常被划分为四个阶级：原有的特权阶级（贵族）、原有的资产阶级（金融家、大商人等）、新资产阶级（通过革命走上政治舞台的中等阶层）、

---

1 转引自[德]亨利希·库诺：《马克思的历史、社会和国家学说》，袁志英译，上海译文出版社 2006 年版，第 143 页。

真正的劳苦大众(小资产阶级、穷苦知识分子、工人和贫农)。

大多数政治家和理论学者都将阶级界定为既定的历史事实，只有少部分人追根究底地追问产生阶级的根源，得到的回答往往是财富的差异。由此，政治家们也意识到财产关系就是国家政治领域内最重要的因素。

二、追寻历史规律的理论尝试

法国革命并没有让法国社会实现预期的目标，究其原因，学者们提出，时代的发展并不是在任何条件下都能够实现的，只有在一定的成熟条件和必要的前提下，才有可能缓慢并渐进式地发展，虽然法国革命没有实现革命理想，但革命是通向下一步变革的必经之路。在探寻历史发展规律的征程中，库诺夫以当时较有影响的三位理论家——孔多塞、圣西门和帕加诺为例，梳理了具有一定代表性的观点。

孔多塞在《人类精神进步史表纲要》中明确提出，社会发展是不断完善的过程，步伐有快有慢，有时甚至会暂时倒退，存在必要的前提才可能实现发展目标，无论是进步抑或是错误都有其因果的必然性，没有一帆风顺的发展道路。在社会发展的每一个阶段都有可能因为理性认知的局限而使人们难免存在谬误，社会内部各阶级也有可能因自身的限制而采取错误的行动。库诺夫认为，孔多塞并没有超越十八世纪自由理想主义，他试图将社会进步理解为理性思维的自由结果，历史发展就是将个人主义从国家对个人的限制中解放出来，因此他对政治实践提出的原则就是，尽可能多地赋予经济、宗教和舆论等以自由。

孔多塞的理论深深影响了那个时代的历史理论家，圣西门就深受影响。圣西门还研读了雷纳尔的《政治哲学史》，所以他被称为伟大的历史哲学家，同时，还被看作马克思唯物史观的先驱。而库诺夫却认为，圣西门不过是将孔多塞和雷纳尔的思想进行了重新包装，甚至在某些方面还没有达到两人的理论水准。

圣西门认为，历史进步根源于理性，并需要各种形式的"鼓动"，经过历史主体的推动而实现自我发展。他对社会经济因素的界定，是"理性作用因果系列中的环节"。这较之于雷纳尔而言，还是比较模糊的。雷纳尔通过天主教对中世纪奴隶制（包括农奴制）的立场，洞明了宗教和所有制性质之间的关系。圣西门则将古老的教会看作纯粹的精神力量，宗教源于理性，即教士的宗教推理演绎，能够适应当时时代的知识水平，因此宗教对公共生活具有正面意义，甚至推动了科学、艺术、工业和慈善的发展。随着时代的前进和科学技术的发展，宗教一度成为社会进步的阻碍，这间接导致了宗教改革，新基督教诞生，也使宗教从危机中走出来，重新得到了社会舆论和道德伦理上的支撑，并能在一定程度上促进社会的进步。圣西门称此时的基督教适合了欧洲精神文明的状况。

圣西门对社会发展阶段的划分是其最为杰出的贡献，其实他模仿了孔多塞的划分方式，并没有本质上的区别，如果一定要辨析的话，可以找出两者不同之处。首先，圣西门比较注重将当时民族学的研究成果运用于对早期发展阶段的论述，在研究早期发展阶段时，他始终联系宗教方面的因素进行考察；而孔多塞无视宗教对社会发展的意义。其次，在对未来社会的预期上，圣西门认为未来将是工业家的工业主义时代，他所说的"工业家"不仅包括企业主、商人、金融家，还包括工人、企业职员、小手工业者和艺术家等，他将所有与大地主、僧侣和食利者等社会"寄生虫"相对立的人都看作"工业家"；而孔多塞认为法国革命后将是政治自由的时代，能够真正体现出哲学原则。

审视两人所处的年代,我们就能发现两人预期未来社会存在区别的原因:两人所处的时代不同,生产方式发展阶段有所区别,因而阶级发展趋势也不尽相同。孔多塞划分社会发展阶段并展望未来时,正值法国革命胜利之时,因此共和主义学者就会理所当然地认为,伟大而自由的革命必将引领未来社会;而圣西门则是在二十年之后展望未来社会,新型工业资产阶级势力剧增,法国大有紧跟英国工业飞速发展步伐的势头。

从库诺夫对圣西门的评价中,我们发现他能够保持一种唯物主义原则的理论自觉。例如,针对圣西门认为资产阶级和无产阶级之间可以实现经济团结,他提出在这一点上圣西门远不及马拉。同时,库诺夫的评价也在一定程度上体现出他的经济史观倾向,例如他高度评价了圣西门对经济因素的强调。与那个革命年代的社会哲学家相比而言,孔多塞认为立法对社会生活具有第一性的意义,而圣西门则将其放在第二位,只有社会经济(首要的是财产制度)才具有第一性的意义。圣西门的杰出学生中,巴扎尔对其社会经济学做出了更进一步的深入,提出工业社会将是更高层次的经济组织方式的过渡阶段,未来的生产资料将是社会公有制。

十八世纪末,一部分意大利学者致力于对社会发展进程的研究,其中最著名的是弗朗切斯科·玛利亚·帕加诺,他的代表作是两卷本的《试论各民族的文明过程或市民社会的起源、发展和没落》。他的历史哲学理论呈现出三个特点。第一,他和整个意大利历史哲学家一样,都是继承了乔巴蒂斯特·维科的理论,不过他还对维科的社会历史观补充了新的思想观点。第二,他深受十七至十八世纪因果政治学和历史哲学的影响,其中休谟的经验主义历史哲学的影响极大。第三,他对古代史,特别是古罗马历史十分精通,而且他超越了维科理论中的神秘意蕴,勇敢地冲破了宗教的束缚。

维科著有《各族人共同性格新科学概论》,他的所谓"新科学"主要"新"在两点上:第一,他提出世界史就是人类精神史,人类社会的发展是由人的精神决定的,并向着同一方向前进;第二,每一个发展进程都不是偶然而得,而是有因果必然性的,即历史前进具有一定的因果规律。人之所以为真正的人,是因为"社会交往"的本性,由此,人脱离了原始迷惘的状态,开始群居生活,并进而不断在社会生活中完善自身。世界的发展离不开人的意志和行动,但始终是在"天意"的统摄下完成每一个进程。所谓的"天意"就是以人类的完善和福利为目的。各民族在原始阶段或者半开化状态下,几乎都具有相似甚至相同的风俗习惯。最初,学者认为这是因为人类拥有共同祖先的缘故。到了十七世纪,人类学和地理学知识的发展,促使人们得出这样的结论,即人类具有相同的本性,相应地也会拥有相同的本能和动机。因此,从整体而言,人类社会的发展就沿着同样的方向前进。如果就特定的人群和民族考察则会发现,人们的思维和意志不仅取决于自身本性,而且还会受到所处环境的影响。

帕加诺沿袭了维科关于人类史即人类精神发展史的观点,但是他冲破了宗教的影响,将所谓的"天意"(维科有时将其称为"上帝的意旨")剔除,认为是"自然"决定了人类社会发展的终极目标。人们的思维发展会因所处的生活环境的差异以及个体与社会经验总和的不同而有所区别,但是在同一个发展阶段上人们的思维基本一致。他也将社会发展看作由一定的规律制约的。

从维科和帕加诺的历史哲学中,我们依稀可见黑格尔历史观的前兆。值得注意的是,库诺夫在评价帕加诺的历史理论时,说社会科学是"一种像数学一样同样可以严格证明的科学",并提出"只有把历史当成一个有着严格规律的过程而进行哲学的研究,它才能成为一种真正的科学"[1],这也显露出他实证主义的理论倾向。

库诺夫将帕加诺看作美国人类学家路易斯·亨利·摩尔根的先驱,主要是因为帕加诺试图根据自己提出的历史哲学原则,对市民社会的产生、发展和衰落历程进行考察。他继承了孔多塞从单个人出发的模式,从个人⇒家庭⇒家长制大家庭⇒以亲属联盟为基础的氏族部落⇒真正文明化的社会和国家的线索考察人类社会历史。在国家形成之前,就已经出现了以血亲联系为基础的社会形式,国家属于社会发展到相对较高阶段后的一种特殊的社会形式。虽然帕加诺对市民社会发展进程的推理演绎,与当时人类学最新研究成果基本吻合,但是,他并没有摆脱罗马法和十八世纪法国自然法理论的束缚,将财产所有权视为人生而有之的自然权利。

三、德国历史哲学辩证方法的发展

从历史哲学的实践层面——政治生活的角度考察,可以发现德国远不及英国那么全面,英国的许多历史学者大多都亲身参与政府事务,对国家的政治生活有切身的经验和体会。所以,虽然十八世纪下半叶的德国历史哲学与同期英国理论极为相似,例如两国学者都认同:一个民族的法律和伦理都与社会经济的发展紧密相关,但是德国理论更加抽象刻板,往往局限于哲学范畴内的论证。值得强调的是,德国社会哲学研究的另一个特点是,它融入了

1　[德]亨利希·库诺:《马克思的历史、社会和国家学说》,袁志英译,上海译文出版社2006年版,第161—162页。

　　　　　　　　　　　唯物史观的实证社会学诠释

民族学和人类地理学的成果，与其他国家的社会理论相比，这一点尤为突出。

德国学者也认同人类史是人类精神的历史，但是他们理解的精神脱离于社会主体，是能够单独存在的精神体，这多少带有二元性意义（即通常我们认为的"客观唯心主义"）。伊萨克·伊瑟琳在《人类史》中的论述就是一个典型例证，他提出了决定人们行动的三重法则：感官（调和本能和欲望）、想象（激发情感和行动意志）和理性（意志上的冷静判断）。在伊瑟琳之后，还有一些德国学者对人类史、民族史进行论述，库诺夫选取约翰·克里斯托夫·加特尔、奥古斯特·封·施勒策尔进行讨论。之所以选取这两位进行讨论，是因为他们超越了伊瑟琳唯心主义的"精神"，提出了更为"高明"的观点——满足人类的生活需要是理智（理性）进步的原动力，理性的发展是由人的能力决定的（而人的能力发展受自然影响），两者具有一定的因果必然性。探究这种因果必然性是文化史和文明史中最为核心的任务。在这个意义上，加特尔说，只有民族史才是真正的历史。

施勒策尔将研究视角集中在各民族的文化形成史和政治生活领域，他极为重视技术和发明，因为这些能够促进社会迅速发展，例如人类对火的应用、玻璃制品的发明、天花的治疗和预防、酒的酿造和应用、农产品的种植、布料的发明等，都使社会进程翻开了新的篇章。相比而言，所谓的帝王传记和战争史都次要得多。对于理智，施勒策尔认为这是无限臻于完善的一种可能性，是真正影响历史进程的重要因素。理智也会受到人们所处的自然环境的制约，同时，人们也对自然环境具有改造的作用。人和环境之间的作用有赖于社会联合而成的力量。因此，施勒策尔认为，人类从出现伊始即产生社会。理智和语言的发展都是社会生活的产物。社会一旦形成,人类就不再是原初的纯粹的人了,而是由社会塑造的人,是社会动物,人们的思维和习惯都受制于社会。

约翰·克里斯提安·阿德隆在《人类文化史初探》中对地理因素予以特别重视,他提出,与气候相比,人口密度和所占地域两者间的比例是社会制度的决定性因素之一。这一比例关系导致了不同地域人们在生活方式和技术应用上的差异,并进而形成了不同的道德、习俗以及法律状况。任何时代任何社会的法律都是由人们的经济生活决定的。社会经济生活是社会主体成员之间形成一定的关系,为了协调相互间的关系而产生了制定法律的必要。例如,农业的发展势必形成新的所有制形式,为了协调各方的关系而产生特定的土地法。但是法律总是滞后于社会经济状况,法律是有产阶级赖以存在的基础,只要没有最为严重的不合理与骚乱,就不可能改变现有的法律基础,因此人们只有选择适应现有的法律状况。

法国革命促使学者注重国家、所有制关系和阶级关系方面的研究,新兴资产阶级致力于反封建专制的斗争中,这些都导致了法国学者对宗教发展史缺少应有的冷静态度。同时期的德国没有强烈反封建的力量,因此,在宗教史研究方面,略胜法国一筹。

将当时德国宗教史研究的代表人物(主要有卡尔·迈因纳、阿德隆和菲利普·克里斯提安·莱恩哈特)的观点集中起来,可以看到四个值得关注的观点。第一,宗教不是统一之物,同一个教派在各民族之所以具有不同的形式,主要因气候和土质,以及当地风俗和国情而有所区别。第二,法律反映了民族的文化水平,并随着文化的发展而有所改变。第三,不存在适合所有民族和国家的宗教,就像不可能有一种法律适合所有国家一样。第四,信仰神灵不是宗教需要,而是人们出于社会经济生活中的需要,简而言之,物质

　　　　　　　　唯物史观的实证社会学诠释

需要是人们敬仰神灵的真正动力。

　　由于理论上的相似性和传承性,库诺夫将莱恩哈特看作费尔巴哈的理论先驱。虽然莱恩哈特没有区分国家与社会,但是他的一些观点值得关注。首先,他认为人是社会共同生活的产物,从而更为合理地说明人们宗教发展倾向的缘由。人与人之间的协作使人从孤立的生物中脱颖而出,而协作只有在社会中才能产生,因此人因社会的产生而成为真正的人,即人是社会的产物,受社会的制约。接着,他进而提出"真正的人"具有三重性质:个体性、种族性和社会性,相应地,人拥有三重品质:个人品质、种族品质和社会品质,由此推导出人的三重身份:具有个性的人,作为种族成员的人和作为社会成员的人,以及人的三重权利:个人权利、种族权利和社会权利。最后,他将社会看作一个由特殊经济利益有机联结的工作机器,其中自利是最大的弹簧,能够推动几乎所有的齿轮,以支撑复杂机器的运转,每一位社会个体都在机器中拥有一个与之相称的位置,并据此获得自己命中注定的活动范围。

　　严格说来,以上德国学者的著述并非历史哲学理论,而仅仅是各民族发展进程中某个主要阶段的概述,包括对史料的澄清、历史现象之间联系的论证。十八世纪末,真正进入历史哲学研究领域的德国学者首推雅可布·韦格林。韦格林历史理论的出发点,是研究历史现象之间环环相扣的因果联系。他认为,历史的第一动因是概念和观点,有时他也将其称之为思维方式。它们并非孤立存在,而是取决于社会利益。人的本性中自我保存和追求幸福的本能激发了自身的各种需要,在社会生活中受制于社会必然性的局限和束缚,即只有在社会生活中、在与他人的协作中、在各种关系中,才能够满足自身的需要。社会生活中的协作和关系就产生了各种利益,并反作用于概念和观点。

在研究历史发展进程时,他提出了三种利益说。第一,一般的公共利益,只有原始民族中才有的一种利益,由于人们的生活方式相同,所以个人利益与民族利益一致,但它不是真正创造历史的力量。第二,分散的社会利益,存在于民族内的各部分之中,并分为各个等级,它们与民族利益之间联系紧密,有时难分彼此。第三,真正的民族利益和真正的个体利益,后者植根于前者,并且两者既能够明确区分彼此,又能够有机结合,个体利益能够推动整个民族同心协力形成共同意志,形成历史的推动力。

为了回答各种利益如何影响概念和观点这一问题,韦格林区分了两种概念:普通概念和独创概念。其中,普通概念直接产生于利益,是本能的表现,具有群众属性,往往并不明确清晰;而独创概念则是历史的推动力,渗透于各种类型的社会关系之中,并且超越了直接利益,需要经过民众的适应和接纳,转化为一种常识性的思维方式,才能够真正实现从观念转变为现实推动力的进程。

独创概念在转化过程中往往需要在现实社会的磨合中进行改造,即独创概念和普通概念在斗争中有所融合,这也在一定程度上为历史发展进程的连续性提供了条件。值得一提的是,他提出了"概念力",针对不同概念之间斗争中产生的两种观念力进行了命名,即生活力和死亡力,前者是促进社会进步的力量,后者则是阻碍发展的力量。从社会发展的整体看,每一个阶段的社会内部都具有一致的思维方式,究其原因,一则是因为人们具有共同的本性,二则是因为共同的社会精神。虽然在整体的一致性中也存在一定范围的偏差,但是韦格林只是将它们看作特殊的、局部的、偶发性的因素。

对于韦格林的历史哲学,库诺夫的评价是,虽然这在当时的德国具有进步意义,但不可否认其中也存在一些不足。第一,韦格林

唯物史观的实证社会学诠释

对社会历史条件制约性的理解具有一定程度的局限性,虽然他清晰地意识到即使再卓越的独创概念,也将受到所处时代的制约和社会精神的影响,但是他对社会个体受制于社会的理解还基本局限于当时德国的启蒙思想。他将社会诠释为政治生活状况,有时甚至直接看作政府行为和行政状况,而且在其理论中总是将政治家设定为圣明的国君,国君的意志具有无限权力,对国民具有绝对的影响力。显然,他还没有意识到,国君的威力再大也不可能脱离社会历史条件的制约。第二,他虽然将利益看作决定社会思维方式的因素,但是他对利益的诠释仅仅停留在政治利益的场域中。经济利益在他的历史理论中几乎空白,历史上的社会经济生活也被看作道德或政治因素产生的结果。第三,他忽视了社会内部矛盾对于历史前进和社会发展的推动意义。虽然他区分了个人利益和民族利益,但是尚未延伸到对阶级利益的判断和辨别,更无从探讨对阶级利益的分析。因此,他无法阐释他所谓的利益影响社会个体和民族意志的作用机制。

十八世纪的德国历史哲学界在这一点上达成了共识,即历史发展是一个具有因果联系并连续不断推进的过程。不过,在历史发展的规律性认识上,赫尔德深化并推进了这一理论。他在《关于人类历史的思想》中强调,人无论具有何种意志,都遵循一定的规律,这种规律与自然界的规律同样"美妙而杰出"。他的自然观与歌德极为相似,都把自然界看作严格秩序性的产物,因此,他将这种计划性和规律性也移植到了对人类社会历史的研究中。赫尔德将推动历史的动机认作上帝,但是他所谓的"上帝"不是神,而是内在于自然界的规律性。也可以说,他的"上帝"也是严格按照普遍规律进行永恒的向前发展运动,即他破天荒地将上帝纳入了世界运动的规律性之中。但他反对带有终极目标的历史哲学,因为他始终认为人的历史千变万化,预设终极目标弊大于利,世界历史严格遵循一定的规律向前发展,但规律本身并不能发生作用,而是借助了地理环境因素决定了历史发展的进程。赫尔德提出,人的天赋是既定的,并具有一定的规律,只有得到不断的促进和推动,才能发展到更高层次。促进和推动的因素正是地理环境,他对地理环境的界定要比以往任何历史学家都要宽泛,包括了气候、地质和动植物特征,甚至囊括了能够产生生存竞争的社会条件。这些因素"唤醒"了人们内在的能力和禀赋,在体质和体力、智力和感官等方面,对人产生了一定的影响,从而使人们用行动书写了历史进步的篇章。在这个意义上,赫尔德称,自然条件决定了社会环境。值得关注的是,他认为任何种族的人的特点都不能直接追溯到地理环境因素,两者之间仅仅是一种间接性的作用。他打了个比方,人就如同一个复杂机器,各部件相互制约、相互依赖,某一部分的变化不是直接影响,而完全有可能是其他部件改变后产生的间接性的"副产品"。另一方面,赫尔德也看到了人对于自然环境的反作用,例如人工耕作、抽干池沼、砍伐树木和人工灌溉等,这些都是人们在被动接受地理条件之外,主动地适应并改造自然环境的例证。

库诺夫将赫尔德看作拉采尔在世界观方面的先驱,不过在具体的论述上,两人还存在不少区别。第一,拉采尔侧重人种学—经济学,赫尔德偏重历史哲学;第二,拉采尔更加重视社会生活空间对国家、社会和经济的影响;第三,拉采尔较赫尔德而言,在自然环境和社会环境对人们思维方式的影响上,缺失心理学方面的评价和分析;第四,拉采尔认为在人类社会的高级阶段,人具有真正的独立自主性,人的精神能够真正摆脱环境的束缚,赫尔德并不认同这一观点。

库诺夫认为,赫尔德的国家观追随了当时英国社会哲学的风

唯物史观的实证社会学诠释

气,是一种"纯粹的个人主义—人道的社会观"[1]。国家虽然具有历史必然性,但它始终是非自然的反自由个性的强制性政治组织,只有单一民族的国家才是最自然的国家。基于此,他否定了康德对"国联"的设想,普遍和谐的各国联合对他而言就是一种纯粹的幻想。因为,国家内部包含各种等级差别,各民族之间个性存在差异,有时甚至是完全相反,各自的利益也不相同。如果建立所谓的"国联",国家治理很可能会陷入永无止境的矛盾之中。所以对他而言,人道的世界主义倒是比较现实的理想,让有志之士超越宗教、国家和等级以促进人道。

当十八世纪的英国社会学不再热衷于社会契约论时,法国却将其继续发扬光大,并且随着资本主义经济的发展而将其日趋资产阶级化,同时德国社会哲学的发展也推动了社会学的进步,对社会和国家中重要现象的考察进入了实质性阶段。

对社会生活的分析和考察在三个方面有所突破:第一,阶级产生的根源源自经济生活。虽然大多数政治家和学者还将阶级看作历史的既定事实,但是少部分学者已经开始注意到,阶级的产生根源是财富的差异,来自社会经济生活。第二,看似客观存在的法律实际上取决于社会经济的发展。任何时代任何社会的法律都是由人们的经济生活所决定,社会主体成员之间形成一定的关系,为了协调相互间的关系而产生了制定法律的必要。第三,宗教的实质仍然离不开社会经济生活的决定性作用。宗教并不具有普适性,也会因地域、自然状况、国家民族的不同而有所不同,其根源都来自人们在社会经济生活的需要。这一阶段的学者们已经能够得出

1　[德]亨利希·库诺:《马克思的历史、社会和国家学说》,袁志英译,上海译文出版社2006年版,第190页。

这样的结论:不是宗教完善社会状况,真正撬动改善社会生活的杠杆正是整个社会工商业的发展。

康德提出了合规律性概念,有时也称之为合乎法则性、合乎目的性或者合乎目标性。他强调认为,因为自然界的运动和发展遵循着一定的规律,所以人类社会的运动和发展也不可能摆脱自然规律。从最终意义上看,即使人们拥有更高层次的意志自由,其行为和自然事件也并无二致,即遵循普遍的自然规律向着某一目标发展。在康德看来那个自然规律指向的目的就是由自然意向决定的。他把人类历史看作被隐秘了的自然计划的实施过程,唯一动因就是自然意向,它是人们自己不能查知,但可以由人们的行动贯彻的目标。为了使所有地区的人都能独立生活,自然意向将人们扩散到全球各地,即使是最荒芜的地域也有人居住;自然意向使人们在不同程度上处于法律关系之中。在冰冷的荒原有驯鹿供人们食用或者役使,在沙漠仍然有骆驼可供人们交通运输,这就是自然意向。

康德之所以使用自然意向而不是天意,主要是因为,比较而言,天意具有浓厚的宗教色彩,自然意向则更加"相宜",更为"质朴"。在自然对人类社会进行艺术性创造的过程中,作为社会主体的人们,是无法意识到那个自然意向的,只能通过"联想"推断自然意向与人们行动的相似度、和谐度,即人的理性规定了这个目的。康德为了至善的可能性,"创造"了一个更高级、最道德、最神圣全能的"开创者"或者称为"造物主",它为人类社会预设了所有发展都指向的目标。这就雷同于托马斯·阿奎那,他认为,上帝发挥作用和影响是以人的本性为中介的,人的本性是上帝预设的,因此,与其说人有自由意志,不如说人们是在追求上帝为人们设定的目标。

　　　　　　　　　唯物史观的实证社会学诠释

康德的历史哲学就是自然意向主宰人类社会的发展，并向预设的目标推进。人类社会是自然界的一部分，因此，人类社会遵循的规律就和自然界的规律同质，由于人无法查知那个预设目标和自然意向，因此，自然意向才是人类社会发展目标的实现者。

"半吊子马克思主义的康德主义者"试图在康德主义和马克思主义两者之间建立"某种融合"，为此他们抛开康德伦理学、历史学和法学的时代局限性，"牵强附会"地用马克思主义解释康德的历史哲学。麦克斯·阿德勒就是其中典型的代表，他几乎达到了"登峰造极"的地步。在1914年出版的《社会主义精神史指南》中，他提出，康德的自然意向就是指一种人类社会在应对纯物理现象之外的历史运动时，为了能推行因果律而需要运用的方法。

将目的论和神学观点纳入历史研究的方法，在十八世纪尚可称之为思想理论的伟大业绩，但是在当下从严格的科学理论立场出发，这是有违历史科学的。卡尔·福伦德尔就曾在《康德和马克思》中嘲笑阿德勒的观点。康德的所谓自然意向，时而以隐秘的计划出现，时而以最高智慧示人，时而又以自然的辩解呈现，就其理论本质它就是"天意"。如果道德目的论是人类社会历史的真谛，是人们道德理性遵循的最高原则，那么即使是康德本人都不能直接通过经验得以论证。

自然意向如何在现实社会中得以实现的呢？康德将答案归结为人的理性能力，他有时也称之为人的精神天赋。虽然，人们的幸福与完满是由他自身创造的，但这些都是依照着自然超越人类的机械性安排，是自然赋予人类以理性，并由此建立自由意志，获得能够向着那个自然指向的目标前进的能力。

库诺夫认为，康德有关人类理性的理论并非像他的崇拜者推崇得那么伟大，相反，康德倒退至神学理论了，而这是连卢梭和洛克都已经部分克服了的,孔多塞则已完全超越了神学观点。康德向神学理论中"添加"的"只不过是插进一种瞄向目的的自然意图"[1]。

如果从人类本能和欲望出发寻找那个人类理性的推动力,那么,在众多的本能和欲望中是哪一种或哪几种因素有效推动的呢?是利他主义还是利己主义?有一种观点认为,从社会的客观发展看,是利己主义服从利他主义。但是随着资本主义经济的飞速发展,那个自私的本能和为了利己而出现的利益斗争对社会进步是有益的,甚至还能够成为最终和谐进步的基本条件。例如,伯纳德·曼德维尔在《蜜蜂的寓言——私人的恶德,公众的利益》中就有寓言式的阐述。

虽然康德他认为社会进步的真正杠杆在于自私(反社会性)和利他(类似于社会本能)的对立之中,但是他始终把人看作自然的从属物,而不是"社会生物"。即使存在人的本能和社会本能的对立和斗争,那也是由自然预先安排了的对立和斗争,并预设了最终的结果。这种对抗性恰恰是有规律的社会发展进程序列的原因。如果没有"不协调",没有"忌妒的好胜心",没有"对财产和权势永不满足的欲望",就不会有"优秀的自然禀赋"予以对抗,这些真正的人类理性就将被埋没湮灭,正是自然意向的普遍原则,使思想达到全面的相互联系,并与整个自然系统(人类社会也从属于自然)联系实现统一,是自然意向保持了人类的先天的、内在的、必然的智慧,它不受社会历史条件的制约和影响,也不可能成为社会发展的产物。

1　[德]亨利希·库诺:《马克思的历史、社会和国家学说》,袁志英译,上海译文出版社2006年版,第208页。

康德被他的崇拜者尊称为"伟大的认识批评家",推崇为"开辟新路的历史理论家和社会理论家"。对此,库诺夫并不赞同。他认为,康德的《历史哲学》,一部分"脱胎于神学",并且是十八世纪上半叶英国社会哲学的"翻版",还有一部分(也是他的历史哲学的重要组成部分)则"借鉴"了洛克和卢梭的思想。[1]

康德关于国家与社会的理论没有超越他所处时代的局限。他对社会概念的界定并不清晰,仅仅是在家庭、氏族、民族和国家的论域中才提到,局限于洛克和卢梭的社会契约论。他认为自然为了发展人类的禀赋而赋予人类"合群"的社会本能,促使人们形成市民社会(在康德的精神世界中市民社会就是与自然状态相对立的状态),从而形成了国家,经历了农业、畜牧业之后才有了文明国家的建立,立足于契约之上的联盟就是国家,在联盟的基础上成立了政府,以契约(虽然契约的建立并不一定都是通过公民协商的方式)为据,国家才有了法的基础。康德与洛克-卢梭的不同在于,前者坚定地认为,法植根于永恒的理性原则之中,而洛克和卢梭坚持从人类的本性中挖掘那个永恒有效的、不可让与的"真"法。

康德认为,只有普遍的统一的人民意志才能够成为国家的立法者,但是那个"普遍的统一的人民意志"的主体并不包括所有的国家公民,只有那些经济上独立同时有参政必要的公民才有资格参与立法。因此,他对国家公民还做了消极公民和积极公民的区分,是否具有经济独立性是成为积极公民(即康德意义上的真正公民)的前提条件。如果不是自主经营,而是受雇于他人(受雇于国家除外),那么他就不得不听命于他人,受制于他人,这种附属性就

---

1 [德]亨利希·库诺:《马克思的历史、社会和国家学说》,袁志英译,上海译文出版社2006年版,第194页。

不能保证主体的独立性。例如家庭教师、雇佣的铁匠、佃农等就是消极公民，不能拥有立法权。与此同时，他又试图说明，虽然有不具有立法权的消极公民的存在，但是仍然不违背作为整体民族的自由和平等。

洛克认为人民有权监督政府的合法性，在必要的情况下有权推翻君主。而康德则认为，无论真正的契约是在奴役之前，还是先强权后法制，只要政权确立，法制形成，人民就不能也不应当反抗政府的统治，不能怀疑国家的法律，任何形式的反抗都是非法的，只有立法意志才合理合法合自然意向。库诺夫认为，康德的这些论调与社会契约论"风马牛不相及"[1]。库诺夫援引了叔本华和黑格尔对康德社会哲学的评判，叔本华称康德《关于法的学说》"非常低劣"，以至于进行论战都是"多余的"，这完全不像是出自伟大理论家之手，而像是"凡夫俗子"的作品，因此，这一理论必将"自灭于它的低劣"。[2] 黑格尔则评价康德"肤浅""完全缺乏思辨思想""为哲学概念所唾弃"。[3]

马克思就曾经评价，康德的法哲学和伦理哲学是将法国革命的自由资产阶级的国家政治思想搬到德国的理论表达。康德将卢梭的抽象民主用"缓和"的方式进行理论阐释，提出人类史是人的理性决定的。当时德国盛行幻象中的国家理想，德国资产阶级中分裂出一个小资产者阶层，他们没有政治作为、对政治也没有兴趣，看似独立于政府机构之外，把公共利益的管理权拱手让于国家。康德无视资产阶级的意识形态的基础，正是他们的物质利益

1　［德］亨利希·库诺：《马克思的历史、社会和国家学说》，袁志英译，上海译文出版社2006年版，第214页。

2　［德］叔本华：《作为意志和表象的世界》，石冲白译，商务印书馆2009年版，附录。

3　［德］黑格尔：《法哲学原理》，范扬、张企泰译，商务印书馆2009年版，附录。

及其社会经济关系，将资产阶级的利益表达与其代表的利益割裂，结果，法国资产阶级政治行动的物质动机成了所谓的自由意志，从而装扮成了纯粹思想上的概念规定和道德假设。

值得注意的是，库诺夫的两个理论倾向有所展露。第一，实证主义倾向的展现。他在评价帕加诺的历史理论时提出，社会科学像数学，可以严格证明，当人们将历史看作具有严格规律的过程进行研究时，历史才能够成为真正的科学。第二，经济史观倾向的展现。他赞许雷纳尔，认为他的著作中体现出的"从一定的经济状况导致政治进步"这一观点非常可贵而且意义深远。此外，库诺夫并不认同卢梭的社会契约论，认为它只是因为契合了法国革命潮流的政治需要，所以在当时颇具影响。在他看来，卢梭只是以"假想的伦理法的理性原则"[1]为社会哲学的基础，脱离了社会本源状态，而康德不过是将法国革命的自由主义思想翻版成德国抽象理论。库诺夫的这些观点反映出他对社会本源与社会本质未加区分，过于追求社会历史的因果律，却忽视了人类社会本质层面的历史辩证法。

四、科学社会学诞生的前夜：黑格尔的历史哲学

在库诺夫看来，当时德国哲学的学术水平达到了历史高峰，其中马克思的思想理论是"作为数千年历史考察的结果而出现的"[2]。他认为，德国历史哲学始于康德，经由费希特和谢林，最后

1　[德]亨利希·库诺：《马克思的历史、社会和国家学说》，袁志英译，上海译文出版社2006年版，第118页。
2　[德]亨利希·库诺：《马克思的历史、社会和国家学说》，袁志英译，上海译文出版社2006年版，导言第1页。

到黑格尔,不断发展,但是他著书的目的并非逐一描述发展进程中的每一个进步,而是专门选择那些"为后来的理论建设提供牢固基石的最重要的理论",而且首先考察的是包含马克思历史学术基本要素的思想理论,因此,他"稍带提一下"费希特和谢林,对康德,他是在理解的基础上进行反思,而论述的重点是格奥尔格·威廉·弗里德里希·黑格尔。黑格尔是库诺夫推崇的哲学家,他提出了一系列重要的历史研究概念,对现代社会历史研究具有变革性的推动意义,不仅如此,他还明确区分了国家和社会。总之,了解黑格尔对理解马克思唯物史观具有重要的方法论意义。

黑格尔较康德、费希特、谢林等当时德国著名的哲学家而言,他对社会历史进程的研究"无与伦比的尖锐而现实"[1]。库诺夫高度评价黑格尔的历史哲学,认为他将抽象的、思辨的历史哲学从天上着陆到了现实地面,他通过对人类社会历史发展进程的严格考察才得出了历史运动和其中因果规律的理论。

库诺夫认为,黑格尔首先不是一位哲学家,而是政治和历史领域的研究者,这是他深刻思想的根基。正如一座高楼大厦的建筑过程,不是先打地基再决定用途和结构,而是相反,先确定了它的用途,然后由用途决定其内部结构,最后才是根据内部结构确定地基。黑格尔就是这样,他并不是为了研究哲学而进入哲学领域的研究,而是为了对当时的政治生活施以影响,才选择了对政治生活拥有重大意义的哲学研究作为入手的路径,通过"对概念的革命"影响政治生活,这比任何一种单纯的政治评论活动更有意义。

从 1788 年黑格尔就读于蒂宾根神学院开始,他就对政治事件

1　[德]亨利希·库诺:《马克思的历史、社会和国家学说》,袁志英译,上海译文出版社 2006 年版,第 218 页。

具有浓厚的兴趣,还研究了法国革命运动,1793年迁至伯尔尼做家庭教师的时候,他继续这方面的研究,1798年搬回法兰克福后,也没有中断,后来写有《论符腾堡当前的内部状况,特别是市议会宪法的缺陷》和《论德国宪法》。足见他对政治的重视和关切程度,他积累的政治和历史领域的研究素材和经验对其建立自己的哲学体系具有举足轻重的作用。

黑格尔既不是一位与世无争、不食人间烟火的哲学家,也不是无视社会现实、建立庞大的哲学体系并据此高屋建瓴于政治和历史的哲学家。如果不了解他首先是一位政治家的客观事实,就不可能真正理解他的哲学思想。他以政治历史的研究成果为哲学研究的基石,在哲学领域中将其抽象化,然后再从抽象回到具体,反转回到社会生活,解释社会发展进程中的现象。领悟了黑格尔的历史辩证法的精髓之后,马克思不是先建立剩余价值理论、再研究资本主义规律、进而提出社会主义学说,而是在进入政治经济学领域之前就已经是一位社会主义者了。在政治经济学的研究领域,马克思也不是从一开始就研究剩余价值学说,而是先从考察产业工人的现实地位和工作条件开始的。

在黑格尔看来,"世界史就是人类发展的过程",在整个过程中,有时"疲惫地往前爬行",有时则"像巴卡斯酒神一样风驰电掣突进"。[1] 人类社会始终处于不间断的运动变化和永恒的不同形式的新旧更替之中。对人类历史的发展,先哲们都有大量的研究,但是他们或是把发展看作上帝、天意或是所谓的理性引导,向着它们确立的目标逐步均衡地前进,或是把发展看作为了满足人们不

1　[德]亨利希·库诺:《马克思的历史、社会和国家学说》,袁志英译,上海译文出版社2006年版,第221页。

断提高的要求而形成的"自然天赋"或"原始本能"而缓慢升华至更高更完美的状态,他们把人类社会历史发展的每一个阶段都看作孤立的、毫无相互关联的状态,因此,他们的研究只能得出"僵死的条款和概念"。

黑格尔的高明之处就在于,他将发展进程看作"由此及彼的永恒的过渡",每一时点的状况都有所不同,一切都川流不息,永不停止。因此,世间万物的存在意义不在于它们的既定性,而在于它们是在其自身的前后因果关系中消失于前身而努力从中挣脱而出的新事物。研究发展的关键就不再是发展经历了什么阶段,而是发展经历了什么过程,是怎么完成了从旧到新的过渡。

虽然黑格尔认为整个发展过程是相互联系并永恒变化的,但是他并不认同将一切发展都归结为社会内部所有关系的相互影响。他认为发展进步的实现以某一种要素的持续作用和影响为基本前提,即有一种外界的推动力,作为真正有效的动因。库诺夫认为,在黑格尔的概念范畴中,这就是"自动"概念在推动发展进程。

有观点认为,发展就是新事物本来就存在,只是以隐秘的方式不为人知,随着它的慢慢壮大而最终得以显现。黑格尔不认同这个观点,他说,别以为理解新事物就是设想它们逐渐出现继而消失。实质上,从"无"到"有"的变化,不仅是从旧事物到新事物的过渡,而且是从量到质和从质到量的过渡,是"渐进过程之中断以及与先前实有物有质的不同的他物"。他举了水从液态到固态的例子。水结为冰的过程,不是逐渐变硬,也不是先变成胶状物再变成冰,而是在达到冰点之后一下子变成冰的。新事物出现的渐进性和旧事物消逝的渐进性是同质的,即替代正在逝去之物的非有或他物同样存在,只是还未被人感知,但两者都将在发展的进程中被扬弃。

唯物史观的实证社会学诠释

在社会历史发展的进程中,黑格尔将可能性区分为纯粹形式的可能性和现实的可能性。所有具有同一性、不自相矛盾的、不是不可想象的事物,皆有其可能性,但有的仅仅是抽象的、在形式上可能的,而另有一部分则是能够在相应的条件下得到合理阐释的,即现实可能性。所谓的历史必然性就是现实的可能性和现实的统一,那个与现实可能性对立的可能性不再可能的时候,现实可能性得以实现,即成为历史的必然。

然而,黑格尔意识到,并不是所有已然发生的事物都是必然,有的仅仅是表面的现实,不是具有内在制约性的现实,它们就属于偶然。偶然是"事物纯粹表面相遇的结果"[1],它们的存在,不是由其自身决定,而是由他物决定的。只有必然是由事物内在联系决定而成为现实,而且,它作为现实又是合理的。因此,就有了黑格尔的那句"毁誉参半"的名言——"凡是现实的都是合理的,凡是合理的都是现实的。"这一历史哲学思想反映到社会生活领域,就是说,从社会关系中因内在必然性而发生的事物才是合理的,才是历史的必然,没有内在关联依据的事物,即使成为现实,也仅仅是偶然而已。另一方面,黑格尔的这句名言也是意味深长的,它暗含了一种历史辩证法,即,当下的发展进程中现存的历史必然,随着社会的发展,当它的历史必然性丧失的时候,就必将让位于新的历史必然性。这一点不禁让人联想到了孔多塞,他也有过类似的历史逻辑,只不过,他仅仅将历史思想简单化了,而黑格尔则是从历史认识论的基础上将其历史哲学体系化。

十八世纪末的一部分历史学家在历史研究方面已经取得了突

1　[德]亨利希·库诺:《马克思的历史、社会和国家学说》,袁志英译,上海译文出版社2006年版,第224页。

破。例如,卢梭将人类社会的进步看作一种对抗性的历史运动,孔多塞和弗格森的历史理论也含有类似的观点,在他们看来,人类社会发展不是沿着直线持续前进的,而是在偏离中围绕着一个方向,曲线式地发展,或是因为人类认识能力和需要实现的目标之间存在着某种程度的"失调"(孔多塞的观点),或是因为人类在向更高阶段"突进"时不仅受制于理性,还有自然本能和社会本能的影响,其中自我保存的本能是非常重要的因素(弗格森的观点)。但即使存在某些错误和倒退,那也是历史发展中不可或缺的一种必然。

黑格尔就是在认识批判领域内,以先哲们的考察成果为基础,重新进行思想加工凝练出自己的历史哲学。他认为,在人类之上存在着一种绝对精神,它决定了整个人类社会历史发展的进程,创造了世界历史。这是他庞大历史哲学体系"不可动摇""不可侵犯"的理论基石。康德的自然意向实际上就是上帝的天意,而在黑格尔这里,那个绝对精神就是上帝。他曾经在《历史哲学》中明确说明,他所说的善和理性,就是上帝,是上帝统治了整个世界。哲学的任务就是要理解、领悟上帝理性要在凡间布展的计划,所有人类的需要、本能、欲望和利益等,虽然在社会发展中发挥着作用,但是它们并不是作为独立要素影响历史进程的,而是绝对精神实现目标的工具和手段而已。

在发展进程中的对抗性,纯粹是对抗性思维的结果。辩证的历史发展就是辩证的绝对精神发展的结果。思维的发展前行是以解决概念内部矛盾为路径的,每个概念的内部呈现出矛盾,然后这个矛盾被否定,接着,又为新的思维所克服,即经历了否定之否定之后,获得了在更高形式上的肯定。世界历史就是这样在双重否定的过程中,形成了一种连续的有内在联系的思想阶梯式的特性。这个过程就是"扬弃",黑格尔用拉丁文"tollere"表述。

黑格尔之前,没有人严格区分国家与社会,而他首次明确提出,国家根本不是社会,是一个共同体。社会[1]和国家却有着很大的不同。尽管黑格尔的区分尚不够明晰,对阶级等级也缺少应有的关注,但是黑格尔对国家和社会的区分已经比康德前进了一大步,为社会学开辟了崭新的道路。库诺夫对黑格尔历史哲学非常重视,认为黑格尔的历史哲学对整个历史研究起了"一种变革性的影响",但在法哲学中论述阐发的社会观、国家观"却很少受到注意"。马克思的国家观来自黑格尔,他不仅接受了黑格尔的观点,而且做了进一步的发展。但是"在近几十年里庸俗马克思主义的著作中,就社会和国家理论的研究范围所及,一般对马克思的国家观的来龙去脉不甚了了,他们往往追究到康德身上,如果说不是直接追溯到卢梭概念的话"。[2]

　　黑格尔对社会和国家的区分始于对绝对精神的考察。在他的哲学世界中,绝对精神(有时他也称之为世界精神)就是所有民族的概念和思想世界的总和,即各个民族精神的总和。每一个民族都有自己独特的精神生活,在人类社会的发展进程中,各民族以自身的特殊性在人类社会发展进程中打上了独特的烙印。但是,黑格尔认为,各民族精神的特殊性不是建立在自然环境和社会环境的差异上,如果这一命题成立,那么就会损害世界精神的独立性。

　　他在《宗教哲学》中清晰地表明,任何形式的宗教都是基于人对上帝的"意识"以及由此产生的人与上帝之间关系的"必然性"。他据此提出,在人类社会初始阶段,原始的因纽特人、黑人、部分蒙古

1　为了区别以前的原始社会,按照当时的习惯,黑格尔把现代的资本主义社会称为"市民社会"。

2　[德]亨利希·库诺:《马克思的历史、社会和国家学说》,袁志英译,上海译文出版社2006年版,第234页。

人等,对自然神崇拜的自然宗教,是对自然力量的崇拜和敬畏,属于"直接宗教"。这一阶段所谓的"上帝"无法摆脱自然的特性。去除"直接宗教"中的原始元素,将"上帝"和自然实体分离,就出现了第二种形式,黑格尔将中国的儒学当作"中庸宗教",将印度的婆罗门教看作"幻想宗教",将佛教看作"自体宗教"。一旦人们能够分辨"自我意识"和"绝对自我",人们就能够认识到上帝的客体性,"自由宗教"便产生,随后依次出现了古波斯的"拜火教"、古埃及的"迷教"等。

黑格尔在考察中大多使用经验主义方法,将每一种宗教形式都归结为特定的概念,将其当作宗教发展中的世界精神的体现。不过,库诺夫认为,黑格尔对各地域各民族的宗教考察具有片面性,仅仅关注了那些由他确定的原则之内的社会历史现象。

黑格尔"鄙弃"从孤立的人→与他人组合→社会的研究路径。他认为,以家庭为研究细胞→"家庭的复数"→社会,才是更加合理的方法。每个人经过需要的驱使,对特殊目的"追求",形成全面依赖的体系,并在此基础上建立社会关系。

"社会体现了一种需要和满足需要所使用的劳动活动的体系"[1]。社会生活中,需要的特殊性导致分工,由此也导致更为"抽象的劳动",引起生产的增加,进而因分工而在一定程度上限制了社会个体的技能,进一步导致个体对社会关系的绝对依赖,因此黑格尔也把市民社会看作"一切人反对一切人的个人私利的角斗场"[2],而国家则是"伦理的整体,自由的实现",目的"是促进普遍的利益","自由的实现是维护特殊的利益",即在保持其特殊性的

---

1 [德]亨利希·库诺:《马克思的历史、社会和国家学说》,袁志英译,上海译文出版社2006年版,第236页。
2 [德]黑格尔:《法哲学原理》,范扬、张企泰译,商务印书馆1961年版,第289页。

唯物史观的实证社会学诠释

情况下将个人利益总汇为普遍的利益——国家的利益。因为国家是立足于公众理性一致基础之上的宪法组织，是以个别人的"专横、意见和随口而出的允诺"为基础的联盟，而且这种自我意志和利己性还必须合乎理性。实现国家目的必须融合自由和必然，即实施法的制度，从整体而言，法的制度即构成宪法，是"发展了的和实现了的理性"。宪法在黑格尔的理论中，指共同的理性意志，由政府实现，并反对政府机关及个别人的主观性以保护这种意志，另一方面，政府是"宪法的共同部分"，也是为保存家庭和等级秩序为目的部分，把握着整体的共同目的。因此，宪法是国家及国家秩序的基础，黑格尔认为这是国家政权的"骨干"，国家内部的法，决定国家内部的结构，而"国家外部的法"则决定作为个体即国家人格的国家在与其他国家及其公民的关系中的地位。

那么，何谓完善的国家呢？黑格尔认为，对国家进行哲学研究只和"所想出的概念"有关，与历史上的国家是两码事，因为从古至今的国家都不"完善"，只是"尚未长成"的国家，尚未显示出"它们的本质"，相应地也就没有能力完成它们本来的目的，可以说"国家的观念尚未处于襁褓之中"。因此，黑格尔没有从现实和历史上发展的国家出发，研究国家的起源和发展，而是从"完善的"国家的观念出发，将国家的根据看作"作为意志而实现自己的理性的力量"。[1]

黑格尔的国家概念建立在对社会与国家之间对立关系的认识平台上，同时采用了逻辑辩证的抽象方法进行推理演绎，但黑格尔并没在社会和国家之间划出"鲜明的坚实的界限"[2]，时常将社会职

1　[德]黑格尔：《法哲学原理》，范扬、张企泰译，商务印书馆 1961 年版，第 258—260 页。

2　同上，第 238 页。

能与国家职能混淆。例如,司法毫无疑问是一种国家结构,但黑格尔将当时的司法、警察当作社会机关,当黑格尔面对群体、民族公社、部落、民族等社会的原始发展形式及其与社会的联系时,黑格尔就束手无策了。库诺夫认为,黑格尔没有识别国家与社会两者间的明显区别,究其原因就在于他不具备深厚的人类学知识背景。

黑格尔对社会和国家的区分是抽象而不明晰的,因此,他也就无法界定社会原始发展形式中的"社会团体"的实质及其在社会和国家中的地位、它们与国家的关系、共同体与社会在概念上的区别。相应地,黑格尔当时的理论水平使其难以拥有阶级概念,他尚停留在古老的等级差别的观念中。黑格尔认为等级差别即为纯粹的社会差别。然而,等级差别也根源于现实的社会生活过程,以有差别的整个经济机构为基石。与此同时,等级秩序伴随着国家的成立而建构,因此等级不仅在国家中具有特殊的地位,而且被赋予特殊的国家权利和特权,所以等级也是一种国家组织。显然,马克思对阶级和等级的区分是对黑格尔的超越。

第三节
唯物史观是科学社会学的完成式

一、唯物史观不是哲学认识论,而是科学社会学

与其他同时期的马克思主义理论家的研究视角相比,库诺夫的理论视角具有独特性,提出从辨析国家和社会出发,考察社会哲学史,以诠释唯物史观,这本身就具有值得深思的学理价值。他从

本质上指认了唯物史观的社会学内涵,使之与哲学认识论相区别。这一历史时期对唯物史观理解主要有三个不同的视角:认识论视角、实践哲学视角和社会学视角。

第一,认识论视角。恩格斯对唯物史观的理解视角主要集中在自然科学发展方面。当时,恩格斯与马克思在学术研究上做出了一个分工,即马克思主要从哲学和政治经济学层面对市民社会进行考察,恩格斯则主要从事自然科学中的哲学研究,并回应对马克思主义理论的质疑。面对杜林引用大量实证科学的论据,恩格斯不得不以实证科学研究进行反驳。另一方面,恩格斯晚年为了传播马克思主义,特别强调理论的科学性,因此,他在《反杜林论》中提出,除了作为思维规律理论的形式逻辑和辩证法之外,其他一切哲学都归结到关于自然和历史的实证科学,他晚年甚至将唯物史观与达尔文学说相提并论。虽然恩格斯的自然科学发展的视角在某种程度上诱发了第二国际实证主义的倾向,但是,这推动了马克思主义理论的广泛传播,强调了辩证法,以唯物史观取代了唯心主义,纠正了人们对唯物史观的种种误解,为马克思主义理论的通俗化和大众化奠定了理论基础。

普列汉诺夫从认识论入手,折返回斯宾诺莎和费尔巴哈那里,试图从旧唯物主义中汲取理论力量以反对修正主义中的新康德主义。他企图用唯物主义和辩证法概括马克思主义哲学,却没有看到唯物史观中实践的、历史的、辩证的内核,走进了自然本体论,导致他在政治实践中,不认同革命主体和革命理论对革命本身的现实能动意义。

拉法格和普列汉诺夫一样,从认识论入手,提出自然环境和社会环境塑造了所谓的人类本性,而社会正义是建立在人类本性和以私有财产为前提的社会环境之上的。从理论本质而言,他并没有理解唯物史观在哲学范式上的超越意义,相反,他将马克思的"前进"解读为"倒退",可以说他将这一原理阐释为"环境决定论"。当他滑向"环境决定论"的时候,他已经不知不觉地站到了普列汉诺夫的"自然决定论"的立场之上。

第二,实践哲学视角。拉布里奥拉从现代哲学意义上的"实践哲学"角度理解和阐释唯物史观,他认为"实践哲学"是贯穿唯物史观的核心,它有别于以往一切传统哲学,包括唯心主义和庸俗的唯物主义,克服了哲学与科学的分野,克服了形而上学。在科学吸收哲学的过程中,哲学不再是统摄世界的原则,而成为科学的自我批判,因此,唯物史观在实质上就是科学的哲学,是在人类社会历史中考察世界的方法论。他的实践视角决定了他对社会主体能动性和社会心理的强调,重视社会生活在唯物史观中的重要意义,克服了经济决定论倾向,避免了对革命的宿命论解读。但是,他的理论仍然没有摆脱这一时期特有的实证主义倾向,而且没有抛开以认识论为主体的旧哲学体系的某些局限,甚至含有对社会进步的质疑。

第三,社会学视角。库诺夫认为,随着社会哲学的发展,理论家最终将研究焦点放在了国家与社会历史领域。在社会哲学的真正形成时期,国家和社会的区分成为重中之重,理论分析每前进一步都是为唯物史观铺垫基石。因此,库诺夫将唯物史观定位为社会学的最高理论成果,是科学社会学的完成式,主要是基于国家—社会视角。他将国家与社会之间的辨析作为衡量社会哲学发展阶段的标杆。在国家—社会的历史变迁中,经济方式被看作社会的永恒基础,对社会生活的决定性作用。这些观点确立了库诺夫的历史因果论,贯穿他的社会—国家视角。与认识论和实践哲学理论视角相比,库诺夫从社会学视角论证了唯物史观在社会学领域

　　　　　　　　唯物史观的实证社会学诠释

的深刻理论内涵和在社会哲学发展史中理论成果的意义,从而得出了唯物史观是科学社会学完成式的结论。

虽然唯物史观不是哲学认识论,但是库诺夫的社会学视角确实具有独特的理论意义。然而,唯物史观毕竟不是纯粹实证科学意义上的社会学—经济学学说,而是历史的、辩证的认识社会和改造社会的方法论。它不是要将认识论从中剔除,而是将认识论内含于社会学的部分,成为其中的要素和手段。对唯物史观的实证经验方法论理解模式,使得库诺夫的唯物史观思想从实践的、历史的批判理论转向了非辩证的、无批判的实证主义。

二、社会研究科学化的三条标准

从历史著作的孕育到萌芽、从真正形成到成熟、再到科学社会学的完成式,库诺夫提出了衡量理论发展阶段的三条标准:第一,能否破除了国家命运对神的依赖;第二,社会生活是否具有历史因果规律;第三,能否区分国家和社会以及对两者的辨析程度。在古代,第一点尤为突出,至中世纪,则开始在第二点和第三点上有所侧重,到近现代理论阶段的划分则集中体现在第三点。

社会哲学从孕育到萌芽时期,完成了两项工作:破除了国家命运对神的依赖、认识到民族特性受到所处自然环境的影响。中世纪基督教的历史哲学和国家哲学具有一种承上启下的关系,既包含了亚里士多德的政治哲学观点,也对十七世纪至十八世纪的历史哲学发挥了深远的影响。这一阶段的哲学家,一方面肯定人类本质对社会历史的决定作用,认为人的本性决定了人的行动,进而决定人类历史的发展进程,即人类的本质决定了人类历史的结果。另一方面又坚持这种神学假说——社会历史的开端已然内含特定目标（也可称之为一种理性意图），它始终贯穿于人类历史的发展进程。如果说社会学的发展在孕育时期的重点尚处于质疑神权阶段的话，那么到了萌芽时期，则主要以历史因果论替代历史目的论，并从将国家与社会混为一谈的阶段发展到明确社会领域的阶段。

通过对资本主义早期的国家社会理论和十七至十八世纪的英国社会哲学的考察，库诺夫认为自古有之的将国家与社会等同的观点，并没有得到根本改观。那时的英国社会哲学家将社会和国家生活看作植根于人天性的本能和欲望之间的相互作用，其社会观的理论根基是：社会个体与社会之间存在永恒的对立，他们尚未考察国家与社会之间的对立关系，更没有注意到在个体与社会之间存在着的多种共同体形式。国家与社会内部的对抗就是源于个体本能和其所属社会集团本能的斗争与冲突。虽然英国社会学家已经认识到，不是社会决定个体，而是社会个体性格的总和决定社会的性质，但是，他们对人性和社会关系的认识尚未达到这一步，即人性是社会发展的历史产物，人是社会生物。正是因为他们不理解国家与社会的本质区别，没有考察在个体与社会之间存在的众多类型的共同体形式，所以不可能认识到社会对抗远不限于个体与社会之间的对立。

在库诺夫看来，当时德国哲学的学术水平达到了历史以来的最高峰，为现代社会学开辟了崭新道路。德国历史哲学始于康德，经由费希特和谢林，最后到黑格尔，不断发展，特别是黑格尔提出的一系列重要历史概念，对现代社会历史研究具有变革性的推动意义。黑格尔对国家和社会的明确区分（这里的"明确区分"是相对于黑格尔之前的理论家而言）显得尤为重要。

库诺夫对社会哲学理论史的划分标准具有重要的学理意蕴，

但是这一划分也存在一定的理论缺陷。首先，在国家—社会的区分上，他对社会和国家发展的历史阶段把握不够深刻。辨析社会与共同体，有必要先对"社会"的发展历程做一个深度分析。市民社会的发展可以大致划分为两个阶段，人类历史早期的宗法社会→中世纪的军事社会，市民社会→公民社会。因此，对社会和共同体的区分，就需要分解为三个历史阶段：市民社会与原始共同体的区分，市民社会与国家共同体的区分，市民社会与经济社会共同体的区分。库诺夫对"第二个区分"做出了理论分析，但没有划分出"第一个区分"和"第二个区分"的界限，"第三个区分"就更加无从谈起了，这在一定程度上造成了其经济决定论泛化的倾向。其次，库诺夫将人类历史的发展看作单纯的线性因果论，没有实现历史因果论和历史目的论的统一。在库诺夫看来，卢梭和康德因为缺乏对社会起源的理解，所以没有将社会从家庭、氏族、民族和国家之中"分离"出来。库诺夫认为黑格尔虽然对社会和国家做出了"前所未有"的区分，并深刻地指出国家的本质是共同体，不能归属于"社会"领域，但是由于人类学知识的欠缺，混淆了国家职能和社会职能，因此，黑格尔也没有能够完全、彻底地区分国家与社会。

实际上，库诺夫混淆了本源与本质的区别。如果说康德用规范目的论解读世界，那么，库诺夫就是用"起点论"阐释世界的"发生史"。唯物史观在实证主义者眼中，仅仅是社会学领域中的一个假说，而在马克思主义哲学中，它正是把握和参与历史的"范式"，而且，直到唯物史观的完成，才真正解决这一难题——辨析国家（或者说是共同体）和社会的本质。在库诺夫对社会哲学史的阐释过程中，以因果论取代目的论，以所谓的科学取代规范价值论的倾向，为他对唯物史观的理解埋下了隐形的"绊脚石"。库诺夫对实证社会学的强调，造成了对社会主体历史性的理论遮蔽。他虽然认可人类社会历史发展的客观规律性,但是没有认识到社会历史发展与社会主体自身发展的同一性,它们既是历史发展的结果,也同时是历史发展的前提条件。作为社会历史主体的人,被遮蔽了,库诺夫没有认识到社会主体的历史性,也没有理解国家与社会的历史性存在。

三、唯物史观的实践本质与库诺夫理解缺陷的深层根源

哲学是人类探索世界和内省自我的方法论,在形成一种世界观的同时,它更突出地表现在其方法论意蕴。唯物史观将科学理性和人文价值内在地统一于人类社会的历史逻辑中,从实践出发,解答了理性与价值的二分问题。唯物史观是一种理解社会历史、改造世界的方法论范式,但不仅仅是一种理论或实证历史学描述,更不是单独的原理或观点的简单组合。唯物史观的根本理论特征是实践与理论的高度统一,其精髓不在于其创始人在特定历史阶段得到的特定结论,而在于获得这些结论的科学方法,方法论才是唯物史观的真正内核。

马克思对市民社会及未来社会发展趋势的判断,是以唯物史观为理论根基的,而唯物史观的方法论实质是以实践唯物主义为基础的历史辩证法。历史辩证法通过穿透市民社会的表象和资本主义社会经验现象的表层,以辩证理性的社会批判性,揭示市民社会的产生、成熟及其发展进程的运动规律,并指明未来社会的发展趋势。实证主义则相反,主张经验是科学知识的唯一基础,将现象与本质之间的辩析、探索事物内核的本质当作形而上的抽象问题,仅仅关注经验事实,只承认社会主体的感官对社会存在的把握和认识,主张所谓的科学统一性假设。在实证主义者看来,概念是具

体经验的符号,是根据经验事实归纳总结的抽象共同点,而理论是具象经验的逻辑表达形式。

唯物史观的方法论基础决定其社会批判功能,强调对具象经验事实的历史的、实践的、辩证的理性批判,强调科学认知与历史评价之间的内在统一。如果分离了理论与实践,将唯物史观看作一种经验科学,脱离了马克思主义的精髓,就会导致自由王国等一系列价值目标的丧失,导致科学与价值的对立。理论本身并不能产生根本的发展,只有成为研究现实社会历史问题的指南和导引,才能为其提供丰富的实践检验和现实根基,才能由此获得真正的发展,并在新的基础上重新对现实社会生活予以更加适宜的指导和引领。如果理论和实践分离,就可能导致严重的实践后果。第二国际时期,正值资本主义走向危机和帝国主义战争阶段,无产阶级运动高潮即将到来,社会实践急需理论指导,但是由于理论和实践的脱节,陷入了实证主义、进化主义、折中主义和经济主义,无法为前进中的社会实践给予有力的引领。

在库诺夫对唯物史观的解构过程中,马克思的经典社会批判理论被解读为实证的经验科学,将实践批判精髓钝化为放弃社会批判的实证主义。他在强调实证社会学的同时,客观上"贬低"了唯物史观。对唯物史观的理解不仅影响对马克思主义理论的理解,而且影响对社会现状的理解和对社会发展趋势的判断。库诺夫对唯物史观的理解模式同马克思主义理论的异质性,是哲学基础上实证主义和进化主义导致的结果。

从库诺夫解读唯物史观的深层背景看,他和拉布里奥拉之间存在着某种相似性,即他们都没有真正领会马克思历史哲学的实践范式。唯物史观不仅是解释社会历史,更重要的是参与历史进程,以创造历史的实践范式改变世界。尽管库诺夫在一定程度上摆脱了传统认识论的限制,但是实证社会学毕竟更侧重于观察社会现象,从经验层面进行理论研究,社会实践性不强。正如马克思在《关于费尔巴哈的提纲》中所述,哲学的真正意义不是用不同的方式解释世界,而是"改变世界"。正是解释世界和改变世界的统一、科学性和批判性的统一、理论批判和实践批判的统一,构成历史辩证法和认识论的统一。所谓的"科学化"和"实证化",都无法真正进入社会历史实践,只能是"半吊子"的社会历史观。如果不能理解这一点,那么就无法真正参透马克思主义的历史的、实践的辩证法,也无法真正理解马克思主义的认识论。马克思对社会历史规律的探索和对现实社会的理解,其贯穿始终的方法论特色,就是将历史和逻辑、实践和辩证法、唯物主义认识论紧密结合。也正因为此,他才会强调《资本论》中,逻辑、辩证法和唯物主义认识论是同一的,它们统一于同一门科学。唯物史观不是祛除目的性的历史因果论,而是社会历史的实践辩证法,不仅是历史解释,更是批判的实践。如果对唯物史观理解中发生方法论模式的衍变,将唯物史观的历史的、实践的辩证法转变为实证科学理论,仅仅停留在对社会历史的描述和解释,就很难掌握马克思主义历史哲学的真实内涵。

第三章　库诺夫对唯物史观社会结构理论的独特阐发

受到孔德开创的实证社会学的影响，库诺夫对唯物史观的理论诠释在很大程度上依托于实证社会学的理论模式。当他将社会学（有时他也将其称之为社会哲学）从马克思和恩格斯的著述中"剥离"出来，对唯物史观中的重要观点和理论进行比照考察时，他从社会静力学维度，对人类社会的结构理论进行了阐释。库诺夫在人类历史的长河中系统考察国家与社会的起源、发展，以及两者间的有机联系，以此为理论线索探查各有机体中各部分之间的关系和规律。

值得一提的是，库诺夫考察社会结构的视角与第二国际其他理论家有着显著的不同，他主要从人类学和民族学视角切入。库诺夫考察社会经济生活的方法论深受德国经济史学派和十九世纪末蓬勃发展的人类学和民族学的影响，他能够客观忠实记录他能收集到、了解到的不同地区和民族的社会经济生活状况，进而尝试将它们和国家历史、法律历史、文化历史相结合，借助已知的各国各民族的经济生活的比较，从相互间的紧密联系中，探索人类历史进程中社会—国家的内在本质。

第一节
国家与社会的辩证关系

一、国家与社会的原始同一

库诺夫认为,马克思从概念上区别了社会与共同体,在此基础上合理辨析了国家与社会。虽然村落、部落、教区、国家等是共同体,但并不能称之为社会。只有具备以下条件的共同体才能构成社会:共同体内的成员相互之间,直接或间接地处于一定形式的经济关系之中。社会生活是普遍的物质需要及为满足这些需要而相互协作进行劳动所构成的体系,其基础是对普遍物质需要的满足和相互间协作劳动以取得必要的生活资料。在上述劳动过程中,成员之间结成的相互关系即为基本的社会关系。

国家到底如何产生,在这一问题上,库诺夫认为马克思恩格斯承袭了黑格尔的理论。在原始社会,早在以血缘关系为基础的阶段,因分工导致某种程度的财富差异,随着差异的扩大,少数家庭不再为满足于仅仅为自身需要而生产,而是为出售与交换。与此同时,出现了家庭贵族或部落统治方式,"国家就是这样在没有使用暴力的情况下从一定的经济关系中产生"[1]。

1891 年狄慈出版社出版了亨利·摩尔根的专著《古代社会》,

1　[德]亨利希·库诺:《马克思的历史、社会和国家学说》,袁志英译,上海译文出版社2006 年版,第 286 页。

其中的研究成果印证了马克思恩格斯的观点,使马克思恩格斯更加确信自己的关于国家起源理论的正确性。恩格斯在《家庭、私有制和国家的起源》一书中采用了摩尔根的研究成果,吸收摩尔根对希腊罗马国家的司法、经济诠释,并从经济因素的角度论证了摩尔根的猜测与推断。

随着经济的发展,在古老氏族中,国家以政治团体的形式逐步产生。恩格斯以公元前十一、十二世纪的阿提卡为例,说明古代国家的起源。海上贸易和货币经济的发展壮大,带来了巨大的财富差异,随之出现了世袭贵族和王朝最初的萌芽。首领将所属部落的一部分事务规定为国家的公共事务,设立中央管理机关处理这些事务。于是凌驾于民族制度之上的国家法(也称为民族法)产生。首领同时又把主体成员分成三个阶级:贵族、农民和手工业者。从而打破了氏族、胞族、家族的界划,建立了职业阶级与行业阶级的划分。为保证海上贸易等经济活动的顺利进行,减少外部和内部的干扰和影响,管理机关存在的必要性得以巩固和加强。公元前594年,梭伦的体制改革导致古代氏族制进一步解体,国家公民以财富为尺度(主要是拥有的土地和谷物的产量)被分为四个等级,根据不同的等级享有特定的权利和义务。公元前509年古代氏族制完全消亡。阿提卡被分为十个地区部落,既作为自治的政治组织,也是军事组织。每个部落内部又划分为十个自治区(称为德莫),各区享有选举区长、司库、法官、祭司的权限,还可推选同等数额的成员进入雅典议事会。这个议事会和全体共同人民大会,即组成为雅典国家政府,在区别于社会的意义上,国家由此产生。

恩格斯认为罗马国家的起源与雅典国家的起源有所不同。古罗马存在的两个阶层:家族贵族(或部落贵族)与平民。依据惯例,每个氏族内的首长（元老）都出现在同一家族，这些家族相应具有特殊的威望，成为元老家族，成员即贵族，有资格成为元老，也能担任官职，这些都是他们特有的权力。除此之外，由被征服者和移民构成一个被剥夺一切公民权的阶层——平民。他们享有人身自由、必须纳税、服兵役，可以占有地产，但没有征服来的国土分配权，不能担任任何官职，也无权参与议事。平民阶层人数不断增长，与贵族相对抗的斗争也有所加剧，公元前570年塞尔维乌斯·图利乌斯王废除了旧氏族制，将应服兵役的男子分为六个财产阶级，再按战绩划分百人团，共203个百人团，每个百人团拥有一票表决权。实行新的人民大会——百人团大会。原先联合的三个部落随之瓦解，取而代之的是四个城区，城区也是军事招募区，每区设立地方行政机构。

马克思、恩格斯认为，因经济进步而引发内部分化，由此，在氏族制度基础上产生了国家。而库诺夫则认为，即使以上描述完全符合史实，也无法证明马克思恩格斯观点的正确性。罗马国家的起源不是因为古代罗马社会经济的发展，而是部落征服奴役其他部落的结果，因为古代罗马平民阶层不是从"罗马人民"内部分化出来，而是由被征服的农业人员组成，他们属于下等阶级，与贵族对抗。阶层的分化不是经济导因，而是征服的结果。

恩格斯描述罗马的社会状况是"氏族社会变成了封闭的贵族制，它的四周则是人数众多的、站在这一贵族制之外的、没有权利只有义务的平民；平民的胜利炸毁了旧的血族制度，并在它的废墟上面建立了国家，而氏族贵族和平民不久便完全融化在国家中了"[1]。库诺夫据此判断恩格斯也不得不承认罗马国家的起源不

---

1 《马克思恩格斯选集》第4卷，人民出版社1995年版，第170页。

　　　　　　　　　　　　　唯物史观的实证社会学诠释

符合他与马克思的共识，但即使日耳曼国家是民族大迁徙、征服和奴役其他民族的结果都是史实，也无法使恩格斯否定这一点，他进而指出只有雅典国家起源是"最鲜明最纯粹"的典型形式。

马克思全盘接受了休谟—弗格森—黑格尔的国家起源理论，恩格斯则忽视了摩尔根论述中的明显错误。摩尔根认为古罗马的三个原始部落中不是所有氏族都是贵族，只有元老之家才是贵族。库诺夫认为，实际上古罗马是先有一个部落，另两个部落随后加入。虽然对于后来被征服的氏族和人员而言，三个部落都是贵族，但贵族内部三个部落因先后加入次序享有由高到低的不同等级的特权。对此，德国与英国重量级的古罗马史学家几乎都认可，从人类学角度也得到了证实。一个部落征服另一个部落，征服者对被征服者而言就是拥有更高级别特权的贵族，故而阶层的差别不是产生于经济原因，而是征服与奴役的结果。

恩格斯认为，雅典是国家形式的典型范例，它没有受到任何外来的或内部的暴力干涉。对此，库诺夫并不认同。第一，恩格斯认为克利斯提尼改革之后才实行国家的建立，库诺夫则认为雅典建立中央政府政权之时，国家即已建立，提修斯宪法后的改革不是建立国家，而是为使国家形式适应社会变化。第二，雅典由四个部落组成，这四个部落在联合之前的组织形式、部落中的阶级分化状况和阶级分化的根由，促使他们统一的原因，职业分工是部落内纯粹的经济活动产生的，还是被征服而被迫形成，这些对探究国家起源非常有必要。可希腊史著作对于了解这些几乎完全无用。修昔底德在书中写到提修斯是通过巧计和武力完成统一。但从人类学观点看，"居住于雅典外的三个部落在没有强迫的情况下"无所作为地放弃他们独立而自愿接受雅典的支配是"难以置信的"。乔治·格罗特在《希腊史》中描述这些部落"表现出一种很深的家乡观念，地方观念和独立精神,那种自愿接受支配说就更加难以想象了",因此,他判断这纯属传说,而不是历史。[1] 第三,库诺夫进而得出结论,"武力乃是国家的助产婆",而不是恩格斯说的"没有受到任何外来的或内部的暴力干涉"。库诺夫认为,许多迹象表明雅典国家建立之前四个部落尖锐对立,即使在统一之后仍然对抗了很久,只要对传说和历史深入研究,就能发现雅典国家源于掠夺与征服,它的建立与拉西第梦国家的建立别无二致。以最先建立的地区为出发点,侵略占领以扩大统治区域,征服别的小国家或部落。在征服基础上,分化出四个阶级:享有完整权利的斯巴达人,自由的旁居者(无权参与国家管理,在监督下保留地产和公社行政权,强制参军,交纳战费),公奴或陪臣,战争中被俘的奴隶。

二、国家与社会的对立与统一

库诺夫认为,马克思对国家和社会的合理区分,解释了国家和社会之间对立与统一的辩证关系,在社会学的发展中具有里程碑式的意义。比较黑格尔与马克思,两人的国家观是基于相同的理论基础,但对国家发展进程及其最终归宿的看法却截然不同。首先,对于国家的本质,黑格尔认为国家是产生于等级分化并以此为基础的共同体,而马克思则认为国家从古至今都是统治的组织,是阶级统治的工具。其次,正是对国家本质看法的差异,导致了黑格尔和马克思对国家目的也持有不同观点。黑格尔认为国家是人们在其内部日趋完善的共同体,逐渐接近人类政治、法律、道德自由

1　［德］亨利希·库诺:《马克思的历史、社会和国家学说》,袁志英译,上海译文出版社2006年版,第292—293页。

　　　　　　　　唯物史观的实证社会学诠释

的实现,而马克思则认为国家以压迫剥削下层社会阶级为基础,阻碍社会的发展,是社会生活中的历史"寄生赘瘤"。最后,在国家的价值判断方面,黑格尔认为虽然历史中的国家有缺陷,但国家依然是一个伟大的、日趋完善的机体,而且在完善的过程中终将实现人类文明的发展,而马克思则认为国家压制下层社会阶级,政治上并不公正。

"上世纪四十年代,马克思还处于黑格尔国家观的强烈影响之下,虽则那时他对资产阶级国家业已怀有种种敌意,可他一直警惕自己不要将社会状况怪罪到资产阶级国家身上,亦即统治的资产阶级。"[1]1847 年,马克思在《道德化的批判和批判化的道德》中提出,资产阶级的统治及其对工人阶级的压迫植根于社会生活之中,根源于生产关系,而不是资产阶级国家决定的。因此,消除资产阶级统治及其压迫必须对生产关系进行变革,而绝不可能取决于国家政权的改变。此后,马克思对资产阶级国家的研究逐渐放在了纯政治视域中,上述的见解也就鲜见于他的论著。"不是社会(或者说是在社会中掌权的阶级)奴役国家,恰恰相反,是寄生的国家欲壑难填,要使自己成为凌驾于社会之上的强权,并来奴役社会,——所以,社会要从国家手中解放出来。"[2]库诺夫认为马克思的以上论述表明了马克思"对国家的仇恨",当然,他的这个看法有些断章取义的意味。国家在社会发展进程中形成阶级分化,因此无产阶级的暴力革命即使能令国家消亡,也无法消除阶级统治,它的消除必须先于国家消亡,而这还需要"一系列的历史过程"和"长期的斗争"。如何理解马克思的这一观点呢? 马克思研究了十九

1　[德]亨利希·库诺:《马克思的历史、社会和国家学说》,袁志英译,上海译文出版社 2006 年版,第 312 页。

2　同上,第 312 页。

世纪上半叶英国和法国激进自由主义的政治经济学理论,并全盘接受了这种思想(库诺夫认为的"全盘"),认为中世纪后社会日益摆脱国家的束缚,逐渐呈现为能自我调节的自由社会状态,无须强制性的国家法规。恩格斯在《法兰西内战》第二个导言中也表达了这种更加社会主义化的思想。社会自动地进入摆脱国家强制的自由社会经济状态,国家调节已没有存在的必要,调节经济将由社会自身承担,无产阶级解放被压迫的"新社会的分子"即可。

库诺夫指出,马克思的"政治良心"及其对工人阶级向资产阶级进行斗争的支持,使他对国家的这种本质怀着"愤激之情",因此马克思更多的是出于政治层面的研究,而不是以社会学立场研究国家问题,他对以下问题没有着重研究:国家的起源、迄今为止的发展对其未来的结构有何种启示、国家的发展迄今为止在多大程度上受到一般社会发展规律的制约、哪些导致国家在相同或变化了的方向上发展的原因是可以认识的。同时代的英国自由主义者指责国家法规过度限制个人,阻碍自由经济力量的发展;无政府主义者认为国家压制个体的意志与力量,严重阻碍自由人格与本能生活。而在马克思眼中,国家即损害自由的"强制性机构",通过压榨下层阶级造福上层阶级。

库诺夫认为,马克思虽然试图超越同时代的思维模式,但尚不能完全摆脱那个时代的政治经济学中正在形成的自由经济社会学观点。经济活动是个体活动,国家对经济活动的限制就是对自由的限制。因此,马克思从未认为社会的发展能以国家更高级别的经济限制为归宿,而是坚信,"旧政权的纯属压迫性质的机关予以铲除,而旧政权的合理职能则从僭越和凌驾于社会之上的当局那

　　　　　　　唯物史观的实证社会学诠释

里夺取过来,归还给社会的负责任的勤务员"。[1] 由社会主义社会的自由协会联盟有力控制经济活动,无产阶级专政使国家过渡到消亡,从而获得社会的彻底解放。早期著作中马克思恩格斯认为,国家是社会的一种"执行的、自觉的、官方的表现",而后期则因"对资产阶级国家强权所怀有的政治敌意的影响"而几乎从未提及此观点。

必须指出的是,虽然马克思对社会和国家之间的合理区分具有重要的社会学意义,但是这种区分还并不彻底。库诺夫认为,国家机构缺陷的根由是由社会形式决定的国家局限性,虽然国家常被看作"独立的统治机构",而且在国家的初级阶段确实是真正的政治组织,但毕竟国家是人们为了某种共同生活的目的而联结起来的公共共同体,公共生活的所有弊端并不应该由国家完全承担。马克思对黑格尔国家理论的扬弃在于他区别了黑格尔的国家理想与历史的国家,也实现了黑格尔国家理论的第一个否定,但马克思就此止步了,并没有继续前行至否定之否定。在这一意义上,库诺夫提出,国家是统治组织,同时也是伟大的非神的生活共同体。

早在十八世纪六十至七十年代,国家已然具有新的职能,随着经济的发展,国家的性质正在有所变化,国家也将进入新的发展阶段,而马克思恩格斯却不曾对此关注。库诺夫提出,"取代资本主义国家的将是一种新的社会制度的基础上一个更加发达的国家:社会主义的经济和管理国家"(库诺夫加着重号)[2]。

从十八世纪中期发展到十九世纪,国家发生着新的变化。第一,社会经济在生产、贸易、消费等方面都有长足发展,而且渐呈

---

1 《马克思恩格斯选集》第 3 卷,人民出版社 1995 年版,第 57 页。
2 [德]亨利希·库诺:《马克思的历史、社会和国家学说》,袁志英译,上海译文出版社 2006 年版,第 320 页。

"集体主义型"组织形式,企业规模由小渐大,大型股份公司和资本联合取代了曾经的独立自由商品生产者,自由竞争的经济基础消失,各种利益共同体,如康采恩、卡特尔、辛迪加、托拉斯等纷纷涌现,他们在实质上决定了产品、生产量、生产方式和商品价格等。企业的所有权与经营权逐步分离,相互独立。

第二,劳动和雇佣契约也经历了巨大变化,劳动力的供求不再由当事双方直接商谈,而是由中介完成,工资、工时也不再通过私人协商,而是由企业与工会或工资协商局共同决定。大企业为吸引并留住优秀能干的工人,实行福利措施。例如,退休金制度,发放工龄津贴和子女补贴等。在德国,工人获得实际工资的一部分,其余则作为工人阶级集体工资,以企业主和国家捐款的形式来兴办治疗疾病、提供养老和残废保险等事业,以各种各样国家和集体支出的方式来兴办学校和进行专业教育,兴办疗养院,等等。

第三,私人所有制的本质也发生显著变化。在生产、商业、交通领域的大型企业,或由国家或团体所有,或以股份公司形式经营。股份公司的大部分资金靠发行股票和债券筹集,股票和债券的持有者即公司的所有者。不过,库诺夫也很清楚,在持有者中只有大股东、董事会成员才具有实质性的支配权。

第四,财产占有者与财产相互分离,财产占有者转变成为"单纯的利益接受者"(即利润接受者),部分企业财产往往具有公共服务的性质,例如私人铁路、有轨电车、运输和航运公司、剧场公司、煤气厂和发电厂等。

由此,国家的性质与职能因社会经济的变化而有所改变。国家不再是十八世纪和十九世纪初期的"纯粹的防御和统治组织",不再是"拥有官僚主义的政府机器",也不再只以保护王室和贵族利益为唯一的任务。国家整体经济的发展也需要在国家范围内的管理和协调,才能得以顺利进行,国家内部也因新的任务和职能,建立相应的监督机构和管理部门。国家成为"一个包罗了国家成员的所有经济活动的巨大的生活框架",同时也是整个社会生活中"起决定作用的经济管理者",和"最重要的决策者"。每一个成员作为其中的一分子,只能"被推向前进",国家不再是过去"王朝的强权语言"——"朕即国家",而是渐强的公民阶层的"我们即国家"。对内,国家在更高的程度上和更广的范围内掌握大型企业和公共服务部门,例如"邮政、铁路、电车和公共汽车企业、运河和航运、港口设备、矿石和钢厂、军火工厂等",或入股私营企业,以施加一定影响。对外,国家通过关税、贸易协定"对河流的疏通、运河的建设、铁路的运费率、国家的投资技术学校、学徒工厂和国家试验室的建立、出口展览等加以扶助"。[1]

库诺夫指出,国家很快就被废除或者消亡的假说完全不是马克思学说中具有内在联系的组成部分,这只是他自己从乌托邦和无政府主义思想中造出来的假说,在马克思修改的《共产党宣言》版本中,他已经部分放弃了这一假说。

库诺夫认为,国家的建立是以一定程度的经济发展为前提条件,而不是仅仅靠征服与奴役。他通过批驳两个典型观点来阐述他对国家建立的经济基础的理解。第一个是路德维希·龚普洛维茨的观点:人类在武力征服的基础上建立了国家及其制度。对此,库诺夫以澳大利亚、几内亚、北美的部落来反驳他的观点。第二个是恩格斯的观点,恩格斯在《反杜林论》中说,凡是在奴隶劳动提供了超过养活自身必需的生活资料的地方就会出现奴隶制。库诺夫

---

1 [德]亨利希·库诺:《马克思的历史、社会和国家学说》,袁志英译,上海译文出版社2006年版,第319页。

以北美印第安人部落和农业相对高度发展的密西西比东部部落为例证明,恩格斯说的条件还不充分。交换过程产生多余生活资料的可能性,将多余生活资料转化为可普遍作为价值尺度的对应物,被征服者的生活资料的生产达到这样的程度:足以纳税,即征服者取得的收获大于看管和压制被征服者的消耗的精力与财力,同时征服者业已建立行政管理机构,拥有统治和管理被征服者的制度体系。以上这些也都是必要的条件,只有当经济发展到一定的阶段,才有建立国家的必要性。因此,国家的建立是征服和奴役的结果,同时是以经济为一定前提的。

摩尔根认为,国家的建立要发生在相对高级的发展阶段,在野蛮的高级阶段才能得以实现。但是,库诺夫认为如果没有内部、外部的暴力干涉,也不可能单因经济发展而产生国家。库诺夫排除殖民国家的建立后指出,从古至今,国家的建立无一例外。例如:民族大迁徙的日耳曼国家、东哥特和西哥特帝国、勃艮第、法兰克、洪格巴尔顿、盎格鲁撒克逊;西亚和印度古国、亚洲的伊斯兰国家、非洲北海岸、西班牙的摩尔人王国;中非的原始国家、美洲两个文明古国、墨西哥的阿斯泰克王国、秘鲁的印加王国。

民族内部阶级的分化并不会自发促成国家的建立。只有当一个民族征服另一个民族,并迫使其纳贡时,国家才得以建立,为维护和巩固统治,有必要建立特定的监督管理机构之时,才出现国家的形式。大洋群岛,在美拉尼亚和波利尼西亚群岛的部分地区,很早出现劳动分工、大宗交换,由此形成一定程度的阶级分化,但规范、约束公众生活的还是氏族制度,并未达到形成国家的水平。

库诺夫通过考察研究,认为印加王国的产生与发展是反映国家演变历程的典型而确切的史例。印加部落征服库斯科巴城及其周边地区,建立统治,随后与卡纳斯、康查斯两个部落结盟,而后继

　　　　　　　　唯物史观的实证社会学诠释

续征服其他部落与氏族。第一步，大多被征服部落保留原有首领与氏族组织，土地归印加和专祀印加四大神祇的僧侣所有，耕种由被征服者进行，部分被征服者交纳特殊的实物税。第二步，在每一个部落首领身边都设立一位总督，同时用相应的军事力量保证总督的监察职能。第三步，当遇到骚乱反抗时，印加总督就强制迁出部分当地居民，在需要的情况下，迁入其他部落的百人队，他们能进行耕作，更重要的是直接受印加总督的领导，以制衡被征服部落企图推翻印加统治的力量。虽然前两步没有影响原有的氏族制度，但这一步已然在被征服部落的体制内"打进了很深的楔子"[1]，在部分程度上分化瓦解了氏族关系与组织。第四步，为监督总督，并在军事上实现统一部署，每三到四个部落再任命一位总督，一位高等监护，他管辖所属区域的所有总督，定期（通常是以年为单位）汇报所辖地区的整体状况。随着印加王国的不断扩张，逐步形成以库斯科为中央领导的庞大行政体制。为镇压起义，掌控所有管辖区域，印加人组织劳工修建驿道、兵站，储存军需品，并指派传令者在驿站沿途随时待命。虽然印加王国作为国家，其组织结构还不牢固，属于建国初级阶段，但库诺夫试图以此说明在征服和奴役的进程中面临的管理统治任务，使得建立庞大的国家政府即为当务之急。

国家与社会之间的对立统一关系，还表现在两者之间的调节关系上。国家调节不可能与社会的发展水平长时间处于完全对立的状态。统治阶级为其特殊利益塑造国家制度，并设立特定的司法机构，用以维护对其有利的法律部分而不管它们是否已经不适

1　[德]亨利希·库诺：《马克思的历史、社会和国家学说》，袁志英译，上海译文出版社2006年版，第297—298页。

应现有社会经济生活状况,或阻碍与其利益相背离的法律。但是即便如此,国家法律也只能维持到一定的程度。借用马克思对社会民主党哥达纲领批判中的话,一个国家的法永远也不能超出社会经济结构和由经济结构制约社会的文化发展。

除此之外,库诺夫认为马克思较好地区分了政治法律(又称为公民法律)和社会法律(又称为经济生活法律),与此对应的是公民权与人权。库诺夫提出,公民权是人权的一部分,是在共同体内部与他人一起行使的权力。而人权(droits de l'homme)不同于公民权(droits du citoyen),"无非是市民社会的成员的权利,即脱离了人的本质和共同体的利己主义的人的权利"。[1]

三、国家与社会的重新合一

基于库诺夫的判断,马克思的社会观和国家观的基础,始终是黑格尔主义的,他的社会观"紧步黑格尔的后尘"。马克思不仅在多处全盘接受黑格尔区分社会和国家的概念,而且接受了不少黑格尔的论据和例证。例如,关于国家目的的理论观点,马克思"早期著作随处可见"。再如,对通过相互间合作的关系而与他人联系的自私个体和作为一个国家共同体的公正的人做出明确区分,也具有黑格尔思想的色彩。

关于马克思与黑格尔,库诺夫认为,马克思在一次生病休养之前,视黑格尔的哲学为"怪诞的山歌",读黑格尔的书"味同嚼蜡",但病中钻研黑格尔哲学之后,黑格尔的思想就"永远缠住了他"。从马克思最初在《莱茵报》和《德法年鉴》上发表的文章看,马克思

1　《马克思恩格斯全集》第1卷,人民出版社1986年版,第437页。

　唯物史观的实证社会学诠释

的整个观点和方法都师承了黑格尔。

马克思在深入研究英国法国的社会学与国家学说后，逐步理解并将其中的思想精髓融入自己的理论中。例如，休谟、弗格森的观点，国家起源于政府权力和不发达经济关系的"连接"。再如，国家作为强制性机关，以社会阶级的建立为基础，通过法律限制社会个体的自由，并调节维护阶级统治。

相对于社会而言，国家则完全不同，既不是社会，也不是社会形态，而是一种公共的共同体，"一种政治集合体"，使其中的个体成员形成相互联系，并相互承担一定义务的法律制约和规范。马克思明确提出，国家和社会共存，甚至在一定的特殊情况下以一定方式互相联系的集合体形成共存。但前者绝不是后者的组成部分，而且从范围、界限、实质内容等层面而言都不可等同。库诺夫以德国、法国、英国、奥匈帝国、挪威王国等为例，说明"国家与社会的范围与界限并不重合，而是相互交叉"。例如，瑞典是资本主义国家，瑞典的拉伯兰人从国家意义而言归属于瑞典，但从经济方式、社会形态而言，则并不能算作资本主义社会。而德英法虽同属资本主义社会，但并不共有"政法的准则"，即属于不同国家。

在库诺夫看来，马克思之前的社会学理论中，社会与集体的概念是同一的，个体与社会相对立，个体逐步形成"某些紧密的和大的共同体"，即使是马克思也趋向于认为"原始的共同体就是以后国家共同体的先驱（库诺夫加着重号）"。以血缘关系为基础，并以此为纽带将个体联结，逐步发展为有领土的共同体。而国家则被定义为"由奴役和压迫（被迫服从）某部分居民而产生的政治团体"，是"一种由中央政治领导的统治机构（是一种或多或少扩大了的政府机器），有一定领土（国家疆界）——所以国家是一种以统治和服从为基础的政治管理机关和领土共同体。"[1]

库诺夫援引恩格斯在《家庭、私有制和国家起源》中的话,试图更确切地表述马克思对国家起源及其性质的观点。国家绝不是从外部强加于社会的一种力量,国家也不像黑格尔所断言的是"伦理观念的现实""理性的形象和现实"。[2] 确切而言,国家是社会在一定发展阶段的产物;国家的形成即承认了以下现实:这个社会陷入了不可解决的自我矛盾,分裂为不可调和的对立面而又无力摆脱这些对立面。而为了使这些对立面,这些经济利益互相冲突的阶级,不致在无谓的斗争中把自己和社会消灭,就需要有一种表面上凌驾于社会之上的力量,这种力量应当缓和冲突,把冲突保持在"秩序"的范围以内;这种从社会中产生但又自居于社会之上并且日益同社会相异化的力量,就是国家。[3]

库诺夫认为,德国国家和社会学说是以黑格尔的法哲学为基础,区分社会与国家,有少数学者超越黑格尔,对社会国家概念予以更加具体、明确的表述,其中具有典型代表意义的有施坦因、摩尔和滕尼斯。

库诺夫称劳伦兹·冯·施坦因是"老一代黑格尔信徒中特别值得一提"的学者。施坦因将社会定义为"物质生活的机体",包括物质生活和精神生活整个领域,其中占有制度是"一切社会制度的基础"。[4] 而国家则是以政治法制为基础的,属于宪法组织。现代国家与社会的融合度越来越高。罗伯特·封·摩尔在《政治学的历史和文献》中指出,直到当时,康德的信徒还将国家与社会等同。

1　[德]亨利希·库诺:《马克思的历史、社会和国家学说》,袁志英译,上海译文出版社2006年版,第247页。

2　黑格尔的《法哲学原理》的第257和360节。该书第1版于1821年在柏林出版。

3　《马克思恩格斯选集》第4卷,人民出版社1995年版,第170页。

4　施坦因的《政治学大纲》第2卷,社会学,第22—34,204—212页。

　　　　　　　　　　　　　　唯物史观的实证社会学诠释

因此,黑格尔把社会概念区别于国家而对其单独进行研究,并引入政治学,是他的一大功绩。然而,即使黑格尔本人也没有完全理解社会的本质,将个体单纯的关系、真正的社会机体和形而上的国家机构三者混杂。

摩尔认为社会即在时间和空间上并存的个体和他们与其相同个体的关系的复数,大多为经济关系,可以总结为"物质世界的活动和关系"(库诺夫加着重)。库诺夫指出,在社会概念上摩尔与马克思极其相似。而对于国家,摩尔将之定义为一种集体,将一批共同生活于一个封闭空间的共同联结为一种有着整体意志和整体力量、追求共同目标的统一体。

滕尼斯著有《共同体和社会》,库诺夫对他的评价在这三位学者中最高,认为他以纯形式的带有辩证法色彩的推理方法,排除政治历史研究,而得出了"完全可以称为马克思主义的定义"[1]。滕尼斯在《共同体和社会》的第二版中指出,社会理论设想了和平的共同生活和居住在共同体的人的圈子,然而就其本质而言,不是相互联结在一起的,而是分离的。不存在那种从天然的和必然存在的统一体中引导出来的活动。因此,这些活动只有通过个体发生时,才在个体中表达这一统一体的意志和精神,这些活动与其说是为了和个体的联盟者,还不如说是为了它自己而发生的。滕尼斯认为共同体最初可追溯到血亲联盟,由氏族公社逐步发展为地方共同体和领土公社,无论是在空间上还是在时间上,在共同体内部都有着极其紧密的联系。人以有机的方式通过其意志而相互联系,形成各种类型的共同体,先行的形式包含着后来的形式,或者

1　[德]亨利希·库诺:《马克思的历史、社会和国家学说》,袁志英译,上海译文出版社2006年版,第254页。

由"此"及"彼"地形成了相互依赖关系。最终形成一种可称为国家的共同体，它建立的目的是保护其所属人员的自由和财产。

从国家的概念出发，马克思将国家看作一种社会机关，是一种"社会结构"。"如果资产阶级从政治上即利用国家权力来'维持财产关系上的不公平'，它是不会成功的。'财产关系上的不公平'以现代分工、现代交换形式、竞争、积聚等等为前提，绝不是来自资产阶级的政治统治，相反，资产阶级的政治统治倒是来自这些被资产阶级经济学家宣布为必然规律的现代生产关系。"[1]"它（国家）的存在和发展归根到底都应该从社会的经济生活条件中得到解释。"[2]

马克思的早期著作和论文对其社会观就有鲜明的论述，1843出版的《论犹太人问题》（布朗施魏克 1843 年出版）、《现代犹太人和基督徒获得自由的能力》（苏黎世和温特图 1843 年出版），1845年出版的马克思、恩格斯合著的《神圣家族》（又名《对批判的批判所做的批判》），这些著述比较分析当时的政治形势与经典的历史案例，使黑格尔的政治哲学重新回归了现实的社会生活。

依据《论犹太人问题》第一部分内容，库诺夫认为马克思对国家和社会的区分是显而易见的，"需要与满足需要的世界""经济活动连同由其产生的物质的和由物质而产生的精神的人与人之间关系的世界"，在马克思看来都属于社会范畴。只有当人通过经济活动与他人产生关系时，个人才成为社会成员。因此，"实业家、雇佣工人、手工业者、工厂主、银行家、商人、代理人、工程师等"具备社会成员的资格。相应地，阶级是经济过程中由需要与满足

---

1 《马克思恩格斯选集》第 1 卷，人民出版社 1995 年版，第 171 页。
2 《马克思恩格斯选集》第 4 卷，人民出版社 1995 年版，第 247—248 页。

需要而产生的社会阶层,所以阶级的划分不是国家产物,而是社会产物。

人的双重性,一面是以自私的个性消融于国家人格中,是政治共同体中的社会存在物;一面又是市民社会中利己的一员。库诺夫认为每个人都"相互成为他人的需要和这种需要的对象之间的皮条匠"[1],"自然的必然性、人的特性(不管它们表现为怎样的异化形式)、利益把市民社会的成员彼此连接起来"(库诺夫加着重号——笔者注),"他们之间的现实的联系不是政治生活,而是市民生活",不是"国家应当巩固市民生活",而是"市民社会巩固国家"。[2]

现代宪法国家和社会生活关系方面,库诺夫提出现代国家在成员身上表现出的所谓"最大的自由",恰恰是"个人的完备的奴隶制和人性的直接对立物"[3]。国家制度与社会制度紧密联系。一方面社会制度是国家制度的基础,另一方面,社会制度中的某些部分经由国家合法化并使之具有国家法律形式,从而形成国家制度。库诺夫认为的庸俗马克思主义者不能区分社会和国家,因而也往往混淆社会制度和国家制度。比较典型的例子就是,人们常常认为,社会民主党的任务就是要增强党的力量,使之强大到足以掌握国家政权,掌握国家即能赢得全局,"按党的原则和意愿通过国家政府来改造社会制度"。

库诺夫不认可这个观点,他提出,党在掌握了国家权力之后,改变的只能是国家制度,如果说这种改变能对社会制度产生反作

1　《马克思恩格斯全集》第 2 卷,人民出版社 1995 年版,第 154 页。
2　[德]亨利希·库诺:《马克思的历史、社会和国家学说》,袁志英译,上海译文出版社2006 年版,第 250—251 页。
3　《马克思恩格斯全集》第 2 卷,人民出版社 1986 年版,第 149 页。

用的话,那也必须是在"社会经济的生活过程从自身产生了促使改变的先决条件"的前提之下,因为社会制度才是"第一性和基本的东西"。在任何社会中都能"观察"对经济生活过程和社会关系进行的调节,使得个体之间协作能够顺利进行,由此延伸的一般社会交往的法规构成社会制度。而国家制度不过是"产生于经济过程的,打着国家法招牌和印记对共同生活和协作(也就是社会制度)进行调节的一部分"。国家制度是以国家法的名义对部分社会制度进行的调节,使由国家颁布、针对成员间相互行为的协调,具有强制性的公民法和规章。

库诺夫以澳大利亚一个小流动群体的狩猎活动和欧洲国家的银行信贷发展为例,说明社会制度与国家制度的区别。随着社会生活的推进,成员间形成各种各样的关系,为协调这些关系,首先产生一定的"习惯性规则",被认为是必要而获得权威性承认之后,即被制定为国家法律,成为国家制度。

国家对社会中部分内容进行强制性的国家化,但绝不是对社会生活的全部内容进行调节。库诺夫将不属于国家调节的社会内容分为三类。第一类,"价格形成、剩余价值和利润率、商品的流通、财富的构成、地租的波动、工资波动等",这些属于社会调节内容,不载入国家法律,而且"往往以比许多国家法律大得多的力量和更加毫无顾忌的力量得以实施"。第二类,"犯罪率的升降、出生率、婚姻、死亡、疾病的增减",这些并不直接产生于经济过程本身,但由经济生活整体结构所产生,属于社会调节内容。第三类,"有关道德、举止和礼貌的习惯法"。[1]

1　[德]亨利希·库诺:《马克思的历史、社会和国家学说》,袁志英译,上海译文出版社2006年版,第270页。

库诺夫认为，马克思在国家理想的问题上继承了黑格尔的思想，理想的国家是有机体，实现法律、伦理、政治三个层面的自由，虽然现实中的国家与理想存在差异，但随着发展推进，国家终将达到理想状态。完善的国家是建立在自由理性的基础之上的，拥有完全的民主，保证全体成员享有同等的政治自由。

虽然黑格尔将国家看作哲学思考的产物，由逻辑辩证推理获得对国家概念的研究结果，但是他的理想国家的研究根基并非无中生有或者自说自话，而是对国家的历史，尤其是对德意志国家的发展做了深入的考察和研究，在此前提下，黑格尔才提出了自己的国家理想。

在国家的起源问题上，黑格尔与大卫·休谟、亚当·弗格森持有相似的观点。他认为国家不是孤立的个体以一定方式的集合，也不是某种未经证实（也无法确证）的社会契约的结果，而是由家庭、群体、氏族和部落的形成，逐步发展到一定程度而产生的先行的共同体组织。在这一产生过程中，分工导致了财产持有的不等和生存方式的差异，从而形成不同行业和不同等级阶层，为了维护这种"实体的"差异性，就产生了相应的政治制度，出现了国家。因此，可以说，国家最初是建立在等级差别和矛盾的基础之上。不同等级的产生和发展，各等级在国家中的法律地位进行的斗争，构成了所有宪法史的真正内容，正如马克思在《共产党宣言》中提到的那样，"到目前为止的一切社会的历史都是阶级斗争的历史"。

在黑格尔看来，由于古代国家、中世纪官僚国家的成员都不懂得"绝对自由"，没有认识到"人拥有自由的权利"，因此，这些国家都是"尚未完善"的国家，虽然它们内含了"国家的观念"，但还"没有达到自由的独立性"。黑格尔进一步指出，即便是现代国家仍未完善,考察现代国家必须以国家内在机体为认识平台,它有自身特殊的共同利益、特定目的和任务,不同于个体(或私人),因此国家也具有特定的伦理,它的行动原则是与个人社会道德不同尺度的国家道德。

马克思虽然继承了黑格尔关于国家的概念,但并未亦步亦趋地跟随黑格尔,而是通过对现实国家的深入研究,用哲学的国家理想对照衡量,进而认识到黑格尔的国家理想是现实国家有机体永远无法企及的,毕竟它是统治型组织,是"阶级的国家"。马克思认为国家阻碍了人类的社会发展,"今天的国家只是服务于压迫无产阶级人民阶层的寄生虫的机关,它定会很快就消失的"。[1] 那么,国家如何消亡呢? 首先,工人阶级掌握国家政权,其次工人阶级利用证券把企业收归国有,把生产资料变为国家财产,以协会或成为合作社的形式调节共同生活与合作,伴随这一转变过程的是无产阶级自身的消亡。然后,逐步消除阶级差别和阶级对立,消除国家政权镇压被压迫阶级的必然性。最后国家成为多余之物,也就退出历史舞台。

恩格斯也持有同样的观点,认为黑格尔的国家概念不过是抽象、哲学的国家理想,"历史同认识一样,永远不会把人类的那种完美的理想状态看作尽善尽美的;完美的社会、完美的'国家'是只有在幻想中才能存在的东西"。[2] 对于国家解体之后的社会状态,恩格斯认同美国人类学家路易斯·亨利·摩尔根的观点,即那时将是"古代氏族的自由、平等、博爱的复活,但却是在更高级形式上的

---

1 [德]亨利希·库诺:《马克思的历史、社会和国家学说》,袁志英译,上海译文出版社2006年版,第283—284页。
2 《马克思恩格斯选集》第4卷,人民出版社1995年版,第217页。

复活"。[1]

库诺夫认为,马克思恩格斯在著作中批判了封建主义国家和资本主义国家,但并没有著书专门就国家的形成、发展,特别是"现代资产阶级国家"的形成和发展,做系统的历史性论述。为了避免对马克思理论思想的曲解和臆造,库诺夫对马克思国家发展和消亡理论的解读只限于马克思恩格斯的著作中的相关内容,主要有恩格斯《家庭、私有制和国家的起源》《反杜林论》和马克思的《法兰西内战》《资本论》。

雅典在奴隶经济的基础上发展而之后走向终结,罗马也不例外。罗马被日耳曼人征服后,中世纪的采邑国家形成了。以法兰克为例,这类型国家形成的第一步是抢占土地,把人民的财产变为王室的财产,以赠礼或恩赐的方式分配给扈从及宠幸者,造就了新贵族的基础。此时国家管理也出现新变化,氏族首领议事会已然形同虚设,取而代之的是国王的固定亲信的统辖;原有的人民大会也逐渐由军事首领和新贵族会议取代。国家建立初期的自由农民基本破产,直接进行生产的只剩下新贵族的家仆和依附农民。

采邑制度下,依附农民和地主的关系成为社会关系的基础,生产的首要目的就是满足自身及家庭的需要,即使是逃进城市的农民或劳役手工业者组成的城市手工业者,也是在自给自足的基础上进行交换。马克思认为封建国家的市民生活要素,包括财产、家庭、劳动方式等,"已经以领主权、等级和同业公会等形式上升为国家生活的要素",并以这种形式"确定了个人和国家整体的关系",即个人在经济活动中,因财产、同业公会而与国家发生联系。

当生产发展到一定程度,超出了自给自足的阶段,交换将与日

---

1 《马克思恩格斯选集》第 4 卷,人民出版社 1995 年版,第 179 页。

俱增,商品生产日趋繁荣,在利益的驱动下,强权势力迫使农民离开他们自己的土地。与此同时,城市中古老的行会体制被瓦解,手工业者拥有独立的商品生产权利。

十五世纪末开始的海上大发现,促进了海外贸易,不断瓦解封建经济方式,但国家组织,例如"古老的臣属和依附法、行会特权、地方特权、不平衡的关税"等,并没有紧随经济活动的变化而立即变化。直至工商业不断发展,在自治、独立的城市共和国内,工商业中富裕市民形成一个新的阶层,该阶层因经济上的优势开始获得市政权,甚至在部分国家,他们在国家议会、联邦议会、议院中起到"举足轻重的作用",于是封建国家开始过渡为议会国家,土地贵族、新兴城市市民阶级、王权争夺权力,最终随着工商业和世界贸易进一步发展,产生了对社会经济起决定性作用的大资产阶级,国家才渐变为"建立在议会统治基础上的民主的资产阶级国家"。

从国家的形成和发展看,它总是随着经济的发展而变化其自身的形式,但归根结底它终究是"阶级的国家","除了这种现代的代议制国家以外,国家不会继续发展到一个新的更高的存在形式",就此"国家已经完成了它的发展过程,国家行将灭亡,从阶级对立中而生,又随着这种对立的消失而消亡",社会经济发展将进入更加飞速上升的阶段,阶级将没有存在的必要,如果存在阶级及其对立严重阻碍经济发展,当阶级消失时,作为阶级统治组织的国家也就随之消亡。[1]

1　[德]亨利希·库诺:《马克思的历史、社会和国家学说》,袁志英译,上海译文出版社2006年版,第303—305页。

　唯物史观的实证社会学诠释

第二节
民族：社会与国家之间的历史范畴

早先的社会学只是将社会看作单纯的个体联合，对国家、民族、家庭、等级、人民、宗教团体等往往未做深入研究，或是把国家、民族等同社会，或是将某些集合体涵盖在社会之中，对它们的实质、界限、活动形式与范围等都没有明确合理地辨析。

库诺夫认同马克思将民族界定于国家与社会之间的做法。马克思提出，在社会发展的过程中产生出诸如民族、人民、教会、家庭等共同体，它们赖以存在的基础不同，相互间也有极大的区别。家庭、民族类型的集合体是以共同的血亲关系为基础，古老的公社以共同占有某地区为基础，职业共同体以同一职业为基础，阶级则以"社会生产机器内部具有相同地位"为基础。而对于民族，马克思恩格斯早期著作表明，他们将之理解为"一个国家地区的居民"。到1848—1849年《新莱茵报》中，马克思做了新的定义，即民族是"在一定的'自然基础'上（地区、土质、气候、种族亲缘）从历史的社会发展的过程中形成的群体"，它们具有相同的历史传统和语言体系，以及相似的一般性格特征。在此后的论述中，马克思恩格斯力图将民族定义为"以一定的形成过程中产生的、由其他民族形体以某些品性加以陶冶的历史的民族同化的产物"。例如，1848年9月2日，在批驳阿诺尔德·龙格的波兰崇拜时，马克思也表明了上述的观点，他把法兰西民族归结为"一个从一定的同化过程所形成的历史的命运和文化的共同体"。[1]

一、民族的形成及其特质

马克思、恩格斯对民族的形成并没有专门的论述,只是谈到有关民族潮流的文章中偶有提及,倒是奥地利马克思主义学派的年轻理论家奥托·鲍威尔尝试依据马克思恩格斯的思想理论,以德意志民族的发展为例,明晰民族概念,并说明民族的形成。他著有《民族问题和社会民主党》[2],他基本接受了康德—施塔姆勒的社会学说,在论述民族的历史政治特性的问题上,完全遵循马克思的思想,并做了有益的补充。

在鲍威尔看来,一定的地理生活区域内的血亲、血统共同体,即"自然共同体"是形成民族的基础,他们的生存境遇和生活条件相似,以相同的血统和传统为纽带,并从中逐渐生发成为一种文化共同体。鲍威尔以德意志民族的形成发展为例,欧洲日耳曼人在血统和传统的统一基础上,在一定的生活文化条件下逐步形成相应的部落特征和部落文明,在这一过程中民族特性意识在不同阶层中的体现程度都有所不同。农民在各自有限的土地上耕种生活,相对而言与外界罕有来往,渐渐形成区域性相对稳定的风格、习惯、方言等,在这些方面与其他区域形成相互间的区别,甚至存在强烈的地方性对立。骑士阶层组成国家军队,应国王的召唤而从全国各地汇集,与农民相比,他们交际广泛,见多识广,有基本相

1　[德]亨利希·库诺:《马克思的历史、社会和国家学说》,袁志英译,上海译文出版社2006年版,第346—349页。

2　发表在麦克斯·阿德勒和鲁道夫·希法亭的《马克思研究》第2卷,1907年于维也纳出版。

通的语言形式,开始接触文学艺术的创作,有时还成为故事中的主角。他们因其自身的特征而逐步成为德意志风俗、习惯、文化的肩负者,也与其他民族团体相区别。民族文化形成的初期表现为"阶级文化",而骑士阶层就代表了他们的民族意识。

随着德国城市的发展和社会经济生产的增长,从事商业的市民阶层急需相对统一的知识,于是兴建学校,教授阅读、书写、语言等,与此同时,印刷技术的发展进一步推进了文学和宗教的传播。当交通运输的发展打破一定的地域局限,农业大规模地进入了商品生产,工人的流动性增强,在资本主义生产方式发展的进程中,民族文化共同体的范围渐大,工人阶级和小资产阶级进入这一共同体的程度加强。鲍威尔由此定义民族是"一种有命运共同体所发展起来的'品性共同体'"。民族品性是一种个人主义的民族性,是一定历史发展的结果,受社会生活的制约。在民族品性的锻造下,形成相应的情感,即民族感。在社会发展中,不同的等级或阶级先后成为这种民族感的承担者。随着民族的壮大和内部的巩固,民族发展出一种具有一定相似度的团结性意识,摆脱了成员的个体性,从而形成真正的民族意识。民族成员在社会生活中感觉自身所具备的民族特征是自然、合理、有价值的。

从历史实质上看,民族是品性和语言共同体,而且具有宗教共同体的性质。在库诺夫看来,鲍威尔对民族的定义与马克思的观点基本一致。也有些马克思主义学者不认可鲍威尔的观点。例如,卡尔·考茨基把民族共同体只理解为一种语言共同体,在《新时代》增刊第一期(1908年斯图加特出版)《民族性和国际性》中明确反对鲍威尔的观点。考茨基提出,任何一种社会形体都是命运共同体,任何一个社会都有着"共同的命运和传统":民族、专区、国家、行会、政党,甚至股份公司,而且以此与其他社会群体相区别。

库诺夫认为,考茨基没有区分社会与共同体,专区、国家、职业、行会等与民族不具有同等意义上的品性共同性。

鲍威尔提出,民族是"由命运共同体所成长起来的品性共同体",但绝不意味着所有成员都具有相同的性格特点或文化水准。民族品性是社会历史发展的产物,在不同发展阶段以不同的程度影响着不同的阶层、阶级、职业,在民族内部以不同程度存在于成员或内部的集合体中。

考茨基承认同样生活条件下有可能形成某种民族品性,但他只看到不同阶级、不同职业的生活方式的差异,因此他认为民族品性只是一个幻想之物。然而事实上又存在民族,之所以存在联系各成员而形成民族,就在于语言的统一。对此,库诺夫认为,虽然语言是民族内成员之间的"最强有力"的联结手段,但即使语言对民族而言具有重要而不可替代的作用,也不能就此认为民族只是一个语言共同体。例如,挪威人与丹麦人使用同种语言,但却是不同的民族,还有爱尔兰人与英国人,英国人与美国人,阿根廷人与西班牙人,等等。此外,如果一个英国人定居德国,并说德语,但他决不因此就成为德意志民族的一员,而仅仅是"国家属性的变更",即至多是国籍上的转变。再者,语言共同体与民族也并非总是重叠,有时语言共同体超出民族范围,不同民族使用相同的语言。有时同一民族包含有不同的语言共同体。联结民族的纽带包括语言因素,但一定还有其他因素。

民族的形成和发展中,在不同的历史阶段,各阶层成为民族思想和民族特点的担当者,对民族生活起决定性影响。库诺夫以爱尔兰、塞尔维亚、克罗地亚为例进行了说明。民族不是孤立的集合体,在它之外,还有其他的拥有特殊倾向和利益的共同体。不同共同体也并非平行发展,而是对民族共同体起"补充、加强、抵消或破坏的作用"，例如，"共同信仰的意识"，也是联结民族成员、强化民族意识的重要因素。

二、民族—阶级—国家

民族、国家、经济、宗教等方面的动因往往是相互重叠、交叉，民族与种族、国家与阶级、职业共同体相互之间也存在着密切关联。与其他民族构成鲜明比对的民族感会得到强化。

考茨基提出，在民族之外存在另一种共同体，其共属感与民族感一样强烈，甚至有过之而无不及。对此，库诺夫表示认同，例如，阶级共同体和其中的阶级感情（亦可称之为阶级意识）。在民族内部当"阶级分化异常严重"，"阶级对立极其尖锐"时，不同民族的阶级内部就会产生强大的团结力，其强烈程度甚至可以达到"反对自己民族的程度"。但这绝不单纯是阶级意识导致的，还由其他因素决定，包括"民族纽带的稳固程度、阶级对立形成的情况、一个民族内部阶级斗争的激烈程度、本阶级和其他阶级地位的相似状况，以及由阶级地位所产生的阶级利益的情况"[1]。从另一个角度而言，阶级意识也有可能在民族被无理压迫、发展严重受阻的情势下，强化民族感。

恩格斯在《"科伦日报"论英国秩序》[2]中、马克思在《革命运动》中，以英国工人阶级和工商资产阶级的关系为例，说明工人阶级对民族资产阶级和外国工人阶级的态度，在一定程度取决于自身能在多大程度上参与民族利益的分配。

1　[德]亨利希·库诺:《马克思的历史、社会和国家学说》，袁志英译，上海译文出版社2006年版，第361页。
2　写于1848年1月1日，载于1848年8月1日《新莱茵报》第62号——库诺夫注。

第一次世界大战之前,德国社会民主党的文献中所体现的观点与上述观点不同。那时人们认为工人阶级觉悟超越"一切民族的界限"。考茨基在《新时代》1923年度2卷中提出,"各个大国的无产阶级是天然的盟友",德国工人阶级与英国、法国、意大利的工人阶级都是兄弟,即使在国家之间的战争面前也将与工人阶级站在一边。按照这个观点,交战各国的工人阶级应该会团结一致对抗资产阶级的民族主义。但是,1914年8月各国宣战时,库诺夫描述"崩溃的不是民族意识,而是社会主义的工人国际和国际团结"。不仅工人阶级在大战中具有强烈的民族感,连资产阶级也往往表现出惊人的民族感。例如,多年的移民在大战中仍然拥护原有民族,甚至为原来所在的民族而投入战斗。民族意识非常复杂,比书斋中理论家的想象要复杂得多,他们中还有人始终抱有这样的观点:阶级觉悟排除民族意识,因此有阶级觉悟的工人能够摆脱民族感情。

马克思则认为民族和国家、阶级一样,都是人类社会历史发展的产物,并非永恒不变之物。在1866年6月20日马克思致信恩格斯时,写到"……青年'法兰西'的代表(不是工人)提出了一种观点,说一切民族性和民族本身都是'陈腐的偏见'。这是蒲鲁东派的施蒂纳的思想。……拉法格大概是完全不自觉地把否定民族特性理解为由模范的法国民族来吞并各个民族了。……"[1]

有人可能会错误理解《共产党宣言》中"工人没有祖国"这句话,请注意马克思还说过"因为无产阶级首先必须取得政治统治,上升为民族的阶级,把自身组织成为民族,所以它本身还是民族

---

1 《马克思恩格斯选集》第4卷,人民出版社1995年版,第359—360页。

的,虽然完全不是资产阶级所理解的那种意思"。[1] 马克思的意思是说当时(1848年——笔者注)工人在民族生活中没有地位和影响,无法分享民族的物质和文化财富,因此说"工人没有祖国"。可是工人夺取政权,在国家和民族中占据支配性地位时,一旦在某种程度上工人阶级自身也形成民族,那么工人阶级自身也就具有民族属性,具有民族感,但工人阶级的民族主义"与资产阶级的民族主义完全不同"。[2]

战前,社会民主党内部流行这样的观点:工人阶级只有阶级意识,没有民族意识。而战时,社会主义报刊则宣传战争,证实了民族思想的威力。这些论调不区分国家与民族,混淆民族与国家意义上的人民概念,民族与政治制度、生活共同体意义上的国家概念不属于马克思主义辩证的社会观和发展观。

在马克思看来,民族和国家都是社会历史发展的产物,受社会历史发展的制约。在不同的发展阶段,两者之间存在着不同类型的密切关系,即使战争中,民族意识占据着重要的影响作用,也不能否认、忽视其他的关键因素。例如,乡土感,它是一定地区及其居民更加紧密联系的情感。工人阶级的国家感也往往与同经济、政治生活相互联系的乡土感相互交织。

社会学对阶级、国家、民族等概念都做明确区分,战时民族感会有所深化,也能使民族感薄弱甚至缺失的阶级加深民族意识,但是国家情感更加深入人心,当然在共同体意义上国家和民族之间具有"极其活跃的相互关系"。

第一,在利益目的关系维护和形成发展等方面多有重叠,从表

1　《马克思恩格斯选集》第1卷,人民出版社1995年版,第291页。

2　[德]亨利希·库诺:《马克思的历史、社会和国家学说》,袁志英译,上海译文出版社2006年版,第367页。

面看,甚至在政治文献中,国家活动大都被称之为民族活动。例如,当一个国家的居民同属一个民族,当一个国家内一个民族具有绝对的影响力时,是最为典型的。为了更优越的军事条件、人口增长、丰富矿产、原料供给、出海港口等,国家的动机往往被说成民族的要求。

第二,当然也存在国家与民族产生冲突并相互排斥的状况。例如,战前多民族的奥匈帝国,石勒苏益格—霍尔施坦和亚尔萨斯归并入德国之前的状况。前者,特有的民族利益居首位,国家情感退居次位。后者则是国家共属感极大地排斥了民族感。霍尔施坦虽然自 1773 年开始就牢牢地被丹麦掌控,但一直都强烈要求加入德国,石勒苏益格也是同样的情况。而阿尔萨斯的大多居民,尽管其中德意志民族人口不少于石勒苏益格人和霍尔施坦人,但始终认定法国是他们的归属国,不愿统一于德国。

"国家感和民族感一定要严加区分",两者的关系与民族感和阶级感之间的关系类同,既能够相互补充、相互加强,也能够"极其尖锐地相互对立"。如果不加以严格区分就会造成判断的失误。例如,一旦出现以国家形式巩固起来的民族,他们就试图将本民族中居住在其国境之外的部分合并。此时,人们往往将这一行动称为"民族统一"。但是,实际上,这就是国家"扩大权利和经济范围或经济集合体的表现"。再考察"现代大的民族国家的历史发展",不难发现他们无不是通过"征服和强行并吞弱小民族的途径来形成大的国家形体的",然后在统一的国家行政措施影响下才融合成为一个民族。例如,法兰西民族。[1]

1　[德]亨利希·库诺:《马克思的历史、社会和国家学说》,袁志英译,上海译文出版社2006年版,第371页。

　　　　　　　　　唯物史观的实证社会学诠释

通过民族间征服、吞并直至同化的过程,欧洲出现了大型的民族共同体,随着日益发展的民族意识,国家扩张势力也不断得到助长。在十六世纪到十七世纪,西欧、中欧资本主义蓬勃发展时,建立更大的统一国家经济区域成为发展的必要前提,此时民族意识和国家扩张的欲求相互加强。

在库诺夫看来,马克思和恩格斯是认同这种发展道路的。从历史发展的角度看,大规模的民族、经济、国家集合体将促使他们的联合与统一。从社会学的角度看,从群体到氏族公社、部落、部落联盟、古代国家、中世纪的公侯国、资产阶级民族大国这一系列的发展形式,小民族将不断联合成为大民族集合体,最后将形成"世界国家"。

另一方面,这种发展趋势符合工人阶级的利益,因为在马克思看来,工人阶级在一个国家中取得政权之前,需要先消除民族争端,否则民族争端容易模糊其阶级立场。恩格斯也曾撰文《新德意志帝国建立过程中的武力和经济》,赞同这一观点[1]。

至于国家间的合并是否合理,马克思提出要以是否促进文化的进步为判断标准。因此,形成民族大国的正义性就在于它处于发展的进程中,是一种历史的必然。恩格斯在《民主的泛斯拉夫主义》中提出"没有一条国家分界线是与民族(nationalities)的自然分界线,即语言的分界线相吻合的"。[2]

三、民族的发展原则

对于民族合并的问题,马克思和恩格斯认为,合并的正义性

1　《马克思恩格斯全集》第 21 卷,人民出版社 1986 年版,第 463—464 页。
2　《马克思恩格斯全集》第 6 卷,人民出版社 1986 年版,第 340 页。

"取决于它是否符合进步的利益",即"是否有利于工人阶级的发展和将来的统治"[1]。社会发展的潮流趋势是"归并和同化"文化落后的弱小民族。因此,他们不赞成弱小民族脱离"较大国家联盟",这与"历史的既成事实"形成"矛盾",也和"一般的社会发展方向背道而驰"。即使有小国家暂时独立存在,它们在政治和经济等方面仍将"依赖周围的大国",而且"往往会丧失先进的经济生活形式",甚至"阻碍或扼杀了重要的发展萌芽"。可见,马克思和恩格斯"坚决反对一般的承认所谓民族性原则"。

欧洲所有的国家都是一个政府管辖着若干个民族。而且,没有一个国家的分界线与民族的自然分界线或者说语言的分界线相吻合。这在实际上就形成了政治上统一的若干民族,使得一个国家具有民族上的多样性。

民主派和工人阶级的旧论点认为,欧洲各个大的民族有分离的独立的生存权利。但是,"民族原则"则不同,它与民族生存权利无关,只涉及两个问题:第一,历史上较大民族的分界线;第二,"为数众多的细小残余"的民族独立生存权利。在历史上,小民族往往只有一个存在期,最终将成为强大民族的组成部分,由此才能面对残酷的生存环境以延续它们的生命力。不过,马克思和恩格斯也坦言,落后的弱小民族统一于强大的国家集合体之后,终归会受到一定程度的剥削。

在马克思和恩格斯看来,泛斯拉夫主义依据当时英法的自由主义社会观,以个人的自然权利为出发点,以民族是由许多个体联合而成为由,提出民族相应地也有自决之权利。但这毕竟是自由

---

1 [德]亨利希·库诺:《马克思的历史、社会和国家学说》,袁志英译,上海译文出版社2006年版,第375页。

唯物史观的实证社会学诠释

主义的论证方式,社会权利不是由个体权利决定的,相反,是社会权利决定个体权利。历史存在就是社会,个人只是社会的一部分(片段),人们的本能、情欲、思维和行为,以及所谓的人权无不在社会的界限之内。因此,个人的权利要服从社会的发展条件。

对于所谓的"民族权利",恩格斯认为,这只是在强大民族"不损害其他民族自由"的时候,能够同化其他民族并使其发展民族文化的时候,才具有的统一"支离破碎"的其他民族和弱小民族的权利。而"民族自决权",在马克思恩格斯看来,只是在已经统一了的国家内部的各个民族的自治权利,具体指这些作为组成部分的民族能够决定其自身的"政府形式和法律的权利"。

那么,什么时候单个民族才有解放其自身的权利呢?根据库诺夫对马克思恩格斯的理解,只有在这样的条件下一个民族才有权实现独立和解放,即当它所在的国家没有能力治理并同化所属的各个民族时,使得这个民族在国家武力的禁锢中无法实现自身的文化繁荣时。但是,这不是"民族自决权",而是基于"政治文化"发展的要求。从马克思恩格斯对巴尔干斯拉夫人、波兰人以及爱尔兰人的国家独立的看法上,可以洞见他们对于民族性原则的理解。事实上,他们从来没有运用"民族自决权"要求以上国家的独立解放。

以重建波兰为例。在马克思恩格斯看来,重建波兰或者说解放波兰,并非因为波兰的政治文化上有优势,相反,他们反倒是认为"波兰是一个毫无希望的民族",但是因为波兰是"在俄国本身进入土地革命以前的时候有当工具的用处"[1],也就是说,波兰的重建能够削弱俄国和中欧的影响,加速中欧特别是德国的政治文化向着民主方向的发展,否则德国就难免深受俄国及其政策的影响,

---

1 《马克思恩格斯全集》第 27 卷,人民出版社 1986 年版,第 285 页。

"不能彻底摆脱宗法封建的专制政体"。因此,"建立民主的波兰是建立民主德国的首要条件"[1]。

再比如,巴尔干人摆脱土耳其的压迫,获得解放和独立,其政治独立权的正义性就在于土耳其缺乏同化其他民族的能力,无法在政治秩序上统一各个民族,更加无法发展各民族文化,而绝不在于民族自决之权利。既然土耳其已经成为各民族发展文化的巨大障碍,那么从其中解放独立出来就是符合发展趋势的。

从 1853 年至 1855 年间,马克思恩格斯发表在《纽约每日论坛报》的文章中可以更加清晰地看出,他们不主张民族自决权,在考察研究民族问题时,他们都是以文化进步为最终出发点。

德国和奥地利社会民主党人试图将"民族自决权"确立为"一种马克思主义的权利原则"是有违马克思主义精神的,第一,这与马克思主义的社会学"背道而驰";第二,这既不属于马克思主义原理,也不是社会主义原理。究其实质,它是"一种庸俗马克思主义从民主主义的泛斯拉夫主义的思想武库里捡来的反马克思发展观的权利原则"[2]。

第三节
对库诺夫解读国家—社会观的评析

库诺夫的社会—国家理论的独特之处主要集中在四个方面:第一,他批驳庸俗马克思主义者无法辨析社会和国家;第二,他在

---

1 《马克思恩格斯全集》第 5 卷,人民出版社 1986 年版,第 391 页。
2 [德]亨利希·库诺:《马克思的历史、社会和国家学说》,袁志英译,上海译文出版社 2006 年版,第 388 页。

唯物史观的实证社会学诠释

辨析社会和国家的基础上，从国家的实质和功能入手，提出国家不会消亡，在他看来，马克思的国家消亡论源于自由主义和无政府主义思想；第三，他否定民族自决，主张文化自治；第四，他认为社会经济生活的发展趋势是"有组织的资本主义"。这四个方面凸显了他诠释唯物史观的独特视角，同时也是他解读唯物史观缺陷的根本所在。

一、国家即社会？

库诺夫认为，十九世纪末二十世纪初，庸俗马克思主义流毒德国，马克思恩格斯的理论被曲解到非常严重的程度，有关唯物史观的国家理论就是典型体现。在库诺夫看来，所谓庸俗马克思主义者主要是指那些不能区分国家与社会，无法在两者间进行辨析的理论家。他们往往强调革命主体的作用，而忽视人类社会历史发展的客观规律。事实上，库诺夫的理解内涵了对"客观必然"的过度解读，从而导致在他对唯物史观的诠释中缺失了社会主体的能动性作用。

以库诺夫批驳鲁道夫·施塔姆勒对社会法与国家法的不加区分为例。库诺夫认为，究其根源在于施塔姆勒未加批判地沿袭了之前社会学家的研究模式，以孤立的人为研究起点，得出的"社会"就自然成为单个人经外部制定的规则形成的联合，社会生活就是外部调节多个孤立个人的生活。库诺夫提出，实际上，社会中个体与共同生活的其他个体发生的相互关系是社会生活中的第一个行动，所谓的社会调节是在相互关系的不断延伸与重复的过程中逐步从社会关系的内部确定的实施规则。先有社会生活的存在，才逐渐出现对它们的调节。就如同先有汇兑，才会随汇兑的频繁发生而形成对汇兑的调节,而绝不可能先有汇兑的调节,才有汇兑。库诺夫同时再次重申社会制度与国家制度的区别,只有在对政治生活的调节成为必需的情况下,社会调节的某一部分才会逐步过渡并转变为国家调节。而且国家调节"几乎不会与社会调节的经济内容相重叠"。[1] 库诺夫认为正是施塔姆勒对国家与社会概念的混淆,导致他对社会经济学概念与司法概念"完全混为一谈"。

对于如何更好地理解现代社会与国家的关系,库诺夫着重谈了两点。第一,施塔姆勒提出,经济的性质由外部制定的法规的形式特点决定,库诺夫认为实则不然。从司法的意义而言,经济的性质不完全取决于规则的制定,关键在于规则在多大程度上、在多大范围内、以何种规模用于社会经济的调节,换而言之,研究经济性质既要考察司法作为形式上的质的标准,也要兼顾考察它作为量的标准。法国当时的市民财产法中的绝大部分早在十八世纪革命之前就已写入司法规则,但由于使用范围的迥异,致使革命前与当时的财产性质存在巨大差异。第二,国家愈加发展成为拥有众多管理机构的庞大组织,它相对于社会的独立性就越大。恩格斯在《家庭、私有制和国家的起源》中写道,国家就是"从社会中产生但又自居于社会之上并且日益同社会脱离的力量"。[2] 有一部分司法规则不是由社会经济生活过程直接产生,而是从共同体的某种特殊利益中产生的。早在原始公社与群体中,为维护共同体组织的特殊利益,在对内对外的活动甚至斗争过程中形成了各种各样法律规则,现代国家亦然。例如,选举法与社会组织紧密相关,但选举权的分配、投票方式、选区划分等并不因此而由社会经济过程

1　[德]亨利希·库诺:《马克思的历史、社会和国家学说》,袁志英译,上海译文出版社2006年版,第273页。
2　《马克思恩格斯选集》第4卷,人民出版社1995年版,第249页。

决定,而恰恰是由掌管国家和政府权力的对其有影响有势力的活动决定的。这也使得许多经济发展水平相当的国家往往具有迥然不同的选举法和议会法。

国家对社会而言具有相对的独立性,可以通过司法制度上的调节,在一定程度上反作用于社会经济过程。例如,国家能够对关税、交通运输(特别是船舶运输)等条件的变动帮助缺煤少矿地区建立钢铁工业,而兴建的部门又能反作用于所在区域的社会生活和社会制度。不过,国家调节能产生反作用的前提是需要具有一定的社会经济上的先决条件。在上述例子中,如果没有一定基础的工人队伍,没有必需的资源、没有进出口途径、没有相应的技术水平,那么国家的调节都将是徒劳的。另一方面,国家政权为了自身的特殊利益,将"从社会的公仆变成了社会的主人"[1],而且一旦国家成为独立于社会的力量,就将产生新的意识形态。国家机构及其内部的职业政客将与现实的社会经济毫无直接关联,官僚主义的增长也将加剧国家机关的独立性,对抗来自其内部和外部的不利因素和影响,以保护自身利益。

马克思的社会概念不等同于"集体","生产"也不是在技术或是自然层面的范畴。库诺夫将马克思的唯物史观理解为经济史观,他认为,要理解马克思的经济史观的必要条件是理解作为社会生活职能的"永久性的生产和再生产过程",唯有此才能理解马克思语境中的社会和国家的关系,才能准确把握马克思的社会观。

随着生产方式的改变,即整个经济方式的变化,社会精神生活过程,即意识形态的上层建筑也或快或慢地"发生着广泛的变化"。

---

1 [德]亨利希·库诺:《马克思的历史、社会和国家学说》,袁志英译,上海译文出版社2006年版,第275—276页。

库诺夫这样描述其发展变化的过程：当生产过程中产生新技术或有技术改进时，当劳动力在数量、质量和结构上有所变化时，当人们改变使用自然力的方式时，即生产方式发生了改变，即"获取社会总的生活资料"有所变化，这些将引起社会成员之间相互关系的变化，即法的关系的变化。法，作为"被认为和承认是固定的社会法规"，并不随生产关系的变化而立刻发生变化，而是在生产关系的变化过程之中，随着经济方式上改变和相应的新"法律习俗"的形成，才"逐渐变为受到承认的法律习惯"。

国家制度与社会制度并不等同，社会制度是国家制度的基础，国家制度将"社会法规中的一部分法律化"，并"将其置于国家的强制之下"。在国家的政治生活中，社会成员依据其在经济生活中的特殊地位被划分为不同的阶级，他们"围绕着国家制度和国家权力"进行的斗争，也是由其在生产关系总和中的相应地位决定的。由此可见，经济方式的改变在决定社会法改变的同时，也决定了国家制度的变化。[1]

库诺夫还进一步提出生产方式在决定着社会制度和国家制度的同时，还间接影响了社会意识形态。社会成员的意识在总体上是在当时的社会制度和国家制度中形成，受到之前的传统经验和各种社会关系的影响。人们生活于某种社会环境，其意识（包括政治观、哲学观、宗教观、艺术观等）自然受到社会生活的制约，而且人们的精神生活的发挥范围也在这个社会环境之中。

库诺夫比较准确地抓住了国家和社会的区分，以此为视角进入唯物史观的解读，具有独特的理论意义，不仅从法律层面，而且

1　[德]亨利希·库诺：《马克思的历史、社会和国家学说》，袁志英译，上海译文出版社2006年版，第522—524页。

深入制度层面,对社会和国家进行了区分。但是他在实证社会学的方法论范式中,逐渐陷入黑格尔对理想国家、对国家共同体中体现的绝对理性和完善共同体的思想,与马克思主义的国家观产生分歧,也直接导致了他在国家发展趋势上的观点与马克思主义发生背离。

二、国家消亡论是自由主义和无政府主义吗?

库诺夫一方面论证国家的性质并不会随着无产阶级专政而发生质变,因此即使无产阶级夺取政权,也无须放弃原有的国家机器,因为那时的国家已经发展到能够过渡到社会主义的阶段。因此,国家不会消亡,而马克思的国家消亡论不过是他作为政治激情使然,是他自由主义和无政府主义的表现。另一方面,库诺夫指出,只有以一定程度的经济发展阶段为前提,才能够实现国家的建立(包括从资本主义向社会主义国家的过渡意义上的国家建立)。因此,他认为,当俄国的社会经济没有发展到足够程度时,即使无产阶级夺取争取,实行无产阶级专政,也不能够建立真正意义上的社会主义国家。

库诺夫和马克思、恩格斯一样认为,从资本主义国家走向社会主义国家的关键就在于无产阶级专政,但是,他并不因此赞同布尔什维克的革命行动。从《法兰西内战》和《爱尔福特纲领》(《1891年社会民主党纲领草案批判》)可以解读出马克思恩格斯将巴黎公社当作无产阶级专政的典范。它与苏维埃专政不同,它的干部是普选产生,这一点被马克思大加赞赏。之所以用"无产阶级专政",意指无产阶级粉碎资本主义反抗,并坚决利用原有的政权机关,取代资产阶级专政。库诺夫据此认为,从资本主义发展到社会主义,国家对于社会生活的功能和性质并没有根本的质变,因此,应当发展国家机器,当社会历史条件成熟,只要无产阶级掌握政权,就可以利用原有的国家机器执行社会生活的功能,即国家只需要改良就能够实现社会主义。

库诺夫认为,对于黑格尔—马克思社会观的理解,列宁比考茨基更加透彻。列宁能更好地区分国家与社会,但列宁和俄国布尔什维克理论学者一样,"对马克思的严格按规律进行的发展次序的思想缺乏理解"。因此当考茨基反对布尔什维克的暴力手段时,列宁"完全误解了他的动机"[1]。马克思明确提出"无论哪一个社会形态,在它能容纳的全部生产力发挥出来以前,是决不会灭亡的;而新的更高的生产关系,在它的物质存在条件在旧社会的胎胞里成熟以前,是决不会出现的"。[2]"经济理想只能在发展为其创造的必要的先决条件之内实现",即经济状态成熟才有历史的必然性。而布尔什维克领袖们还试图在欧洲经济最不发达的地区,用武力推行共产主义理想。[3]

库诺夫认为布尔什维克理论家们"基本上都是唯意志论者",甚至把马克思的"经济成熟"篡改为"人民心理的成熟"。例如,卡尔·拉迪克在《社会主义在向着现实发展》(德奥共产党在维也纳出版)中提出,群众心理上的先决条件比经济前提更为重要。库诺夫认为布尔什维克理论家就是这样戴着有色眼镜理解马克思主义的观点和理论的。

第一例:马克思在《雾月十八日》中针对当时的特定历史情势,

---

1 [德]亨利希·库诺:《马克思的历史、社会和国家学说》,袁志英译,上海译文出版社2006年版,第332页。

2 《马克思恩格斯选集》第2卷,人民出版社1995年版,第33页。

3 [德]亨利希·库诺:《马克思的历史、社会和国家学说》,袁志英译,上海译文出版社2006年版,第332—333页。

谈及 1848—1852 年的法国革命,无产阶级"先使议会权力臻于完备,为的是能够推翻这个权力"。[1] 对此,列宁在《国家与革命》中断言,马克思认为任何一种无产阶级革命都必须先打碎国家机器,而且这好似"马克思主义国家学说中主要的基本的东西"。[2]

第二例:马克思坦言根据无产阶级运动的经验,前一版《共产党宣言》中的革命纲领"在有些地方已经过时了","特别是公社已经证明:'工人阶级不能简单地掌握现成的国家机器,并运用它来达到自己的目的。'"[3]马克思恩格斯意指,资本主义向社会主义的转变只能是逐步过渡,无产阶级无须完全改组国家机器。列宁则"陷于他的国家砸碎论而不能自拔"(库诺夫语),列宁根据《共产党宣言》1872 年改版的前言,得出以下结论,即"马克思的意思是说工人阶级应当打碎、摧毁'现成的国家机器',而不只是简单地夺取这个机器"。[4]

在库诺夫看来,马克思愿意"赞扬巴黎公社通过合法的行政职能手段来剥夺一个企求凌驾于社会之上的政权"[5],并由此"铲除旧政府权力的纯粹压迫机关",即用人民政府取得旧政府及其权力。人民政府最能反映其本质的是普选,由此产生的干部取代旧式官吏,民兵取代常备军,取消由来已久的警察政治职权,由市政当局监督警察,将教会财产收归国有。马克思的无产阶级专政处处利用旧国家机器并改组使之为人民政府所用,而不是像苏维埃专政那样打碎旧国家行政机构。

1 《马克思恩格斯选集》第 1 卷,人民出版社 1995 年版,第 691 页。

2 《列宁选集》第 3 卷,人民出版社 1995 年版,第 194 页。

3 《马克思恩格斯选集》第 1 卷,人民出版社 1995 年版,第 229 页。

4 《列宁选集》第 3 卷,人民出版社 1995 年版,第 202 页。

5 [德]亨利希·库诺:《马克思的历史、社会和国家学说》,袁志英译,上海译文出版社 2006 年版,第 336 页。

库诺夫进而分析布尔什维克理论或者可以称之为列宁主义，"无非是巴枯宁主义的借尸还魂，并且又恢复到米歇尔·巴枯宁的某些教义里去了"。巴枯宁起草的国际兄弟革命组织纲领的第三条和第五条(参看《卡尔·马克思还是巴枯宁，民主还是专政?》，给社会主义国际所作的关于米歇尔·巴枯宁的报告，由威廉·布洛赫发表，并附有导言和解释。——库诺夫注)可以管窥见豹，他主张革命胜利后，"立即打碎国家，即粉碎全部的国家机器"，在无政府状态中，"产生出自由、平等、正义、新秩序"以及"反对反动派的革命力量"，无产阶级选举专政委员会(即苏维埃)及执行机关由此取代国家机器。[1]

对巴枯宁关于建立作为无政府机关的代表组织取代国家政权的观点，马克思、恩格斯是持反对态度的，在《社会主义民主同盟和国家工人协会》中，明确提出，巴枯宁所谓无政府主义组织的强制性力量，将在斗争中、运行中不断强化其权威性质，成为"权威主义国家"的机器，而这与试图推翻的政权毫无二致，仅仅把名称改变为"新的革命国家"是不能真正改变其国家实质的。

马克思、恩格斯关于无产阶级专政的论述很少，散布在各种文献之中，库诺夫从这些零星表述中提炼马克思恩格斯的观点，并指出马克思恩格斯的"无产阶级专政"与俄国布尔什维克的苏维埃专政"毫无共同之处"。

1918年1月，俄国国民议会选举出现了对布尔什维克党不利的局势，于是他们引证马克思的话，将苏维埃专政称为"无产阶级专政"，1918年十一月革命后，德国共产党和独立社会民主党的左

1　[德]亨利希·库诺：《马克思的历史、社会和国家学说》，袁志英译，上海译文出版社2006年版，第337页。

　　　　　　　　　　　　唯物史观的实证社会学诠释

翼也提出了建立苏维埃专政的要求和论据。

列宁在《国家与革命》(德文版有弗兰茨·费姆菲尔特翻译,1919 年柏林出版)中,根据《共产党宣言》中有关无产阶级夺取国家政权、生产资料收归国有的语句,提出无产阶级通过革命从资产阶级手中夺取国家机器,打碎旧的国家机器,根据无产阶级专政的目的和要求,建立新的政权及机关,并以此将生产资料转变为社会所有。在民主问题上,列宁引证恩格斯写给倍倍尔的信中的内容——"无政府主义者用'人民国家'这个名词把我们挖苦得很够了,虽然马克思驳斥蒲鲁东的著作(指《哲学的贫困》)和后来的《共产党宣言》都已经直接指出,随着社会主义社会制度的建立,国家就会自行解体和消失。既然国家只是在斗争中、在革命中用来对敌人实行暴力镇压的一种暂时的设施,那么,说自由的人民国家,就纯粹是无稽之谈了:当无产阶级还需要国家的时候,它需要国家不是为了自由,而是为了镇压自己的敌人,一到有可能谈自由的时候,国家本身就不再存在了。因此,我们建议把'国家'一词全部改成'共同体'[Gemeinwesen],这是一个很好的古德文辞,相当于法文的'公社'。"[1]

列宁据此提出,无产阶级实现对资产阶级的专政,"而无产阶级专政,即被压迫者先锋队组织成为统治阶级来镇压压迫者,不能仅仅只是扩大民主。除了把民主制度大规模地扩大,使它第一次成为穷人的、人民的而不是富人的民主制度之外,无产阶级专政还要对压迫者、剥削者、资本家采取一系列剥夺自由的措施。为了使人类从雇佣奴隶制下面解放出来,我们必须镇压这些人,必须用强力粉碎他们的反抗,——显然,凡是实行镇压和使用暴力的地方,

---

1 《马克思恩格斯选集》第 3 卷,人民出版社 1995 年版,第 324—325 页。

也就没有自由,没有民主"。[1]

在马克思看来,"无产阶级"概念涵盖整个无产阶级,绝不是某个政党或者群体。"过去的一切运动都是少数人的或者为少数人谋利益的运动。无产阶级的运动是绝大多数人的、为绝大多数人谋利益的独立的运动。"[2] 随着无产阶级运动的迅猛发展,不断争取群众,当无产阶级壮大到具有决定性意义的多数时,就夺取国家机器。革命之中建立民主,而且在掌握政权后,也"根本不必放弃使用民主政体",利用这些民主形式"对其统治只会有利,可以使其统治在全世界具有合法的地位"。[3]

面对社会发展进程中的变革激荡期,库诺夫更强调社会经济条件是否完备以及由此决定的国家状况,即使取得国家政权,社会主义社会制度也不会随之而来,而只能"缓慢"地从自己的发展条件中"经过长期的产痛"才能产生,只有通过逐步的过渡才能完成从资本主义向社会主义生产方式的转变,在经济过渡时期还有相应的,而且是相当长的政治过渡阶段。与库诺夫不同,列宁强调历史主体的能动性,因而认为应当彻底打碎旧有的国家机器。库诺夫不认同国家消亡论,他的看法源于他对国家性质的判断和界定,他将国家看作近乎黑格尔式的理性国家,认为国家发展进程中不存在质变。库诺夫对国家的无质变理解,也为他的"有组织的资本主义"观点埋下了伏笔。

1 《列宁选集》第 3 卷,人民出版社 1995 年版,第 190 页。
2 《马克思恩格斯选集》第 1 卷,人民出版社 1995 年版,第 283 页。
3 〔德〕亨利希·库诺:《马克思的历史、社会和国家学说》,袁志英译,上海译文出版社 2006 年版,第 330—331 页。

唯物史观的实证社会学诠释

三、民族自决？

库诺夫在奥地利马克思主义学派的鲍威尔关于民族的理论基础上，对民族问题进行了进一步研究。首先，库诺夫从民族的历史形成出发，分析了民族意识，他认可鲍威尔对民族是"品性共同体"这一定义，在此基础上对民族品性做出了深入的剖析。库诺夫认为，民族的"品性共同体"并不意味着所有成员都具有相同的性格特点或文化水准，民族品性仍然是社会历史发展的产物，在不同发展阶段以不同的程度影响着不同的阶层、阶级、职业，在民族内部不同程度存在于成员或内部的集合体中。最后，库诺夫分析了民族对社会生活的影响。

但是，库诺夫赞成民族的文化自治，不认可民族自决权，与马克思形成相反的观点。他根据马克思对民族和国家、阶级都是人类社会历史发展的产物、并非永恒不变之物的观点，提出，随着社会的发展，国家间贸易的发展和世界市场扩大，国家间、民族之间的交往得到加强，相互间的经济和其他社会关系的巩固与发展，各民族成员的生活状况将日趋一致。最终民族冲突将不断趋于缓和，民族品性也逐步向同一方向趋近，甚至达到一致。工人阶级获取国际政权，消灭阶级压迫和剥削，实现阶级的消亡，终止民族间压迫的现象。此时各国各民族中向共同文化目标趋近的力量将愈大，相同类型的国家为共同目标而形成国际联盟，单个民族的影响渐小。因此，在库诺夫看来，马克思和恩格斯关于小民族将不断联合成为大民族集合体、最后将形成"世界国家"的看法既符合社会历史发展进程，也顺乎发展趋势。

库诺夫将赞成"民族自决权"的观点称为是与马克思社会学南

辕北辙的反马克思发展观的权利原则,实际上,是他自己曲解了马克思的民族观。究其原因,是他对唯物史观的实证社会学解读和对历史因果论的强调,因而忽视了应洞悉经验性的历史描述和解释。

四、社会经济生活的发展趋势是"有组织的资本主义"?

库诺夫认为,对于国家的发展而言,马克思恩格斯所处的时代,国家只是所谓的自由商品生产者的社会,大资产阶级在国家生活中试图依靠其经济势力压榨并打击工人阶级。国家发展进入的新的、更高的阶段,马克思恩格斯不曾经历,也不曾了解,因此他们还不能看到作为国家发展趋势的有组织资本主义。

十八世纪四十年代,马克思在研究国家学说时,观点与黑格尔相反,即马克思认为社会的发展必将导致国家消亡。国家是社会发展的产物,因此国家和消灭在其中的社会基础瓦解之后,对资本主义社会而言,其瓦解伴随"联合体"或经济合作社的形成与壮大,同时消除阶级分化。由此国家暴力经过政治革命而被废除,国家转变为巨大的管理合作社。

库诺夫赞同奥地利马克思主义学派希法亭关于金融资本主义的观点,即认为有组织的资本主义是资本主义社会发展的最高阶段。他通过对当时资本主义社会涌现的各种垄断组织形式的考察分析,提出有组织的资本主义是社会经济生活的必然发展趋势。生产的社会化程度日益加强,规模日益扩大,直至整体社会经济和全部国民经济都遍布生产的社会化组织,跨国跨地区的企业形式和垄断组织形式,体现了资本输出和经济扩张的激烈程度,垄断组织形式已经超出了民族和国家的范围,生产、销售的国际化趋势不可遏制。各种企业联合与卡特尔、辛迪加、托拉斯、康采恩等垄断性组织以及信用、金融、股份制公司的快速发展，也表明了资本主义经济在组织和管理上的社会化程度。推崇黑格尔的库诺夫，不禁感慨，整个社会经济生活已经从自发走向自觉，这是组织形式上的飞跃，也是从资本主义走向社会主义创造出的"最后的前提"。

库诺夫这种"有组织的资本主义"理论观点，体现了他浓厚的实证主义、科学主义和理性主义的哲学方法论基础，也凸显了实证主义方法论范式对他的影响，

首先，他在哲学认识论上具有明显的实证主义倾向。库诺夫虽然注重对社会经济因素的研究，但主要集中在人类学和经济史的领域，他没有掌握马克思的科学抽象法和理性演绎法，对马克思在政治经济学等方面的研究成果没有深入了解，而是接受了看上去很像马克思理论的希法亭的经济学理论观点。而希法亭没有把握马克思《资本论》的精髓，没有清晰区分马克思的经济学理论与古典经济学的差异，没有从根本上辨析唯物史观和实证主义经验论。最终，库诺夫和希法亭一同将马克思的历史与逻辑的统一方法，化身成为"理论假设—经验求证"式的实证主义方法。

其次，他在社会历史观上具有理性主义倾向。库诺夫虽然部分地摆脱了哲学认识论，但终究没有真正把握马克思的"必然王国"和"自由王国"，因而，他将人类社会分成了两种："自发调节的社会"和"自觉组织的社会"。他没有超越黑格尔的理性主义，还停留在"自由是对必然的认识"阶段，将"自发调节的社会"和"自觉组织的社会"仅仅看成表现形式上的差异，而不是历史实质上的根本区别。他将人类社会看作一个否定之否定的发展进程，从原始共产主义和自给自足的家长制家庭这种局部性的自觉控制社会，到商品经济特别是资本主义的全面性的自发调节社会，再发展到社

会主义的全面性的自觉控制社会[1]。

最后,库诺夫陷入了唯物史观上的科学主义和折中主义。受逻辑实证主义和新康德主义的影响,他割裂了马克思主义的科学性与价值性、理论与实践之间的内在统一,将唯物史观的性质和研究方法与目的、规范和纯粹实证科学等量齐观,同时又从科学的唯物史观中祛除价值、理想和信仰。

1　参见姚顺良:《马克思主义哲学史:从创立到第二国际》,北京师范大学出版社 2010 年版,第十章。

第四章 库诺夫对唯物史观历史进程理论的独特阐发

库诺夫从社会动力学维度,对人类社会的历史进程理论进行体系化的阐释,系统研究社会的发展、进化和变迁的动力与进步机制。从社会发展的起点——社会群体开始,考察原始共同体到市民社会的历史进程,以现代社会学视角展开了历史因果论的理论架构,对唯物史观的经济基础以及历史与发展的逻辑进行论述、辨析和批判性的阐发。值得一提的是,他以实证科学的理论视角研究伦理学,在他看来,伦理学层面的意识形态仍然不过是经济因素的反映而已。

第一节
人类社会发展的历史动力

一、经济方式是社会发展的根本动力

深刻领会"经济活动是社会制度的基础"的详尽意义,是理解

马克思社会观和历史观的前提条件。在库诺夫看来,"经济是社会的真正的生活职能"。[1] 虽然经济活动不能囊括社会生活的全部内容,但是它构成了"社会共同生活的主要内容和基础"。因为,社会存在的首要前提条件,即完成其自身的物质职能并保证社会的生存与延续发展。

社会经济生活中,生产过程有三个"建设性的因素":生产力、自然和技术。生产力和自然力以技术性劳动手段为途径进行协作,从而形成综合性的劳动生产过程。因此,马克思说:"劳动过程的简单要素是:有目的的活动或劳动本身,劳动对象和劳动资料。"[2]

劳动过程中的三个"建设性的因素"不是三个独立的因素,而是在生产过程中相互协作、共同作用的三个因素,三者之间既相互区别,又相互制约、相互影响。无论是体力还是脑力上的劳动力发展,都受制于劳动对象(即自然对象)和劳动手段(即技术手段)两个方面。与此同时,劳动力也会受到后两者的反作用,在它们的促进下得到进一步的发展。库诺夫最终选择从生产力、生产关系和生产条件三个层面对经济方式进行论述。

第一,生产力概念。

库诺夫认为,生产力就是在这一过程中得以使用的自然力、劳动力和机器力量。然而,马克思的生产力与生产条件往往会被误解。例如,马萨利克将马克思的三个术语等同,即认为生产力、生产条件、生产关系三者是同一概念。生产力时常被当作一种"技术力量",即生产过程中使用的工具、机械的总和。这与马克思的界

---

1 [德]亨利希·库诺:《马克思的历史、社会和国家学说》,袁志英译,上海译文出版社2006年版,第484—485页。
2 《马克思恩格斯全集》第23卷,人民出版社1986年版,第202页。

定完全不同。生产力包括物力和人力，前者主要涵盖了土地的生殖力、热力、水力、风力、蒸汽和电力，以及所有付诸劳动生产过程、用于产生动力或者"产品的化学变化"的"所有机械"等。单纯的自然力并不属于生产力范畴，只有在生产过程中的自然力才是生产力。所以马克思说，劳动和自然是"一切财富的源泉"，但这只有"在劳动具备相应的对象和资料的前提下才是正确的"[1]。

与前者相比，人力或者说人的劳动力，是生产力中最为重要的元素，它包含着体力和精神劳动力。社会经济生活越是向前发展，人的劳动力就越加成为由社会决定的力量。劳动者作用于他身外的自然并改变自然时，也同时改变他自身的自然。

在社会生产的发展过程中，分工的发展和分工之间的协作促进了生产力的发展，生产力也随之成为社会历史发展的产物。生产技术的发展进步对生产力的促进作用日益增强，但生产技术从本质上而言，是人的劳动力的外延产品，必须经由人的劳动力才能使之得以发挥作用，因此，生产技术的力量可以称之为"人的劳动力的单纯的提高或乘方"，或者"附加的"生产力。[2]

生产条件则是社会劳动过程和持续不断革新得以单独进行的全部先决条件。第一，包括自然条件，即生活资料的自然财富（如富饶的土地、富含鱼群的水域等）和劳动手段的自然财富（如可以产生水力的瀑布、可供交通运输的河流、木材、各类矿产等）。第二，包括一定的社会条件，例如，能够进入生产过程的劳动力人群（或者可以说是接受了一定培训的工人队伍）、维持劳动力人群需要的生活条件、获取必要原料的前提、销售市场、交通运输的条件

1　《马克思恩格斯选集》第 3 卷，人民出版社 1995 年版，第 298 页。
2　［德］亨利希·库诺：《马克思的历史、社会和国家学说》，袁志英译，上海译文出版社 2006 年版，第 502 页。

等。综上所述,生产条件是使一定的社会劳动过程得以继续所需要的自然的、技术的和社会的先决条件。

在人类社会历史的长河中,任何社会生产都以一定的生产关系为前提,这种生产关系产生于相应的社会经济形式之中,与当时的生产力密切相关,由身处其中的人们创造,但并不为人们的意志所转移。当社会生产力发展到一定阶段时,生产条件随之改变,相应地,生产关系也将随之改变。

第二,生产关系概念。

生产关系的总和构成社会的经济结构。马克思对生产关系的界定往往遭到资产阶级批评家的误解。他们将生产关系理解为"技术关系",或者"企业制度",或者"技术企业关系的总和",甚至"各工业部门的相互关系""取得原料和商品销售的方式""农业土质状况""耕作面积的分布"等。这也往往使人们误以为生产关系、生产方式与生产技术是同类概念。

而在马克思看来,生产关系同时也即"财产关系和市民的生产关系",同时也是一种法的关系、一种雇佣的关系、一种统治和奴役的关系,它"产生于以个人的社会生活条件为基础的对抗中"。[1]一言以蔽之,生产关系不是企业技术关系,而是一种经济关系,是社会成员在社会生产过程中产生的"具有独特的、历史的和暂时的性质"[2]的相互间关系,包括社会集团和社会个体的相互关系,它不以人们的意志为转移,具有客观必然性。

生产关系的历史性在于,它将随着物质生产资料和生产力的发展而变化,生产关系的总和构成社会关系,也可称之为社会的

---

1 [德]亨利希·库诺:《马克思的历史、社会和国家学说》,袁志英译,上海译文出版社2006年版,第495页。

2 《马克思恩格斯全集》第25卷,人民出版社1986年版,第993页。

"经济结构"，生产关系的性质也决定了处于一定发展阶段的社会的独特性质。而且生产关系总是与物结合，并以物的形式呈现，例如资本即体现资产阶级社会的生产关系，而这些体现为人与人之间的关系，但归根结底是阶级与阶级之间的关系。

还有一部分社会主义理论家也会对马克思的生产关系概念存在误解，例如麦克斯·阿德勒。他将人们生活区域中的土壤和自然状况也当作生产关系。根据马克思对生产关系的定义，这两个因素应当属于自然关系，它既不是财产关系也不是法律关系，虽然它对生产关系的形成可能产生某种影响，但是从性质上来说它并非生产关系的范畴。在此，还有必要说明的是，生产关系的法律和所有制性质。从法律意义上看，生产关系同时也就是一种财产关系。

此外，需要注意的是：产品分配不是生产本身，但是它从属于生产的职能。生产的方式和性质决定了产品分配的方式和性质。库诺夫认为，一批"反马克思主义者"提出的所谓恩格斯在马克思谈到的生产关系中补充了交换关系（即分配关系），即恩格斯是在对马克思进行"改正"。其实，在马克思看来，物质生产包括了产品运输，是个体和生产性的消费，因此，交换关系也属于生产关系。

考察社会生产的历史，可以发现，在原始社会的经济生活中，分配尚处于相对次要的地位，生产主要是为了满足自身或自己家庭需要。但是在现代社会经济生活中，随着维持分配需要的"贸易和交通技术的发展"，产品分配具有"不可忽视的重要意义"。从根本意义上说，分配关系取决于生产方式，是基于物质资料生产的相互经济关系中的一个部分。

第三，生产条件的辨析。

地理学家、人种学家和人类学家往往会认为，"自然或地理因素是社会生活决定性的因素"，经济学家则更多关注现代生产中工业机器的巨大作用，忽视社会生产的历史，于是可能将生产技术看作社会生活的决定性因素。这两种观点都需要加以仔细辨析。

其一，地理不是社会生活的决定性因素。

自古以来，许多学者将生产过程中的单个因素当作决定社会历史的力量。古希腊的希波格拉底和斯特拉博将自然状况中的气候地理因素和土质看作决定社会生活性质的因素。他们认为气候和地理状况决定了社会个体的体质、性格、品质等，由此也决定了组成社会整体的特征，即决定了社会生活的性质。气候、土质方面的因素还影响着人们的劳动方式，肥沃的土地使得当地居民以务农为主，而在交通便利的地方人们往往从事贸易和商业。让·博丹还提出，虽然在大多数情况下得天独厚的自然条件往往促成社会文化的高度发展，但是在某些地方，优越的自然条件反而阻碍了社会文化的发展，例如美洲的部分地域。

赫尔德也特别强调自然状况的决定性影响。他提出，自然环境不仅通过土质影响经济生活、劳动方式、劳动效能，而且影响人的精神世界，甚至间接决定了人们的思维方式。弗里德里希·拉采尔在赫尔德的观点基础上，进一步深入研究了民族居住区域的具体自然条件（包括开放性、宜居性、土质状况、人口密度、生产方式和交通状况等）对社会政治组织的影响程度。

根据马克思的观点，诸如以上列举观点的片面性，在于它们将生产过程中的三个关系紧密的因素相互割裂开来。在现实的社会生产过程中，自然状况并不能单独发挥作用，只有通过人的劳动力和技术才能够转化为经济力量，对社会生活产生实际的作用。"人在和自然共同作用的情况下创造历史"，关键因素还是"取决于人

　　　　　　　　唯物史观的实证社会学诠释

的劳动活动和劳动手段"。当然,在社会历史的发展进程中,人的劳动力作用并非以同样的方式、以同样的程度对自然状况、对地理条件产生作用。在人类社会发展的早期阶段,人们对自然状况的依赖度较大,随着社会生产的发展,人们通过技术(例如交通运输等)逐渐能够摆脱自然环境的束缚。但是,"人部分地摆脱自然环境是以加倍地受到社会环境的束缚为代价的"[1]。

马克思和恩格斯多次提出,生产方式越来越不受地理区域等自然条件的制约,"资本主义的工业已经相对地摆脱了它本身所需原料的产地的地方局限性","摆脱了资本主义生产的局限性的社会可以在这方面大大地向前迈进。这个社会造就全面发展的一代生产者,他们懂得整个工业生产的科学基础,而且其中每一个人对整整一系列生产部门从头到尾都有实际体验,所以这样的社会将创造新的生产力,这种生产力会绰绰有余地抵偿从比较远的地方运输原料或燃料所花费的劳动"。[2]

其二,生产技术不是社会生活的决定性因素。

马克思曾经在《资本论》中提到,技术"是人类劳动力发展的测量器",也是"社会关系的指示器"。但是如果据此就认为马克思所说的生产方式仅仅指技术是不对的。库诺夫打了一个生动的比方,如果把技术理解为生产过程,就如同把温度计中的水银说成是度量温度的仪器,显然这是荒谬的。技术本身无法生产社会生活所需的劳动资料,只有在人的劳动力和自然对象的共同作用下才能够进入社会生产过程。

技术是人类劳动力发展和社会生产进步的衡量尺度,也是社

1　[德]亨利希·库诺:《马克思的历史、社会和国家学说》,袁志英译,上海译文出版社2006年版,第509—511页。
2　《马克思恩格斯选集》第3卷,人民出版社1995年版,第647页。

会关系的一种标志。它反映了人类在多大程度上根据自身需要改变自然、利用自然，为自身服务的一个衡量标准。马克思本人也多次强调，技术不能和生产方式混淆。

生产技术的发明创造以及改进和发展，产生于现实的社会生产过程之中，由所在劳动生产部门的实际劳动者（例如工人、工程师和管理者等）参与、实施和完成。在人类社会发展的起始阶段，生产技术"在最大程度上受到自然条件的制约"[1]。自然条件不仅为生产技术提供所需要的原材料，而且为生产技术提供一定的应用条件。随着社会生产发展到一定阶段，生产条件的应用和发展更多地取决于一定的社会条件，包括符合一定生产技术使用要求的劳动力队伍和生产成本等因素。在现代工业社会中，任何一种生产技术的创新改进都难以立刻应用于产业部门，因为，虽然它也许能够减少一定的工人数量，但是它需要更高要求的工人队伍，而且需要增加一定规模的硬件设备投资。对于工业家而言，如果技术的改进无益于降低生产成本，那么他们就不会采用，直到技术的改进能够降低生产成本，带来更多的剩余价值的时候，他们才会采用新技术。

在马克思唯物史观的生产概念中有三个建设性的因素：劳动力、自然和技术，三者缺一不可，社会物质资料永久性的再生产是和这三个因素密切相关的。

生产方式的发展和变化是技术进步的结果，但这并不意味着，只有技术进步才能改变生产方式。农业、畜牧业、商业贸易、手工业和机器大工业等，它们不是孤立存在的，而是能够突破地域和国

1　［德］亨利希·库诺：《马克思的历史、社会和国家学说》，袁志英译，上海译文出版社2006年版，第514页。

　唯物史观的实证社会学诠释

界的限制,相互间存在着密切的关联,相互影响。在社会整体生产中,任何一个生产部门中的发展和变化,都会在它与其他部门的紧密关联中,引起几乎所有其他生产部门的发展变化。此外,技术对生产方式的影响程度,不仅有赖于技术本身的性质,还取决于这项技术应用范围的广泛程度。社会历史中一定时代的技术条件不仅包括生产工具和机器,而且还包括"现代数学""化学研究的现代方法"等,这些也都是技术条件中不可分割的部分。

因此,马克思认为蒲鲁东仅仅看到了生产关系中的个别范畴,"每一个社会中的生产关系都形成一个统一的整体"[1]。如果只是考察单个的经济范畴,忽视它与其他范畴之间的相互关联,那则必然是"以偏概全"。库诺夫指出,某些马克思学说的批评者"缺少对马克思的观点进行实事求是地批评的科学预见"。[2]

在《法哲学》中,黑格尔提出"需要和手段(使满足需要的手段——库诺夫注),作为实在的定在,就变成为他人的存在,而他人的需要和劳动就是大家彼此满足的条件"。社会生活的基础是,通过将单个的人联合在一起并使之相互发生关系的经济过程,满足人民的物质需要。在共同维持这一经济过程中形成的相互协作与配合的经济关系,即构成了根本的社会关系,而社会正是所有这些个体的集合,并始终直接或间接地处于相互的经济关系网的节点上。

库诺夫认为,马克思接受了黑格尔的社会观,并特别强调:服务于满足需要的协作是构成社会生活的基础。虽然马克思没有对自己的社会观、国家观做出确切的、专门的系统论述,但是库诺夫

---

1 《马克思恩格斯选集》第 1 卷,人民出版社 1995 年版,第 142 页。

2 〔德〕亨利希·库诺:《马克思的历史、社会和国家学说》,袁志英译,上海译文出版社 2006 年版,第 520—521 页。

从《资本论》第一卷《关于生产过程和流通过程》的《劳动分工和制造》中引申出马克思的社会观和国家观。马克思在《雇佣劳动和资本》中指出，"人们在生产中不仅仅影响自然界，而且也互相影响。他们只有以一定的方式共同活动和互相交换其活动，才能进行生产。为了进行生产，人们相互之间便发生一定的联系和关系；只有在这些社会联系和社会关系的范围内，才会有他们对自然界的影响，才会有生产。"[1]

马克思非常明确地认识到孤立的人是幻象，因此即便在原始社会，原始人还完全依赖自然环境的阶段，原始人为了满足生存需要以获取食物的劳动过程，也已经是一种"社会的"过程。在这一社会化过程中，个体之间形成各式各样的相互依赖性，并由集体的配合和集体的经验所制约。随着经济发展的延伸，"社会化"的人们之间的相互关联也随着加深。库诺夫的理解是："因为人越是通过社会合作从以前的对自然依附状态中解放出来，那他越是陷入他那变换的社会生活条件的影响中，陷入他的社会环境的影响中。"而且随着制造和交换的范围不断扩大，个体之间、群体之间的相互关系也越来越多样化。库诺夫指出，马克思在定义社会（更确切地说，社会学意义上的社会）时，采纳了黑格尔的观点："处于由某一经济方式产生的互相作用和相互影响下的圈子，其成员通过某些由经济所决定的生活关系而彼此发生关系。"对于个体联合或集合，马克思并不一概而论地称之为社会，只有为满足一般的经济需要并在一定经济条件下的共同生活和协作，才能被看作社会生活。[2]

---

1 《马克思恩格斯选集》第 1 卷，人民出版社 1995 年版，第 344 页。
2 ［德］亨利希·库诺：《马克思的历史、社会和国家学说》，袁志英译，上海译文出版社 2006 年版，第 242—244 页。

204   唯物史观的实证社会学诠释

马克思进而提出"著名的唯物史观的定义","一个社会的精神生活状况对'经济结构',亦即'生产关系'总和的依赖性"。马克思在此所说的生产关系总和是指所有由一定的生产阶段产生的经济关系,包括交换、运输等方面的关系。

我的研究得出这样一个结果:法的关系正像国家的形式一样,既不能从它们本身来理解,也不能从所谓人类精神的一般发展来理解,相反,它们根源于物质的生活关系,这种物质的生活关系的总和,黑格尔按照 18 世纪的英国人和法国人的先例,概括为"市民社会",而对市民社会的解剖应该到政治经济学中去寻求。……我所得到的,并且一经得到就用于指导我的研究工作的总的结果,可以简要地表述如下:人们在自己生活的社会生产中发生一定的、必然的、不以他们的意志为转移的关系,即同他们的物质生产力的一定发展阶段相适合的生产关系。这些生产关系的总和构成社会的经济结构,即有法律的和政治的上层建筑竖立其上并有一定的社会意识形式与之相适应的现实基础。物质生活的生产方式制约着整个社会生活、政治生活和精神生活的过程。不是人们的意识决定人们的存在,相反,是人们的社会存在决定人们的意识。[1]

库诺夫理解为,"社会的阶段就是按照经济方式来确定的",因为"社会生活的基础是经济方式,并决定社会生活的性质",可称之为"社会形式更为确切的标志"。整个经济过程即为了"保持和更新社会",甚至将生产过程等同"社会生活过程",《资本论》第一卷中写道,"只有当社会生活过程中即物质生产过程的形态,作为自

---

1 《马克思恩格斯选集》第 2 卷,人民出版社 1995 年版,第 81 页。

由结合的人的产物,处于人的有意识有计划的控制之下的时候,它才会把自己的神秘的纱幕揭掉"。[1] 而物质生产过程绝不仅仅是单一的生产活动,它还包括"物质活动所有部门及永不停息的重复的整个劳动过程"[2],既为社会提供生活资料,也为保持和更新经济活动创造条件。为此马克思写道,"如果说资本主义生产方式以生产条件的这种一定的社会形式为前提,那么,它会不断地把这种形式再生产出来。它不仅生产出物质的产品,而且不断地再生产出产品在其中生产出来的那种生产关系,因而也不断再生产出相应的分配关系"。[3]

库诺夫认为,黑格尔对市民社会学中社会和国家的区分是马克思整个社会学说的支柱,并构成马克思社会学概念的基本组成部分,而且是理解唯物史观内部结构的理论前提。但在马克思、恩格斯去世后,"德国甚嚣尘上的庸俗马克思主义"者很少注意到这个关键环节。他们对社会、共同体、国家,相对立的国家制度与社会制度,以及社会和国家政治法律概念等方面大都停留在十七、十八世纪那种过时观点的层面,把社会、国家等量齐观。

1896 年,施塔姆勒教授出版专著《唯物史观的经济和法》。在庸俗马克思主义学术界,尤其是以康德主义为方向的庸俗马克思主义学界,他的社会和社会经济概念被看成一种新启示,而且是对马克思学说有价值的补充。但在库诺夫看来,施塔姆勒的理论是从黑格尔倒退至康德、卢梭,甚至洛克,他的观点与马克思学说,压根就是"风马牛不相及"。在《新时代》(1897—1898 年,第 2 期)

1　《马克思恩格斯全集》第 23 卷,人民出版社 1986 年版,第 47 页。

2　［德］亨利希·库诺:《马克思的历史、社会和国家学说》,袁志英译,上海译文出版社 2006 年版,第 245 页。

3　《马克思恩格斯全集》第 25 卷,人民出版社 1986 年版,第 994 页。

中,库诺夫撰文两篇,指出施塔姆勒著作中的最大缺点:他将理论局限于司法的视阈,不仅没有辨析共同体和社会两个概念,而且还指认两者为"同义语"。在施塔姆勒的字典中,社会的定义至多只适合某些共同体,例如家庭、氏族、部落和国家共同体,这与马克思的社会概念"毫无关系"。库诺夫进而指出,按施塔姆勒定义的逻辑结论,即使是最亲密的共同体关系也被当作社会关系,例如,父母与孩子的血亲关系。而在群体、部落等内部进行的斗争才能称作"社会斗争",其他如群体、部落之间的斗争则不属于"社会斗争"。理由是:两个共同体之间"没有法律调节和合作关系"[1]。这是荒唐可笑的。

施塔姆勒在概念结构方面对黑格尔、马克思的偏离,并未能引起马克思主义及庸俗马克思主义学者的关注,更不用说批评指责了,即使是麦克斯·阿德勒对施塔姆勒的批判矛头还只是停留在批判其协作的"外部调节"已是以社会为前提的,即不同共同体之间的关系也以社会联系为条件。对施塔姆勒提出最尖锐意见的反倒是来自韦伯等一些社会政治学者。库诺夫认为,施塔姆勒的最大理论漏洞是"以人完全孤立这一虚构为出发点",完全像其先驱约翰·洛克一样,"以形形色色的市民社会的目的概念赋予处在孤立状态的、组成他自己社会的孤立的人"。虽然施塔姆勒自己也不得不承认,"分散的人作为完全孤立生活的生物是很难想象的",但他像洛克、康德一样,通过公民的自愿组合,或称之为"理性的依据",用这种"个体的虚构"建构他的社会概念,即个体联合。

施塔姆勒始终认为,社会是经过调整的单纯的个体联盟,社会

1 [德]亨利希·库诺:《马克思的历史、社会和国家学说》,袁志英译,上海译文出版社2006年版,第256页。

关系仅存在于个体和社会之间。家庭、公社、国家无非是小社会，即大社会的内在组成部分。即使是国家也不过是一种纯粹的"社会生活可行的组成部分"，而国家调节则是社会调节的纯粹的组成部分。显然他并没有意识到，"共同体是出于个体和社会之间的中间体"。库诺夫在总结评价施塔姆勒理论时指出，他虽然理论观点"陷在卢梭和康德的旧社会观里不能自拔"，但"他的社会概念还是大大的高于流行于全国的庸俗马克思主义的社会概念"[1]，因为他们大多止步于卢梭的观点，没有接受马克思"敏锐的概念区分"的思想精髓。

库诺夫认为卡尔·考茨基即使在 1906 年出版的《伦理学和唯物史观》中还未明确区分社会和国家制度，将任何联盟、资本主义社会、群体（人或者动物的群体）、民族公社等都视为国家。在《新时代》的文章《现代民族》中，考茨基提出"只要血亲关系是联结人类社会的纽带，民族在今天这一词的意义上来说就不明确"。库诺夫认为梅林通晓黑格尔哲学，对于国家和社会关系的论述要比考茨基"高明得多"，与其相比，考茨基对黑格尔哲学简直是"一窍不通"。例如，在《爱尔福特纲领》中，考茨基把原始共产主义共同体称为社会。在《伦理学和唯物史观》中，他提出"构成社会的个体常常以这样的职责赋予各个成员；通过这种职责使社会力量受到统一意志的支配，并引起社会的统一行动"。考茨基将社会等同于共同体，社会等同于国家，即社会＝共同体＝国家。因此，库诺夫认为考茨基落后马克思、黑格尔一大截，甚至不如十八世纪英国社会哲学家。

1　［德］亨利希·库诺：《马克思的历史、社会和国家学说》，袁志英译，上海译文出版社 2006 年版，第 257—259 页。

唯物史观的实证社会学诠释

库诺夫提出,不仅在物质意义上,经济过程是一切社会生活的基础,在精神生活的层面亦然。库诺夫引用了马克思在《政治经济学批判》序言中的一段话:"我所得到的,并且一经得到就用于指导我的研究工作的总的结果,可以简要地表述如下:人们在自己生活的社会生产中发生一定的、必然的、不以他们的意志为转移的关系,即同他们的物质生产力的一定发展阶段相适合的生产关系。这些生产关系的总和构成社会的经济结构,即有法律的和政治的上层建筑竖立其上并有一定的社会意识形式与之相适应的现实基础。物质生活的生产方式制约着整个社会生活、政治生活和精神生活的过程。不是人们的意识决定人们的存在,相反,是人们的社会存在决定人们的意识。"[1]

对此曾有学者做出过"极其离奇的解释",例如马萨利克教授、鲍尔·巴尔特教授。马萨利克教授认为马克思的这段文字既不精确也不清晰,还提出生产关系、生产方式和生产条件是"三个意思相同的词"。鲍尔·巴尔特教授则认为,马克思"用图景来代替概念的作法"恰恰说明他的"思想所达到的成熟程度很低",然而经过他的一番曲解之后,"社会经济结构"竟然与技术"相提并论"。[2]

事实上,马克思用"物质生活的生产"命名了"社会劳动活动的总体"。他所说的"生产关系"是:社会成员在整个劳动生产过程中,结成的一定的、相互间的经济关系。这种"相互关系的总和"构成了"社会的经济结构",也就是政治、法律意义层面的上层建筑,它是社会法律和国家管理的基础。

在马克思看来,所谓的"生产",除非标明是个人的生产,否则

1　《马克思恩格斯选集》第2卷,人民出版社1995年版,第32页。

2　[德]亨利希·库诺:《马克思的历史、社会和国家学说》,袁志英译,上海译文出版社2006年版,第486页。

都是以社会生产的意义呈现的,而且是作为"一种社会职能",与"社会前提及条件"相联系的,并且始终是指在一定社会发展阶段中的生产,通过社会性的协作方式达到满足社会需要的目的。整个生产机制、产品分配、分工等等都是社会性质的,其基础是社会中个体劳动力相互间错综复杂的关系。社会生产包括整个社会生产性需要的满足,它对于社会物质层面,以及文化层面的维持和发展,都是必需的。换而言之,社会生产不仅要保证当前的社会生活的延续,而且关系到其长久的持续和发展,即包括社会再生产。因此,库诺夫得出以下结论,"按照马克思的定义,教育场所,化学实验场所,博物馆的持续不断的再创造,连同为这些场所需要的设施,师资和劳动力,教学手段等都属于生产的范围",社会生产甚至包括"制造和维护铁道、轮船、公路、桥梁、仓库、商店等"。[1] 可见,马克思对社会生产的定义是一个从社会层面上进行宏观考量的概念。

劳动过程中需要的所有物质条件都属于劳动资料。有的物质条件虽然不直接进入劳动过程,但是如果没有它们,就不能进行劳动过程,例如土地、厂房、运河、道路等。

至于分配,马克思曾经写下了一段话:"照最浅薄的理解,分配表现为产品的分配,因此它离开生产很远,似乎对生产是独立的。但是,在分配是产品的分配之前,它是(1)生产工具的分配,(2)社会成员在各类生产之间的分配(个人从属于一定的生产关系)——这是同一关系的进一步规定。这种分配包含在生产过程本身中并且决定生产的结构,产品的分配显然只是这种分配的结

1　[德]亨利希·库诺:《马克思的历史、社会和国家学说》,袁志英译,上海译文出版社2006年版,第490—491页。

果。如果在考察生产时把包含在其中的这种分配撇开,生产显然是一个空洞的抽象;相反,有了这种本来构成生产的一个要素的分配,产品的分配自然也就确定了。"因此,在马克思看来,生产、分配、交换和消费不是同一的东西,但是它们是生产这个统一总体中的各个环节,是生产内部的不同要素和不同方面。

值得一提的是,恩格斯认为现代的唯物史观理论并不适用于原始社会,对此库诺夫并不认同。因为,即使在原始社会阶段,经济仍然是社会的永恒基础性因素。

二、上层建筑与意识形态是社会发展的中介形式

库诺夫从四个维度论述了上层建筑与意识形态是社会发展的中介形式。

第一,意识形态是物质生活的纯粹形式和中介方式。

意识形态是经济生活在思维领域中的映射。库诺夫坦言,探索各种意识形态之间的关系并追根究底地考察它们的经济基础,远远比"单纯地"将复杂的社会发展进程归结为抽象的原则、观点和概念要艰涩得多。仅仅从经济关系中就得出一些历史观点,而没有充分关注社会整体上的意识形态和传统观念的影响,这是许多自称是唯物论者们常常犯的错误,即使是恩格斯本人也犯过类似的理论错误。

恩格斯自称,他和马克思常常把理论阐释的重点放在"从基本经济事实中引出政治的、法的和其他意识形态的观念,以及以这些观念为中介的行动"[1],虽然这样在当时的状况下具有一定积极意

---

1 《马克思恩格斯选集》第 4 卷,人民出版社 1995 年版,第 726 页。

义，但是那些意识形态以何种方式产生并发展，没有给予充分的论述，这就在无形之中给那些以唯物史观为敌的人提供了"曲解和歪曲"的所谓"理由"，例如保尔·巴尔特就是典型例子。

"意识形态是由所谓的思想家有意识地、但是以虚假的意识完成的过程。"[1] 而这些思想家背后真正的动力并不是他们自己能够意识到的，只是从表面上看，都是思维的过程，仿佛这一切都是在纯粹的思维中进行的一样，起点和基础是自己的思维或先辈的思维，过程是他脑海中思维材料的组织整理和推理等环节，然后就得出了思维的结果。于是乎即使"最顽强的事实"都能够顺利地被这些所谓的思想家消化于思维之中。但是事实上，这些都是改变了的社会经济现实在思维领域中的反映和体现。

批评者认为，否认了在历史上起作用的各种思想理论有独立的历史发展，也就否认了它们对历史有任何影响。这就等于将原因和结果机械地、非辩证地看作对立的两极，完全无视两者之间错综复杂的相互联系和作用。实际上，当社会生活被根源性经济条件改变后，它也能够对产生它的原因发生反作用。社会政治、法律、哲学、宗教、文学和艺术等意识形态的发展都以社会经济为最终的基础，而它们之间相互影响发生作用并对经济基础发挥反作用，有时甚至表现为积极的作用，但这是在归根到底不断为自己开辟道路的经济必然性的基础上的互相作用。社会经济虽然是归根究底的基础，但是它并不是自动发生作用的，也不是直接产生影响，而是人们在既有的现实基础之上、受到一定的制约进行的历史创造，在这一过程中社会经济现实通过在人们的观念和思维，以及传统的意识形态及其相互间的作用而对人们的历史创造产生最终

1　《马克思恩格斯选集》第 4 卷，人民出版社 1995 年版，第 726 页。

　唯物史观的实证社会学诠释

的决定性影响。换而言之,社会经济的必然性"通过无穷无尽的偶然事件向前发展"[1]。社会经济对于社会生活的决定性意义不是否认其他因素对社会历史的影响,就在于它"构成一条贯穿始终的、唯一有助于理解的红线"。[2]

部分马克思的批评者认为,唯物史观就是指任何一种历史过程都能够直接在社会经济结构中找出它的根源,而且经济"机械地"决定了所有的政治、道德与宗教等观点。对此,库诺夫进行了澄清,马克思对唯物史观的论述始终都贯穿着这一思想,即在人类社会历史中的任何阶段,社会都是"从经济生活条件和关系中形成意识形态的总和",在这个整体之中存在更小一级的共同体,共同体中的人们在其中依据特有的观念形态生活。在社会之中的各种形式的意识形态,包括法律观、道德观、国家观和宗教观,它们并非相互独立并自成体系,相反,它们之间或相互联系,或相互影响,或相互补充,但它们始终都"植根于一定的经济形式之中"。[3] 即使是宗教教义,也不是孤立地从人的头脑中或是直接从物质关系中产生的,从历史发展线索追根究底,可以追溯发现这样的过程:宗教教义→教会中较为普遍的道德观→特有的婚姻和家庭道德的形成结果→相应的经济生活关系。

有些宗教观念从现代科学的视角看是不符合科学的,例如人们死后灵魂进入彼岸时,还分为天堂和地狱,甚至还有各种不同等级的状况。其实这些观念的形成也和经济发展有着密不可分的联系。当原始部落中随着经济的前进发展,人们之间出现了贫富、权

1　《马克思恩格斯选集》第4卷,人民出版社1995年版,第696页。
2　同上,第732页。
3　[德]亨利希・库诺:《马克思的历史、社会和国家学说》,袁志英译,上海译文出版社2006年版,第594页。

贵和贫民之间的差别,在不同级别和不同层次的人们都开始有所分化,生前就有如此差别,死后也要有所区分,于是,彼岸也开始分为各种相应的等级。

布劳恩塔尔不理解经济关系向意识形态的转变,表现在他援引恩格斯的论述中,他认为,随着历史的发展,国家形成自身的意识形态,并对社会具有愈加强大的独立性。马克思恩格斯真的有这样的观点吗?其实没有。库诺夫对此的解释是:第一,在马克思看来,国家是由于阶级分化而逐步形成的统治机构,属于社会中的一种共同体。众所周知,共同体不是法律观,也不是道德观或是宗教观。第二,国家对于社会而言只是具有相对的独立性,只能在某种程度上摆脱社会生活的制约,但是归根结底,国家的存在和发展都可以从社会经济状况中找到根源。第三,特权阶层和既得利益集团的行动状况如果违背社会经济发展的趋势,那至多也只是在局部的、暂时的。例如,库诺夫评价俄国的布尔什维克苏维埃政权,认为他们采取了“最严厉的恐怖手段”,但即使如此,他们仍然“不能将共产主义至多强行引进”,结果必然是“要么是国家机关重新适应历史上已存在的社会经济生活状况”,“要么是国家垮台,走向毁灭”[1]。库诺夫继而援引恩格斯写给康拉德·施密特的书信指出,国家政权对社会经济发展的三种反作用:沿着同一方向,那么社会经济发展会比较快;沿着相反的方向,那么国家将经历一段崩溃时期;在阻碍社会经济向某个方向发展,以推动另一个方向的前进(这在本质上也可以归结为前两种反作用的混合型)。后两种情况下政权对社会经济呈现为巨大阻碍,将会造成相当程度的损

---

1 ［德］亨利希·库诺:《马克思的历史、社会和国家学说》,袁志英译,上海译文出版社2006年版,第609页。

唯物史观的实证社会学诠释

失和社会财富的浪费。同理,其他意识形态之所以呈现为不同种类,并非意识形态的自我运动,而是由生产关系这一根本基础所决定的,在不同的社会共同体中,特殊的地位和特殊的经济关系决定了各种各样的意识形态的形成和发展。

当恩格斯谈到距离物质经济基础更远更高的是以哲学和宗教形式呈现,并提出它们一经产生就和已有的思维材料结合并发展,布劳恩塔尔据此"颇为自负"地补充说,恩格斯非常强调思想的自我规律性。但是,如果阅读并理解恩格斯这段话的上下文,不难发现,恩格斯强调的是,哲学和宗教这些类型的意识形态与社会经济生活看似相距甚远,难以辨认其间的复杂关系。虽然,相对而言,这种关系不如法律与社会经济的关系那么一目了然,但哲学和宗教这样的意识形态与现实物质生活之间存在着众多的中间环节,这些中间环节是贯穿两极的系列因果关系。

在马克思主义社会学的视域中,社会经济生活与人类历史发展进程之间的关系并非"机械性"的关系,它们以人们的意识为中介。人类历史即"社会化的人的行动",而人的行动由"一定的概念和意志目标支配"。[1] 人们观察经济生活中的各种元素,不断将其纳入自身的认识领域,随着社会的发展,人们观察到的经验事实逐渐积累,由此形成相应的意识,即一定的概念和意志目标,它们构成了社会主体的思想力量,推动人们从事社会活动,决定了人类历史发展的进程。在《哲学的贫困》中,马克思提出,人们是根据自身的物质生产发展的需要形成相应的社会关系的,同时,又基于自己所处的社会关系而形成相应的意识,包括对事物的观点和思维方

---

1 [德]亨利希·库诺:《马克思的历史、社会和国家学说》,袁志英译,上海译文出版社 2006 年版,第 538 页。

式,正如马克思对唯物史观的定义中所说的那样,"随着经济基础的变更,全部庞大的上层建筑也或慢或快地发生变革。在考察这些变革时,必须时刻把下面两者区别开来:一种是生产的经济条件方面所发生的物质的、可以用自然科学的精确性指明的变革,一种是人们借以意识到这个冲突并力求把它克服的那些法律的、政治的、宗教的、艺术的或哲学的,简言之,意识形态的形式"。[1]

库诺夫将其理解为:"思想,原则,动机,一句话,意识形态的因素在马克思看来和所谓经济因素并无本质的区别,它们只不过是后者在观念上的概括;是后者的思想形式,是后者向观念的转换……"亦即"人是在意识形态的形式内意识到经济事实及其变化",不过值得肯定的是"只有在这种观念的形式内人才能把握住经济事实,才能将历史中经济冲突的斗争进行到底"。[2]

库诺夫指出,一部分社会主义者(其中也包括所谓的马克思主义者)以为,马克思的唯物史观承认观念因素和经济因素对历史起着同样的作用,而且经济因素对人的行为具有"更大的影响"。然而,库诺夫认为这不是对已有论调的纠正,而是在经济因素方面的理解上更加偏离了马克思的本意,因为"只有经济的事实在人的头脑中化为一定的思想观念和动机"之后,经济事实才能真正推动人们"下定决心"并"诉诸行动"。

当伯恩施坦在《社会主义的前提》中提出,马克思恩格斯从未忽视非经济因素影响历史进程。库诺夫对此表示反对,认为经济和意识形态之间不是单纯的矛盾关系,而是同一性的关系,即"一种意识形态因素同时也可以是经济因素",它是将"赤裸裸的经济

1　《马克思恩格斯选集》第 2 卷,人民出版社 1995 年版,第 33 页。
2　[德]亨利希·库诺:《马克思的历史、社会和国家学说》,袁志英译,上海译文出版社 2006 年版,第 540 页。

内容"抽象过后的经济因素。这也反映出库诺夫的经济决定论倾向。

库诺夫对于鲁道夫·施塔姆勒对唯物史观的理解表示了一定程度的赞同。施塔姆勒在其著作中提出,唯物史观不是说任何历史事件都是直接源于某一经济因素,也不是说人类社会中的宗教、道德、科学、艺术和主观意愿等都直接源于相应的经济事实。但是如果追根溯源,从社会生活中相互关联的因果链条中描述全貌,则都可以在其根源处发现社会经济即所有历史事件的源头,只是在根源与历史现象之间有着众多的物质、精神方面的、纵横交错的链条与关节,在一系列偶然性的背后是由经济因素作为"看不见的手"一般发挥着不可忽视而又并非显而易见的作用。不过,施塔姆勒错把社会生活理解为按照机械的法则来加以解释的统一体,观念仅仅是个别地集结进历史进程的因果系列。即使是各种形式的斗争,包括不同党派、不同阶级、不同等级、不同集团之间的斗争和战争等,也都是由一定的观念和思想推动的,因此,战略家卡尔·封·克劳塞维茨说,战争和不同形式的斗争不过是思想斗争在武力手段的领域内的延续。

库诺夫对唯物史观(当然,在他眼里即为经济史观)和唯心史观进行了比较。他提出,两者的根本区别在于是否将思想观念看作第一性,唯心史观将思想观念因素当作人脑中独立存在的理性形态,即"世界精神"在人脑中体现的形态,思想观念是人类历史的发展中具有第一性的终极根由。而马克思的历史观则将其放在第二性的地位,经济结构才是人类社会发展进程中真正基础,是历史事件的最终原因。马克思从不否认思想因素对历史事件的作用,或是作为原因,或是以动机的形式出现,或是以目的的形式呈现,或是推动人们行事的动力等,但是思想观念是人们在社会经济生活中的产物,如果追根究底就会发现,在一系列的因果环节的背后,是社会经济因素决定了人们的思想观念,意识仅仅是"经济方式作用的因果系列中的思想中间环节"[1]。库诺夫引用了恩格斯在《路德维希·费尔巴哈和德国古典哲学的终结》中的一段话作为佐证。"无论历史的结局如何,人们总是通过每一个人追求他自己的、自觉预期的目的来创造他们的历史,而这许多按不同方向活动的愿望及其对外部世界的各种各样作用的合力,就是历史。"纵使"在历史上活动的许多单个愿望在大多数场合下所得到的完全不是预期的结果",甚至"往往是恰恰相反的结果",但它们"对全部结果"而言,"同样地只有从属的意义"。关键问题在于"这些动机背后隐藏着的又是什么样的动力?""在行动者的头脑中以这些动机的形式出现的历史原因又是什么?"恩格斯提出,"旧唯物主义在历史领域内自己背叛了自己,因为它认为在历史领域中起作用的精神的动力是最终原因,而不去研究隐藏在这些动力后面的是什么,这些动力的动力是什么。不彻底的地方并不在于承认精神的动力,而在于不从这些动力进一步追溯到它的动因。"虽然以黑格尔为代表的历史哲学向前迈出了一大步,意识到"历史人物的表面动机和真实动机都绝不是历史事变的最终原因",在"这些动机后面还有应当加以探究的别的动力",但是他们没有从"历史本身中寻找这种动力",反将"哲学的意识形态"当作所谓的历史动力。而马克思的历史理论开创出了唯物史观的新面貌,将探究隐藏在历史背后的真正的最终动力引向了"广大群众""整个民族"和"整个阶级"。恩格斯指出,这也是"探索那些在整个历史中以及个别时期

1　[德]亨利希·库诺:《马克思的历史、社会和国家学说》,袁志英译,上海译文出版社2006年版,第542页。

　　　　　　　　唯物史观的实证社会学诠释

和个别国家的历史中起支配作用的规律的唯一途径"。

不过恩格斯在后面还写有一段话,库诺夫没有引用。恩格斯坦言,"在以前的各个时期,对历史的这些动因的探究几乎是不可能的",因为其动因与结果之间的联系"混乱而隐蔽",但是,"在现代历史中",这种因果联系"已经简化了",使得解开谜团成为可能,"一切政治斗争都是阶级斗争,而一切争取解放的阶级斗争,尽管它必然地具有政治的形式(因为一切阶级斗争都是政治斗争),归根到底都是围绕着经济解放进行的。因此,至少在这里,国家,政治制度是从属的东西,而市民社会,经济关系的领域是决定性的因素"。他进而提出,"国家的意志总的说来是由市民社会的不断变化的需要,是由某个阶级的优势地位,归根到底,是由生产力和交换关系的发展决定的"。[1]

在马克思历史观中,生产关系是社会化了的人与人之间的关系,而马克思的批评者往往仅仅将生产关系看作生产过程中各个环节中的机械关系。相应地,他们可能没有真正理解社会经济生活中人们之间的关系对意识形态的决定性意义及其作用机制,以为只有他们所谓的"生产关系"才能决定社会上层建筑,而人们的精神活动、传统观念则不能对社会上层建筑发挥作用。因此,他们批评马克思的唯物史观否定了传统与天才在社会历史演化进程中的作用。这种机械式的理解方式,导致了他们将"社会经济决定社会意识"也理解为一种纯粹的机械式作用。实际上,马克思从未有过这一论调,他确实提出这样的观点,即随着经济基础的变更全部庞大的上层建筑将或快或慢地发生变革。但是他从不认为社会经济生活的变化,会立刻并自动地使包括道德、文化、法律和宗教等

1　《马克思恩格斯选集》第 4 卷,人民出版社 1995 年版,第 248—251 页。

社会意识形态随之相应地改变,两者之间是存在着一定程度的非同步性的。否则也就不可能出现经济制度和社会意识之间的冲突和矛盾。

即使是在一个地域范围非常狭小的社会共同体中,经济水平也往往无法统一,任何一个国家或民族的经济方式总是呈现为丰富多元的状态。在已有的经济方式中不断发展产生出相对新的经济方式,新的经济方式中含有传统的文化、习俗、宗教等因素。其中被神圣化并能长期融入人们情感生活的观念和经过论证的观点,是传统中最为持久的影响因素。在新的意识形态进入社会上层建筑的过程中,往往都存在一个适应性的"检验过程"。例如,在一个社会中宗教成为定型化体系,它对任何其他可能引起改变或革新的因素,在一定限度以内都有一种"免疫力"或者"抵抗力"。当改变或革新的激烈程度超过那个限度,即新的意识形态能够冲破已存体系的抵制限度,此时,原有的宗教观念就必须通过或多或少的改变和重新诠释,以适应新的意识形态。

库诺夫认为,马克思唯物史观很重视传统,"历史是一种持续不断的观念斗争"[1],所谓的新出现的观念是已经发生变化了的生产关系在一部分被发生的变化触及的人们在意识形态上的反映,新的观念在克服或者说是否定它们的过程中实现自身,并在其自身的发展中再被更新的观念否定扬弃。

马克思的批评者认为,马克思唯物史观否定了天才人物对历史的影响作用。他们的逻辑是这样的:如果意识形态在任何时候都是有社会经济决定的,那么同在一个社会中,为何会出席"形形

1　［德］亨利希·库诺:《马克思的历史、社会和国家学说》,袁志英译,上海译文出版社2006年版,第564页。

　唯物史观的实证社会学诠释

色色"的不同观点,为何有的思想理论家的观点远高于普通民众的观点,并对他们产生影响,最终在所处时代打上自己的精神烙印。

针对这个问题,库诺夫认为:每一位社会成员的观察视角、经验范围都各不相同,他们与社会之间的联系方式因其等第、阶级和职业等因素而有所不同,即使在同一个社会集团内部,他们也会因自己所处的地位而持有不同甚至迥异的观点。所谓的天才是指那些杰出人才。杰出人物的产生,既有客观原因,也有主观原因。他们的思维能力较之常人而言特别强大,在理解、抽象和逻辑等方面都有过人之处,能够对问题做出深刻的思考,善于钻研。而这和他们的教育培养环境有着紧密联系。库诺夫援引阿·奥丁对 1300 年至 1830 年法国作家的调查,论证了对于天才而言,遗传因素几乎可以忽略不计,而真正具有决定性影响的是天才所处的社会环境。但是即便才能再高,天才们也不可能脱离所处时代的思想与情感条件,他们时刻受到现实社会的条件制约。脱离时代和社会的限制谈天才对历史的影响,根本就是空谈。总之,意识生活是物质生活的纯粹形式和中介形式。

第二,社会存在决定社会意识的逻辑中介:利益。

经济发展决定社会意识形态,不仅仅是因为现实社会为人们提供了观察、思考的物质基础,而且从每一个社会个体的生活都与社会的方方面面息息相关而言,也是如此。人们是社会生活的现实参与者,而不是"冷眼旁观者"。在社会的建构和运行中,个人与社会之间的联系是多元化的利益关系。从利益的相关性而言,或是出于个人利益,或是集团性利益,如家庭利益、部落利益、行业利益、地域利益、民族利益等。从利益的性质而言,或是纯粹经济方面的利益,或是艺术、审美、道德或者宗教等方面的利益。这种利益关系决定了个人、集团对社会生活的态度和立场。

马克思的历史理论之所以称之为唯物主义,并非出于人们只是受到物质利益的驱动(当然马克思也从没有这么认为过),而是因为他认为社会的物质生活过程是社会精神生活的基础。库诺夫称赞马克思的社会学科学合理地看待了社会与个人的关系,没有像以往的、其他的社会学那样,只是将个人与社会对立,将个人利益与社会利益相对抗。在社会和个人之间存在着各种各样的共同体,共同体利益有别于单纯的个人利益和社会利益,往往超越了个人利益,从而出现了个人能够为了所处的共同体而牺牲自身利益。例如,工人为了工会而参加罢工,教徒为了教会而甘愿承受迫害,青年为了国家能免受外敌侵犯而自愿参军打仗,等等。他们都不是出于单纯的个人利益而去做这些事情,甚至还要为此而承担苦难做出一定的牺牲,但是他们或是将自身利益服从共同体利益,或是为共同体而牺牲自身利益。

关于意识形态与社会利益冲突之间关系的问题,库诺夫解读了马克思的观点。虽然不同利益决定了不同社会个体的立场,但是利益冲突并不是决定社会意识形态总和的根本原因,两者之间没有决定性的直接关系。

追根究底,利益是生产关系和社会意识形态之间的中介。任何形式的利益都不是独立存在的,而是取决于生产关系的。在任何历史阶段,在任何情况下,社会生活的经济方式都是"第一性"的,无论是个人利益还是共同体利益,它们都不过是和经济方式发生特殊联系的结果。

库诺夫指出,一部分马克思的批评者,例如自由历史学家和一些社会主义者,他们将"经济生活状况""经济利益"和"单纯的个人利益"混淆,没有理解历史上的原始崇拜、宗教现象、哲学理论是如何产生于个人利益的。其实,他们需要理解的是"有关的历史现象和一定的观点的关系如何,这些观点又是在多大程度上取决于那个时代的经济方式的"。[1]

考茨基就曾经在《新时代》(1896—1897 年第 2 卷)中指出英国社会主义者贝尔福特·巴克斯的两点理论错误,一是将作为行为动机的个人利益与构成社会成员思想基础的物质条件混淆,一是将个人利益与社会物质基础等量齐观。库诺夫对此做了辨析,物质利益源于经济地位并对个人行为动机产生影响,而所谓的个人利益,通俗称之为自私,是由物质利益引发的个人"性格品质"。然后他认同考茨基的观点,即利益不是"一种独立的外在因素",而是"一种中介因素",社会经济方式通过利益这一中介决定了意识形态。

库诺夫指出,各民族有关宗教的意识形态,并非偶然也绝不是凭空而来,而是和这些民族所在的自然环境息息相关,受到他们赖以生存和生活的条件所制约。例如,不同地域的民族对天国的设想都不一样。南太平洋诸多民族生活在海边,他们就将天国想象于遥远的岛国或是海底,新几内亚内陆山区部落则将天国想象于高山之上,北美印第安人的天堂是理想的狩猎之所,波利尼西亚人心中天国满是棕榈树,等等。此外,以狩猎为主的民族和以畜牧为主的民族对创世也有截然不同的想象。不同民族心目中神灵的行为简直就是他们自身生活的幻象。

与其说利益决定宗教意识形态,不如说利益本身就是社会经济生活的结果。当一个民族的经济方式发生变化时,他们的宗教意识形态也会随之改变。从狩猎生活转变为农耕生活时,崇拜的

---

1 [德]亨利希·库诺:《马克思的历史、社会和国家学说》,袁志英译,上海译文出版社 2006 年版,第 556—557 页。

神将逐步从保证猎物多的功能变为保护农田、保证风调雨顺的功能。

库诺夫从共同体的利益出发论述了利益对宗教意识形态的影响。他认为,在社会生活中,还有在共同体利益之下的特殊利益群体,他们的利益也会随社会生活的发展而有所变化。当宗教崇拜有所提升时,神职人员的权威增强,所得的捐赠增多。他们也将为了自身获得更多的利益而借助宗教崇拜的力量,或者说,用神祇或上帝的威力掩盖他们自身真实的目的。当出现不同群体或个人利益发生冲突时,表面上是以宗教意识形态的形式,而幕后那个"看不见的"真正原因正是实际利益,这也就是利益的隐蔽性。马克思在《路易·波拿巴的雾月十八日》中写道,"正如在日常生活中应当把一个人对自己的想法和品评同他的实际人品和实际行动区别开来一样,在历史的战斗中更应该把各个党派的言辞和幻想同它们的本来面目和实际利益区别开来,把它们对自己的看法同它们的真实本质区别开来。"[1]

第三,社会经济生活中利益关系的外化:法律制度。

法律制度对经济关系的调节作用以经济关系的存在为必要前提,即法依赖于经济基础。无论是社会法还是国家法,虽然它们和经济关系之间确实存在着因果关系,例如,有牧场有畜牧业的地方才能产生牧场法,有农田的地方才能形成农田法,有航运才能有海洋法,有商品的买卖才能有商业法,但是它们并不随经济关系的变化而立刻发生改变,这种改变都无一例外地存在于经济基础发展的过程之中。

即便是那些否定马克思唯物史观的学者们,也认可法律对经

---

[1] 《马克思恩格斯选集》第 1 卷,人民出版社 1995 年版,第 611—612 页。

唯物史观的实证社会学诠释

济基础的依赖性,但是他们只承认在有关个人财产的法的领域,例如财产法、物权法、家庭法和遗产法领域才有效,而在个人法的某些领域(例如刑法和诉讼法)则不存在这种依赖性。对此,库诺夫支持马克思的理论观点。他指出,那些只承认在法的部分领域才存在法对经济基础依赖性的看法,仅仅看到了浅层的关系,持有这一观点的学者们并没有能够深入研究它们之间的内在联系。各种法的领域并非孤立存在,它们之间具有密切联系,作为法的整体,它们和社会经济生活紧密相关。有关财产的法直接产生于经济生活,而其他法则和社会经济之间存在着间接的关联。

库诺夫从刑法形成过程的角度说明刑法与社会经济生活之间的紧密联系。形成刑法的最初动机源自"为维护新继承下来的物品、家庭和人身权利的努力",即"法的保护"[1]。例如,群体中的狩猎法,以保护群体中各个成员对自己猎物拥有的权利为目的。如果有人违反了其中的法规,夺走不应当属于他的猎物或者狩猎武器、工具,或者违反了狩猎规则,那么他将受到惩罚。惩罚起初是其他成员的非难,他们甚至能够以暴力手段表达不满以阻止他的行为,严重者将被开除出公社。随着社会经济的不断发展,经济主体及其相互关系的多样化,相关法律也开始逐渐复杂化,对于违反法律的处罚种类和方式也不断具体化、复杂化,于是经济主体对于生产资料(例如,土地、牲畜、奴隶、生产工具等)的所有权随之出现,由此财产形式呈多样化。

可见,在一个社会共同体中,刑法为由经济方式所产生的法律制度和防止违反这种制度的行为服务,为保障法律的有效性而产

1　[德]亨利希·库诺:《马克思的历史、社会和国家学说》,袁志英译,上海译文出版社2006年版,第526页。

生了"惩戒"。由刑法的起源可以推知它与社会经济生活之间存在的紧密联系,而且经济结构决定了刑法中的"量刑标准"和"惩戒方法"两个重要因素。

诉讼法的产生与发展也存在类似的情形。当一个社会群体中出现财产权利的侵害时,被侵害者有权要求偿还和报复,以收回应有的权利,但是在这一过程中受害者行使权利的方式和程度都必须遵守一定的规则。在实际的社会生活中,逐步形成一定的审讯规则,裁定者根据侵害者行为的情节轻重决定相应的处罚方式。

总之,刑法和诉讼法等,看似和社会经济无直接关系,但是究其根源,它们都是产生于社会经济生活之中,并由经济结构决定其关键因素。在发展着的社会生活中,刑法和诉讼法等又对社会经济有着一定的影响。因此,库诺夫用马克思的话说"一种越来越扩展的'司法上层建筑'逐步凌驾于经济结构之上"[1]。

库诺夫认为,法律制度以经济制度为基础表现在三个方面。

其一,库诺夫提出,"只有随着一定的经济制度而出现与它相适应的法律制度",才会存在于人们的意识领域。社会个体的法律意识,以其社会法律关系为现实基础,与其"作为社会成员的身份"有着密切的联系。在历史长河中,经济实体以司法的方式固定了其结构和相互之间的关系,形成了一定的法律环境,而任何法律制度都是在这种法律环境中产生的,它们以社会经济方式为基础,并决定了人们的法律意识。对此,库诺夫进行了举例说明。澳大利亚的黑人,他们不会种田,不在种田的经济条件下,也就没有农业法的环境,自然就不会有关于农业法的法律意识。同理,没有马尔

1　[德]亨利希·库诺:《马克思的历史、社会和国家学说》,袁志英译,上海译文出版社 2006年版,第528页。

克公社的巴布亚人不可能具备马尔克公社农田法的法律概念和法律意识,古老的德意志马尔克公社的成员不可能拥有今天"工厂法""商业法"和"海洋法"等法律意识。

其二,社会经济生活中,各经济主体的经济利益不同,相应地,其法律利益也各不相同,换而言之,伴随经济的发展,作为总体的法律制度、法律意识也在不断分化。因此,即使在同一社会之中,由于相互间的经济关系的不同,各个成员的法律意识都有可能不尽相同,甚至相互对立。

其三,即使是"最伟大的法律革命家",他的法律意识都不可能脱离现存的法律及其相应的法律意识,而他的革命性表现在改革"过时"和"僵化"的法律,即他提出,当时占统治地位的国家法律业已不能适应随经济发展而变化了的社会关系,而应当由"能较好地适应"社会关系的法律制度代替之。在此,他的法律意识或者说他的改革思路,必然是以当时的法律条件为前提,以此为改革的出发点,而他所谓的"革新"因素也不过是由现实社会关系决定的"各种各样的法律概念的堆积"。任何一位法律革命家都是从他自身所处的社会关系出发,对于法律的理解和问题的解决方式,不同的经济主体会有完全不同的见解和革新思路,其中的根本因素就是现实的社会经济制度及其所决定的经济关系。

其四,社会存在决定社会意识。

库诺夫提出,之所以有人会误以为马克思的历史理论否定观念因素在历史中的作用,主要是因为他们并不了解,在马克思历史理论的发展进程中经历了批判吸收费尔巴哈思想的环节。马克思起初是以黑格尔的历史哲学思想为其理论基点。在做博士论文时,马克思"还是一个纯粹的黑格尔学派的唯心主义者"[1],将世界历史进程看作"世界精神"的结果。但是,马克思在一些论文的写作中已然展现出这样的思想,即所谓世界精神或者观念性因素不是抽象的概念之物,而是具有内在联系的"社会理性",它们受到现实社会生活的影响和制约。在《第 179 号"科伦日报"社论》中,马克思提出,早先的哲学家是根据"个人的理性"来研究国家的,而今的哲学家则是以整体性和社会性的视角考察国家,与前者相比,当下哲学家的观点更加深刻也更为合理。

此后,马克思阅读了费尔巴哈的《反黑格尔批判》《基督教本质》《未来哲学的原则》及其一系列相关文章,在他的脑海中,关于一般意识与社会存在之间关系的观点已然得到了深化:前者不再是原因,恰恰相反,前者是后者的结果。他在写给卢格的信中就提到,意识的改革绝不能够仅仅局限于意识的领域,而是要将社会生活中的宗教、政治等问题纳入其中。马克思在写作《黑格尔法哲学批判》一文时,费尔巴哈对他的影响就更加清晰了,他认为人不是抽象于社会之外东西,人即人类社会即国家和社会,不是宗教创造人,而是在国家和社会生活中产生了宗教,是人创造了宗教。黑格尔的历史理论以抽象、思辨、神秘、绝对的世界精神为前提,世界精神在人们以哲学为其承载形式,但是哲学家不是先在的,而是"post festum"(事后)出场的,人类历史是由绝对的世界精神完成的,而哲学家对历史的参与仅仅在于回顾既往。在吸收了费尔巴哈思想后,马克思就黑格尔历史理论中的双重不彻底性提出了质疑:第一,既然哲学是绝对精神的定在,那么为什么哲学家不是绝

---

1 [德]亨利希·库诺:《马克思的历史、社会和国家学说》,袁志英译,上海译文出版社 2006 年版,第 544 页。

　　　　　　　　　　　　　　唯物史观的实证社会学诠释

对精神？第二，既然哲学家是在回顾既往时才意识到创造历史的世界精神，那么其对历史的创造力不过只是存在于哲学家们的观念之中。如此看来，绝对精神岂能成为历史的创作者呢？

在这一阶段，马克思和恩格斯仍然可以称为费尔巴哈主义者。费尔巴哈在《关于哲学改造的临时纲要》中提出，思维来自存在，但存在并不源自思维，马克思由此提出了一个著名的观点——"不是人们的意识决定人们的存在，相反是人们的社会存在决定人们的意识。"

费尔巴哈对于黑格尔哲学的批判，主要在于其哲学研究领域的拓展和飞跃，但是对黑格尔的思辨及其辩证法思想，可以说，费尔巴哈是"束手无策"的。在他看来，人是"自然"和"存在"两个部分的组合之物，而且自然决定了人的本质。显然，他没有突破对人的本质的研究，还没有看到人是社会生活的结果，是历史发展进程的产物。而马克思和恩格斯是在费尔巴哈唯物主义理论的基础上批判地吸收黑格尔辩证法思想，即将辩证思维从绝对精神的自我运动转移到社会生活的现实发展运动中。他们将作为"自然生物"的人与作为"社会生物"的人相区别，并提出人的本质就在于人生活于社会之中，与他人共同协作进行生产劳动，逐渐从历史的演进发展而来，人的本质受到社会历史发展的制约和影响。因此，无论是宗教意识还是审美感受，它们和利己性与利他性、社会性与反社会性等一样，并非亘古不变之物，而是人类社会历史发展演进的产物。如果要理解人类的宗教观，就不仅要从研究人的本质出发，而且更为重要的是将其置于人类社会历史的发展进程之中进行深刻的考察。

早在十九世纪四十年代中期，马克思与恩格斯就已经基本在理论上进入了真正的人类本质历史观，虽然他们对费尔巴哈的唯物主义理论给予了高度评价,但是很快他们就站在了"人是一切社会关系的总和"的理论高度,虽然费尔巴哈将宗教的本质归结为人的本质,但是他并没有走出抽象的本质论。因此,当他还无法真正走进人类的社会生活史的时候,他就不得不抛开人类历史,孤立地考察宗教,假设出抽象的个体,并将其解读为"一种内在的、无声的、把许多个人纯粹自然地联系起来的共同性"[1]的"类"。

假若人们据此认定马克思否定人们的思维决定其具体行动,那么这可是走入了一个误区。在马克思的历史理论视阈中,无论是从广义还是狭义理解,意识形态都是来源于人们的思维和观念,意识形态并非第一性,它是观念的社会生活的现实,是社会关系在人们的思维和观念上的反映,它不是独立存在的,深深受到社会生活和历史进程中一系列的因果环节的制约和影响。

当然,社会存在决定社会意识的理论学说并非马克思的独立创造,虽然他是在"极不完备"的状况下继承了前人的思想成果,但是这并不意味着它就来自费尔巴哈,如果没有马克思本人对这一学说的发展,是不会完成实质性的前进和深入的。

库诺夫通过批驳对唯物史观的曲解,重申唯物史观中关于经济结构与意识形态的关系问题,即意识形态绝不是"直接依赖于经济方式"。

第一,经济结构不直接决定意识形态,当然意识形态也不是从经济生活中直接引申而出,而是在整体上的决定作用。现实的经济基础决定社会的意识形态,但社会中所有意识形态并非都是由经济直接决定的。社会经济体中的各部分相互依存,相互影响,社

1　[德]亨利希·库诺:《马克思的历史、社会和国家学说》,袁志英译,上海译文出版社2006年版,第550页。

　　　　　　　　　　　唯物史观的实证社会学诠释

会意识形态领域中的各部分也同样如此,并非各自封闭,而是相互间存在着千丝万缕的关系。例如,社会道德和宗教道德之间就存在着密不可分的关系;法律意识与伦理思想、政治观之间相互制约影响;艺术思想与当时的社会生活、家庭生活,特别是与宗教观、伦理观有着极为重要而密切的联系。

在任何一个历史时代,社会经济生活本身是"一种有内在联系的对各个经济职能具有调节和总括作用的东西"[1],而意识形态领域中的政治、哲学、法律、宗教、美学、艺术、文学等部分相互联系,结为整体,它们作为意识形态的总和,在整体上以社会经济结构为支撑基础。库诺夫援引恩格斯1890年关于唯物史观的信件内容为证:

……根据唯物史观,历史过程中的决定性因素归根到底是现实生活的生产和再生产。无论马克思或我都从来没有肯定过比这更多的东西。如果有人在这里加以歪曲,说经济因素是唯一决定性的因素,那么他就是把这个命题变成毫无内容的、抽象的、荒诞无稽的空话。经济状况是基础,但是对历史斗争的进程发生影响并且在许多情况下主要是决定着这一斗争的形式的,还有上层建筑的各种因素:阶级斗争的政治形式及其成果——由胜利了的阶级在获胜以后确立的宪法等等,各种法的形式以及所有这些实际斗争在参加者头脑中的反映,政治的、法律的和哲学的理论,宗教的观点以及它们向教义体系的进一步发展。这里表现出这一切因素间的相互作用,而在这种相互作用中归根到底是经济运动作为

1　[德]亨利希·库诺:《马克思的历史、社会和国家学说》,袁志英译,上海译文出版社2006年版,第530页。

必然的东西通过无穷无尽的偶然事件(即这样一些事物和事变,它们的内部联系是如此疏远或者是如此难于确定,以致我们可以认为这种联系并不存在,忘掉这种联系)向前发展。否则把理论应用于任何历史时期,就会比解一个最简单的一次方程式更容易了。[1]

对于意识形态中的哲学和宗教,则是以"几乎无从察觉的形式"与社会生活发生联系。"更高的即更远离物质经济基础的意识形态,采取了哲学和宗教的形式。在这里,观念同自己的物质存在条件的联系,越来越错综复杂,越来越被一些中间环节弄模糊了。但是这一联系是存在着的。"[2]

第二,社会经济生活与历史发展之间的联系并非自动的联系。许多"历史事件"的发生看似是由意识形态领域中的道德、法律层面的因素引发,但是倘若追究这些思想因素的缘起及其与社会状态之间的联系,就会发现"归根到底"的基础仍然是社会经济关系。"并不像人们有时不加思考地想象的那样是经济状况自动发生作用,而是人们自己创造自己的历史,但他们是在既定的、制约着他们的环境中,在现有的现实关系的基础上进行创造的,在这些现实关系中,经济关系不管受到其他关系——政治的和意识形态的——多大影响,归根到底还是具有决定意义的,它构成一条贯穿始终的、唯一有助于理解的红线。"[3]

那么,经济因素到底是如何转化为"观念的历史因素",库诺夫认为,马克思从未谈论过,仅仅是恩格斯"蜻蜓点水"式地提及这一问题。费尔巴哈提出,生产关系即经济的相互关系随着社会经济

---

1 《马克思恩格斯选集》第 4 卷,人民出版社 1995 年版,第 695—696 页。
2 同上,第 253—254 页。
3 同上,第 732 页。

的发展而产生,从整体意义而言,各种生产关系以特定的社会存在为呈现形式,这一客观的现实性在社会成员的思维意识中转化为"一系列的表象和概念",即社会存在的"映像"。值得注意的是,这一"映像"并非社会存在的"肖像",即它并不完全等同于现实社会中的生产关系。恩格斯就曾在写给弗兰茨·梅林的信中强调过,"意识形态是一种过程,是由所谓思想家有意识地、但是以虚假的意识完成的过程"。思想家以思维素材为基础,或是前人的思维成果,或是自己独立形成的思维材料。意识形态的内容和形式都是"从纯粹的思维"中得来的。在他看来,人们的现实行为都是经由思维而进行,那么就必然是以思维为基础。[1]

显然,恩格斯的阐述并没有解答这个问题,因此有必要从马克思和费尔巴哈的著述中寻找答案。经过比对,不难发现,意识形态受到经济方式制约的联动机制是这样的:第一,社会中的经济关系同时也是一种法的关系,它是社会经济发展的结果,并"总会产生一种社会联系的特殊的集合体",即相应的社会制度。第二,每一个社会成员都是成长于相应的社会制度之中的,因此,特定的社会环境构成了社会成员"一切有关社会生活的思维的基础"。第三,所有的思维内容和形式都是与相应的客观现实相联系的,客观的社会现实向它所处的时代提出相应的思想问题,与此同时也在观念上为这些问题的解决提供着方法和手段。当人们试图应对时代提出的挑战时,他们都是从"社会环境所提供给他的认识和经验出发"。正是基于这样的观点,马克思才提出,人类始终只是提出自身能够解决的社会任务。

---

1 [德]亨利希·库诺:《马克思的历史、社会和国家学说》,袁志英译,上海译文出版社2006年版,第551—552页。

意识形态以社会结构为基础,并不意味着相同的思维总在所有社会成员中形成相同观点。现实的客观世界既存在于社会主体之外,也存在于社会主体之中。人不是以对立与客观世界的主体进行思维的,而是以"主—客体"方式进行感觉并思考的,主客体之间的关系直接制约并影响着思维的内容和方式。例如,同样是面对腿上生的脓疮,掌握现代科技的文明人知道这是感染的结果,而处于蒙昧状态的人群则可能会认为是中了石头或木头的魔法,因此要以驱魔的方式祛除。

不同的思维方式与所处的社会存在有着密不可分的关系,因果观依据主体的经验而有所不同,同样的现象在社会发展的不同历史阶段会引发截然不同的思考路径。相应地,以自己民族的意识形态揣度其他民族的意识形态往往是不可取的,就如同是现代人带上"文明眼镜"去研究原始民族,得出的结论一定是可笑的。研究者必须将本民族的认识范围抛开,设身处地地从那个民族自身的经验认识范围去感知。这也是库诺夫对人类学和民族学的研究思路。

库诺夫再三强调,马克思的唯物史观绝不是个别的经济事实、经济集合体决定观念世界的形成,真正决定观念世界的是"整个历史的经济结构"连同"形形色色的相互关系"[1],即生产关系的总和。如果将唯物史观理解为:个别相似的经济事实即使在不同的自然条件、不同的历史发展阶段,也都能产生并形成相同的观念,那就大错特错了。例如,在小亚细亚产生了棉纺工业,那么是不是这里的工人就一定能和英国纺织工人具有同样的意识形态呢,显

1　[德]亨利希·库诺:《马克思的历史、社会和国家学说》,袁志英译,上海译文出版社2006年版,第554页。

　　　　　　　　　　　　　　　唯物史观的实证社会学诠释

然不是。

值得特别关注的是,宗教观和社会经济生活之间的关系更加不是直接关系,而需要仔细考察社会经济形态及其观点的"历史变迁",并对民族心理、思维方式、风俗习惯、道德法则及其发展阶段一并研究,才能够了解两者之间的不明显但确实存在着的客观联系。库诺夫以大洋洲上的部族图腾和民族禁食为例,说明宗教和经济的关系。

大洋洲的部族图腾有时候会发生变化,有的部族先以"鲨鱼、乌贼、海鸥或乌龟等"为神,后来则变成以鸡、鸽、蝙蝠、野猪之类的动物为神。如果不了解民族心理,不了解"神话形成和经济发展过程"的联系,人们也许会认为这些不过是"原始民族想象的把戏"。甚至有学者会提出,那些有较为紧密血缘关系的部族即使有同样的图腾,但这些图腾往往拥有完全不同的形象,仿佛这就能够证明部族图腾与经济形态无关。但是,库诺夫明确断言,经过仔细考察,即使是神话形象的改变,也与生活资料的来源有着密不可分的联系。

第一,图腾的首要职能是以"超人的力量"帮助部族获得"必要"的生活资料,并保佑部族的后代。在内陆生活、依靠耕种的部族需要的是农产品的丰收,即他们的图腾以保证"风调雨顺"为首要任务;而在沿海以渔业为生的部族,则需要保佑人们出海捕鱼能够平安地满载而归。

第二,图腾职能的区别决定了各部族对图腾的崇拜方式有所不同。接着上述的例子,将禽类、野兽作为图腾的部族,就以果实为贡品;而以渔业为生的部族的图腾多为鱼类、水禽类动物,因此供奉这些图腾的贡品主要是鱼、甲壳动物、水禽等。贡品必须是图腾的食物,绝不能出错,否则就是对本部族图腾的亵渎和无礼,即使是把不属于贡品的物件靠近祭坛都不行,甚至如果有族人食用了图腾忌讳的食物都必须在三四天之后方可进入祭祀图腾的神庙。

第三,根据图腾的不同,祭祀地的选择有所区别。农耕部族将祭坛设置在山丘、树林或者族人的居住点;而渔业部族则将祭坛设置在水域边缘或沿岸的岛屿上。

由于图腾的职能是护佑部族,因此,当一个部族因故转变了获取生活资料的方式时,就必然需要改变护佑他们的图腾,以适应"新的任务"。当渔业部族发展为农业部族时,"鱼神"就成了"土地神",新的图腾相应地拥有了新的形象,贡品、祭祀点和祭拜方式也有所改变。

此外,在各个部族的禁食也同样与经济生活有着"无形"但"必然"的关系。在一些部族中,女子和儿童不能食用某些食物,或者不能以某种方式烹饪,或者不能与某些其他的食物一起食用,这些就是部族的禁食。有些人会认为这仅仅是形形色色偶然幼稚的魔法想象的结果,即使以"合理化"的方式思考,也可能是出于卫生方面的原因。其实不然,禁食是随着经济生活发展而引发的分工出现的。在原始部族中,男子以狩猎为主要任务,而女子则在居住地进行耕种。男子往往要外出数天甚至数周方可狩猎而归,途中他们会对猎物进行"剥皮、开膛、去污、煎制或烘烤",而女子在家中烹制农产品,久而久之,就形成了相对固定的食品烹饪上的分工,这种分工带来的一个结果就是烹饪器具和烹饪场所的区别。如果女子从事了通常由男子承担的烹饪任务,或反之,则会被人们认为是不合适,甚至"可耻"。在一些原始部族中,男子不仅不能使用女子

唯物史观的实证社会学诠释

的烹饪器具,连碰都不能碰,反之亦然[1]。当这种分工发展到一定程度后,就连食用器具都不能够在男女之间交叉使用和接触,男子与女子的用餐地点也分离开来,甚至在用餐时不能与异性见面,不能闻到异性饭菜的味道,否则就是"不合适""不正派的"或者"有害"的。在新波美拉尼亚、新几内亚的莫尔兹比湾、维提岛、新喀里多尼亚、新赫布里底岛、社会岛,女子与男子分开用餐。在所罗门群岛北部,男子先用餐,女子后用餐,女子禁食肉类食物。还有一些地区,男子食用的肉类是女子的禁忌食品[2]。

这些禁食起初只是以习俗的形式出现并保留,以是否相宜、是否卫生、是否合乎规矩为原则,但是很快就"掺入了自然人对鬼怪与神祇的经常的恐惧心理",如果违反了这些习俗,就会"招致家庭的不幸",最后,这一类的"清规戒律"就成为一种流传下来的来源于神祇并被记载在教规里的宗教饮食信条。

从以上例子可以得出一个结论,即只要仔细考察社会的发展过程,就能发现宗教习俗和宗教观念与经济生活之间存在着清晰可见的关系。

实际上,生产关系的总和决定了意识形态。对此问题,库诺夫选择对布劳恩塔尔的著作进行解析,辨析了生产关系的总和决定社会意识形态的含义。之所以选择布劳恩塔尔及其著作,就在于他是一位众所周知的社会主义者和马克思主义者,他的书也算是当时十余年间论述唯物史观非常出众的一本,在一部分哲学家中"享有很高的声望",甚至可以称为是最好的一本著作了。布劳恩

1　库诺夫根据 G. H. V. 朗斯多尔夫在《环球游记》中曾经报道的马克萨斯岛的见闻得知,在那里男人和女人都不能碰其配偶的葫芦,女人不能使用男人生的火烹饪,也不能吃男人生火烹制的食品。

2　库诺夫根据詹姆斯·威尔逊的《一个教士的南太平洋游记》得知对于女子而言,有许多禁忌食品,她们往往只能食用自己耕种、自己调制的食物。

塔尔认为唯物史观纵使再伟大也是有漏洞的,因此,它有进一步发展的可能性和必要性,于是他尝试做了"进一步的发展",社会演进的历史逻辑就成了:生产力(作为第一环节)制约→生产关系→社会结构→上层建筑(包括政治、法律等),同时,上层建筑除了经济基础对其产生影响之外,还有自身的变革发展的影响因素。

对于布劳恩塔尔的上述观点,库诺夫认为,第一,布劳恩塔尔说的历史第一环节是生产力,生产力制约着生产关系,意思模糊不清。马克思论述的生产力及其对生产关系的决定作用是有严格界定的。在马克思那里,生产力含有三个层次:生产过程中使用到的自然力,包括水力、风力、热力、蒸汽力等等;技术—机动力;人畜的劳动力。生产力对生产关系的决定性意义,并不意味着生产力"自动"地产生一定的生产关系,而在于当生产力进入一定的社会生产并得以应用时,在参与社会生产的人们的相互关系中以一定的方式共同协作,如此生产关系才得以形成。第二,生产关系并不决定社会结构,按照马克思的历史理论,生产关系的总和构成了社会的经济结构。第三,布劳恩塔尔陷入了"制约—原因—条件"的泥潭之中,不符合马克思唯物史观的理解路径。

库诺夫援引恩格斯的话评价布劳恩塔尔,认为以他为代表的一部分学者和理论家的理论观点中缺失了历史辩证法,他们对马克思唯物史观的理解仅仅停留在形而上学的两极对立之中,仿佛只有原因和结果,没有中间的过程和相互之间的多重作用。当然,这其中只有社会经济生活才是最原初、最强有力、最具决定性的因素。

布劳恩塔尔陷入意识形态的自我运动,因为恩格斯说过"外部世界对人的影响表现在人的头脑中,反映在人的头脑中,成为感觉、思想、动机、意志,总之,成为'理想的意图',并且通过这种形态变成'理想的力量'"[1]，所以"观念和观点一旦在我们头脑中出现，就会在我们头脑中变成为'执行现实作用的力量'"[2]。即意志推动历史，意识形态的力量直接推动意志。

库诺夫不认同恩格斯的说法，说他的意思是指社会经济关系就其自身而言，是不能成为推动历史前进的因素，它们是先进入人们的意识形态，然后通过人们的意识形态活动推动创造历史的人们。例如，在由于出口减少而引起的经济危机中，各生产部门将减少工人工资，甚至裁减员工。唤起工人们改变现状的意志是通过他们自身对经济状况恶化现实的意识和由此引发的"不平、愤懑、仇恨"等情绪。

布劳恩塔尔把剩余劳动看作唯物史观中一个"新的富有成果"的因素。他认为，生产资料的所有者无偿榨取生产者的剩余劳动是资本主义独特的经济方式，这种经济方式决定了统治和从属的关系，在此基础上产生了社会经济结构和政治结构。这一社会结构一旦产生就会保持其发展方向，并使其赖以存在的经济方式永久化。

库诺夫认为布劳恩塔尔并没有真正理解马克思的历史理论。在马克思那里，在一定历史阶段的一定经济方式下的所有生产关系，都是社会经济结构产生的因素，它们相互联系并影响，并反作用于社会生产。和社会生产一样，都是永远处于不断更新、不断发展变化的状态，社会再生产包括生产关系的再生产，同时生产关系的再生产是社会生产过程的前提。即使是其中的某一方面的生产关系的变化，都有可能对社会生产产生巨大的影响，倘若这种改变

---

1 《马克思恩格斯选集》第 4 卷，人民出版社 1995 年版，第 228 页。

2 ［德］亨利希·库诺：《马克思的历史、社会和国家学说》，袁志英译，上海译文出版社 2006 年版，第 606 页。

上升到国家法律的层面,并成为具有在国家范围内约束力的国家法律准则,那将对社会经济产生深远的影响。如若这种改变不是沿着社会经济发展的方向前进,国家法律准则也不能"长久阻碍经济发展",或是"冲破阻碍发展的国家法律限制",或是"国家的经济生活走向毁灭"[1]。

只有在资本主义社会,雇佣关系才是建立在剩余劳动的基础之上的,生产关系的总和构成了社会经济结构,形成了资本家的统治关系和对于雇佣工人而言的奴役关系,并进入政治和法律等领域,形成相对独立的社会上层建筑。但是随着社会经济的发展,当这种社会上层建筑无法满足社会经济的发展要求,成为阻碍发展的限制时,这一上层建筑是无法"永久化"的,必然会"冲破""阻碍",否则就在"阻碍"中"毁灭"。

三、阶级斗争是阶级社会发展的直接动力

马克思并没有否认阶级利益之外的多元化利益,他曾坦言除了阶级共同利益之外,每一社会成员因其在社会中所处的不同地位而具有自身的个人利益,而且社会中还存在着其他共同体利益,例如,国家利益、民族利益、行业利益、地区利益、部落利益、宗教利益等,这些利益相互作用,或是补充或是对抗,而且其中会有几种利益处于"支配性"地位,最终所有利益相互作用的结果决定了当时社会的"历史特点"。

当然,阶级斗争不是社会生活的唯一因素,而且社会内部的利

1　[德]亨利希·库诺:《马克思的历史、社会和国家学说》,袁志英译,上海译文出版社2006年版,第617页。

益斗争也不可能简化为阶级斗争,但是阶级斗争对社会历史发展具有最为重要的影响,在每一个时代的政治生活中都留下了深深的"烙印"。

社会成员"分裂"为不同的阶级,从整体而言,社会不是一个"完全一致"的利益共同体,但是所有成员在一定的"秩序"下,完成共同的社会生活和相互间的协作,而且只要社会成员不是根本否定社会存在,总会倾向于维护这一"秩序"。另一方面,社会成员因各自的地位不同,而具有不同的利益,在看待社会制度时总是以其自身阶级立场为出发点。因此,虽然存在共同的、基本的社会利益,但是不同的阶级对理想社会制度的观点不可能相同。

"对马克思的阶级斗争学说最为古怪的注释"不是在"反马克思主义的著作之中",而是在"马克思主义的康德主义者麦克斯·阿德勒"的文章中,他在第四年度的格律贝尔克《社会主义和工人运动文库》中发表了《卡尔·马克思学说的社会意义》一文。他以康德关于社会的"对抗性"理论为出发点,提出康德的本能论可以称为是"一种近乎马克思阶级斗争学说的天才的预见"。在康德看来,人在社会中"受到相互对抗的自然本能的分化",此后就出现"社会倾向"和"分散倾向",由此产生"不合群和合群的品质",两种品质的人们相互斗争,在"名利权位"的刺激之下,人们不断发展前进。阿德勒从中得出结论:"人的合群从一开始就具有一种不睦的对抗性质","结社是人的不合群的社会性",阶级斗争即根源于这种"人的自然本能"。库诺夫认为这是对马克思阶级斗争学说的误解。[1]

1　[德]亨利希·库诺:《马克思的历史、社会和国家学说》,袁志英译,上海译文出版社2006年版,第418—419页。

社会发展的基础是物质生产,这是具有决定意义的"建设性因素",绝不是"不合群的社会性"。阶级斗争内生于阶级社会的经济关系之中,与所谓的"人的永恒的社会倾向和分离倾向"是"根本无涉的"。基于此,库诺夫从阶级斗争的社会本质、社会形式和资本主义社会的新兴的工人阶级三个方面对阶级斗争是阶级社会发展的直接动力进行了较为详细的论述。

第一,阶级斗争的社会本质。

库诺夫提出,阶级斗争理论基本上是马克思的社会学独有的理论。实际上,并非只有马克思才注意到阶级的存在及其斗争。早在梭伦时代,古希腊人已经认识到在共和国内部的斗争就是等级阶层之间的斗争。但是古代哲学家们并没有意识到,"阶级是由经济发展所决定的",他们至多把阶级的划分看作自然秩序,即个人的才能差异引起的社会分化。

到中世纪,以托马斯学说为基础的经院哲学仍然把阶级的划分看作自然秩序,但是这时对自然秩序的理解已经上升到"分工",它不是自然秩序的直接产物,而是万民法秩序的直接表现,是职业的区分,也是社会生产、经济方式历史演变的结果。

十八世纪英国社会哲学家们逐步认识到,等级(或等第)的划分并非由劳动分工决定,而取决于"公开的或隐蔽的篡夺"。换而言之,这一时期大多将阶级的划分看作财产或者财富的划分层次。

法国大革命之后,学者和政治家们对阶级进行了更为细致的区分。例如,让·保尔·马拉将阶级划分为:贵族、高级僧侣、大资产阶级、"学者家族"(包括高级法官、律师、议员、代理等)、中小商业资产阶级、自耕农和平民,以及无产阶级或"无产者"(包括独立的小手工业者、工人、临时工、下层职员和一无所有的知识分子)。弗兰科斯·奥古斯特·米涅又把贵族区分为:宫廷贵族、官吏贵族和农村贵族,对"学者家族"则根据其经济状况划分在资产阶级之中。而圣西门把企业主和工人、商人、手工业者、小农都归为"工业家阶级"。

马克思以黑格尔有关社会生活的理论为基础,以经济过程为出发点,提出了自己的阶级理论。社会生活是一个"需要和满足需要所必需的劳动活动体系",在社会生产活动中产生了一定的生产关系,处于同样关系的个体和团体就构成了一个阶级。在阶级划分中起决定性作用的,不是财产、收入的多少,不是职业的划分,而是"经济活动的方式和由它所决定的社会成员在社会经济机构中所处的地位"。由此,马克思对资本主义社会中的阶级进行了划分:土地所有者和收地租的地主;赚取资本利润的资本家、投资者和资本出借者;出卖劳动力以换取工资的工人。马克思和恩格斯不仅对三大阶级进行了划分,而且还细化了"下属阶级和次要阶级"。[1] 例如,恩格斯细分了富农和中农、自由小农、封建农奴和雇农,城市工业工人阶级和农村农业雇工。[2] 马克思在《1848—1850年法兰西的阶级斗争》中将大资产阶级细化为金融资产阶级和工业资产阶级,在《法兰西内战》中将小资产阶级划分为中等阶级,包括小商贩阶层、手工业者阶层和小商人阶层。

但是遗憾的是,马克思恩格斯并没有专门撰文阐述阶级的产生过程及其在经济发展过程中的演变。在马克思看来,阶级是一种特殊的"意识形态"集合体。库诺夫提出,这与马克思的历史因果理论密不可分。在《政治经济学批判》前言中(即《政治经济学批判》导言),按照马克思的定义,人们在为了满足物质生活需要而进

1　[德]亨利希·库诺:《马克思的历史、社会和国家学说》,袁志英译,上海译文出版社2006年版,第392页。

2　《马克思恩格斯全集》第8卷,人民出版社1986年版,第12页。

行的社会生产中结成的"生产关系的总和",形成了社会的经济结构,即"社会生活的基础","一定的司法和政治的上层建筑"凌驾于这个"基础"之上,与这个基础相适应的是"一定的社会意识形态"。换而言之,"社会获取维护其生存和发展手段的形式和方式决定了它的思维方式和思想内容"。[1]

对阶级而言,它是社会内部的一个特殊的"纵剖面",只包括生产关系的某个部分,在社会生产结构中占有其特定的地位,因此阶级具有其特殊的利益。不同的阶级因其不同的地位,而处于不同的社会生活环境中,具有不同的观察视角和立场观点,因而具有不同的利益。这也就决定了"社会整体的多样性",造就了思想观点上的多元化,即"阶级意识形态"的多样性。

基于这一观点,马克思在《路易·波拿巴的雾月十八日》中精辟地指出:"正如在日常生活中应当把一个人对自己的想法和品评同他的实际人品和实际行动区别开来一样,在历史的战斗中更应该把各个党派的言辞和幻想同它们的本来面目和实际利益区别开来,把它们对自己的看法同它们的真实本质区别开来。"[2]

相应地,不同的阶级因其在社会经济生活中的不同地位,而持有不同的伦理观点,而绝不是为和其他阶级斗争而"制造"出"一种自己的伦理学"。例如,小资产阶级就不可能越出自身所处的社会生产界限,他们只是基于其物质利益和社会地位确定其阶级任务。

那么,是否能够基于马克思关于阶级利益的观点而判断司法的不公正呢?库诺夫认为不能。司法具有公正性。首先,因为在现实的国家中,司法本身就是阶级矛盾中的产物。其次,司法的制

1　[德]亨利希·库诺:《马克思的历史、社会和国家学说》,袁志英译,上海译文出版社2006年版,第411页。

2　《马克思恩格斯选集》第1卷,人民出版社1995年版,第611—612页。

定取决于统治阶级,不是下层阶级,但是当下的法律"在某种程度上要照顾到总的社会关系和下层阶级日益增长的势力",因此并非"完全贯彻统治阶层的法律观和法律要求"[1]。最后,法官虽然具有"阶级偏见",但是也保持一定的对国家司法体系和自身职业的忠实性。当社会发展中出现新的法律关系和法的理论观点时,只有当它们在社会生活中得到认可,在此前提下,它们才能够纳入司法体系,并具有法律效力。

第二,阶级斗争的社会形式。

经济发展的过程中产生了阶级,阶级植根于相应的经济形式的利益共同体。恩格斯在《反杜林论》中指出,阶级划分的基础是分工,因为分工形成了社会生产活动的特定领域。至于阶级形成的详细过程,恩格斯并没有论述。

早在古希腊共和国和古罗马时代就出现了"阶级斗争",主要以债权人和债务人之间的斗争,或者争夺土地的形式出现。后来,阶级斗争主要以愈加激烈的资产阶级和工人阶级之间的斗争形式呈现,取代了之前的封建贵族和市民阶级之间的斗争形式。市民阶级从一个被压迫的阶级转变为政治上占据统治地位的阶级,恩格斯曾在《反杜林论》中详细描述了这一过程。他们主要是通过经济状况的改变,当然这也是对他们而言具有决定意义的武器,在工商业的蓬勃发展态势中,不断以城市对抗乡村、工业对抗土地占有、货币经济对抗自然经济的形式,与封建贵族进行斗争,最终"以纯经济的方法"实现了它自身的地位的变革。在经济发展的过程中,每一个不同的阶段都会产生不同的阶级,每一个阶级都依据自

1　[德]亨利希·库诺:《马克思的历史、社会和国家学说》,袁志英译,上海译文出版社2006年版,第414页。

身在经济中占有的份额而具有其特定的经济利益,并试图在政治领域实现自身的经济利益。

站在历史的高度,马克思在《共产党宣言》中写下:"迄今为止的一切社会(更精确地说是一切有国家组织的社会)的历史都是阶级斗争的历史。"但是与以往的阶级斗争不同的是,资产阶级与工人阶级之间的斗争进入了一个新的历史阶段,即现在的阶级斗争的结果,不再同以往那样改变阶级的划分、在原有阶级的基础上重新组合,而是实现阶级的消灭,消除阶级之间的对立。但是,资产阶级与工人阶级之间的斗争结果,并不是短期内就可以达到的,它以生产的高度发展阶段为前提,即在原有社会所能发挥的所有生产力业已呈现之时,才有可能实现阶级的消除。

有观点认为,阶级斗争就是暴力行动,就是革命、起义、街垒战等暴力斗争。实际上,阶级斗争的社会条件不断变化,也会在政治领域内进行多种形式的斗争。例如议会谈判、影响普选权、舆论影响、通过报刊、演说、著书、出版小册子、集会等。这些形式的阶级斗争的意义并不小于通过总罢工或街头战斗来争得政治权利的那种阶级斗争,至于什么样形式的阶级斗争能够更加易于达到目的,则要根据当时的条件而定。

阶级和等级之间是有差别的。起初,马克思并没有对两者进行严格的区分,但是到《哲学的贫困》中,他根据黑格尔的社会学和国家学说对国家和社会进行区分,分别赋予阶级和等级特定的含义,从而严格区分了阶级与等级。产生于社会经济过程的阶级,都是从社会组织的形式逐步发展为"社会阶级",这是一种社会关系,而不是国家关系。当国家以法律制度的形式将社会阶级的组成固定,并将特定的政治权利和政治义务赋予其中特定的社会阶级的时候,即出现了"等级制度"。阶级与等级相互关联,但并不等同,所处的领域也有质的区别。

据此，马克思认为拉萨尔关于"工人等级"的观点不仅混淆了阶级和等级的概念，而且对阶级斗争理论"全然不解"。此外，当时报刊中对工人阶级和无产阶级不加区别的观点，也是对马克思相关理论的误读。虽然马克思恩格斯在论著中有时用无产阶级代替工人阶级的称谓，但是他们对这两者之间的关系还是做了明确的区分。无产阶级是相对于有产阶级而言的，工人阶级则是相对于资产阶级而言的。例如，破落的贵族、靠手工劳动谋生的原工厂主，甚至经济状况更差的小职员、无业的艺术家和作家等属于无产阶级，但他们并不因为是无产者而成为工人阶级。工厂中享有较高薪水、拥有豪宅的技术人员，也并不因拥有一定的财产而成为资产阶级，他们仍然属于工人阶级。而对于那些曾经是工人阶级但不再被雇佣的人和"其他阶级中完全破产了的渣滓"，马克思恩格斯则称之为"流氓无产阶级"。

第三，资本主义社会中的新生阶级：工人阶级。

在社会经济发展的过程中，各阶级之间的关系不断随经济生活中变化着的相互关系而变化，每一个阶级也经历着各自不同的发展历程，工人阶级的发展也不例外，经历了一个从阶级意识不明确，到"半本能"的"阶级感情"，再到真正的阶级意识的发展历程。

现代工业国家初期，工人阶级并没有意识到自身是与其他阶级相互区别，甚至对立的阶级。由于地域上的分散性，没有认识到自身特殊的地位和特定的利益，即没有认识到自身的阶级性，工人们往往只是针对个别的企业主进行斗争。随着工业经济的发展、工人阶级在人数规模上的扩大以及地域上的集中，工人们逐步意识到他们的共同利益之所在，为了维护这种共同利益，只有团结起来，在相邻地区建立持久性的联合，对抗企业主们，才有可能达到目的。但这个阶段,还不是对自身阶级本质的清晰认识,只能算是"半本能"的"阶级感情"。当工人们试图像当权者一样,通过政府颁布保护工人利益的法律时,当他们在选举期间游说某些政党,但这些却难免以失望告终之时,他们终于意识到要维护自身的利益必须"由自己担当",建立自己的政党,到这一阶段,工人阶级意识完全建立起来了。

占据统治权的阶级认识到自身与新兴阶级之间的对立,通常早于新兴阶级的认识。资产阶级对于自身阶级意识非常明确,敏锐地察觉自身与其他阶级之间的对立,因此,能够对当时的状况提出清晰的要求,以维护自身的阶级利益。而工人阶级由于对未来的需求和变革还不明朗,处于不确定的状态,往往在初期的斗争中处于劣势。

阶级在自身的发展过程中逐步建立自己的政党,通过政治手段达到自身的利益目的。但是,这并不能说明,阶级就能够简化为政党。实际上,两者并不等同。阶级是在社会经济生活的发展过程中产生的"一种社会形态",而政党则是包括一个阶级或几个阶级、并具有共同的政治目的的组织。

首先,阶级成员不等同于政党的成员。例如,社会民主党主要代表工人阶级的利益,但这绝不意味着该政党就只以工人阶级为其成员。"一个政党同时还是一种意识形态",是"一种特殊的政治思想集合体"[1]。加入一个政党的衡量标准,主要是看能否认可其原则、要求、党章、追求的经济利益要求,以及相应的"政治观点和哲学观点"。如果一个工人阶级之外的人,如果他认同社会民主党

1　[德]亨利希·库诺:《马克思的历史、社会和国家学说》,袁志英译,上海译文出版社2006年版,第408页。

唯物史观的实证社会学诠释

的政治、法律、道德等方面的意愿和目标,那么他仍然可以加入社会民主党。

其次,阶级和政党的发展条件不同。阶级意识的明确性和阶级特性的日益明朗,是阶级发展的关键因素。而政党的发展主要取决于在政治上的认可度。因此,对于政党而言,发展成员,扩大规模,是提高其认可度的重要方式。但是,在征集成员的过程中,随着各种不同阶级成员的涌入,在政党内部容易引起不同利益之间的分歧。

最后,阶级和政党的利益并不直接等同。在社会民主党内常常有成员指责党的领袖放弃了阶级立场。但是,即使是妥协也不能直接就判断是损害阶级利益。如果社会民主党放弃阶级要求,即从工人在经济过程中的特殊地位新产生的要求,并堕落为资产阶级政党,那就是对阶级斗争立场的"叛卖"。如果为实现某一部分的要求而和一个资产阶级政党结成暂时的联盟而反对另一个和其敌对的政党,那不能称为"叛卖"。如果为了先实现某一部分的要求,或者为了更好地维护这一部分的要求而将另一部分的要求暂时"摆一摆",也不能称为"放弃阶级斗争的立场"。也许,这一观点可以在一定程度上看作库诺夫为其在社会民主党内行为的一种辩解或声明。

第二节
人类社会发展的历史进程

一、原始社会是人类社会发展的最初形态

社会的细胞是群体。马克思恩格斯认为,社会生活的最初形式不是家庭,而是到处迁徙的群体,即"亲缘或家庭集团"。在社会发展进程中,先于国家、民族和阶级等形态的是家庭,有的则表现为氏族公社、图腾公社、亲族、家族、部落等。

早期的社会学认为,对社会生活起源的研究通常要以"孤立的人"或者"一对对配偶"为出发点,他们的联合、为共同生活制订相应的规则,由此形成社会。

但是当社会学发展到一个更高阶段时,即呈现为"有机"社会学,社会的起源则被看作"从家庭的扩大和分支里形成的",即家庭是社会的细胞,个体家庭逐渐发展为氏族、部落,直至民族,通过宪法、政府等政治组织的形式"演变成为一个政治社会或国家"。其中的个体家庭"大都被视为父权制的单个家庭",甚至有的理论家将社会和国家的原始形式看作"家长制的大家庭"。[1]

黑格尔有保留地接受了这一社会学思想。他没有把个人看作孤立的存在物,而是把个人当作社会整体中的一分子对待。此外,

---

[1] [德]亨利希·库诺:《马克思的历史、社会和国家学说》,袁志英译,上海译文出版社2006年版,第421—422页。

他提出，家庭是"一个合乎法律道德的人的统一体"，并且具有"一定的财产和财富（家庭财富）的经济共同体"。在个体家庭的发展中，产生了"新的旁系"，他们与原有的家庭有着血缘、亲缘关系，但是随着他们的分化和独立，家庭的数量不断增加，并出现了家庭的联合，由此产生的结果就形成了部落和氏族，最终建立了"更高一级的统一体"——社会。

马克思"早年紧步黑格尔的后尘"，视父权制的单个家庭为部落和民族的细胞，而且越追溯社会历史，越是能够发现个人从属于家庭、氏族，乃至社会的整体之中。但是，马克思"很快就超越了黑格尔"，提出，在父权制家庭到家长制大家族之间，家庭经历了各种发展形式，不同历史的家庭形式和不同的经济形式相适应。

关于原始社会，马克思和黑格尔看法一致，单个家庭和由此形成的家庭共同体中，分工的细化、需求的增加，导致了相互间的产品交换，在发生了相互间的经济关系之后，各个家庭和家庭共同体之间就产生了"普遍的相互联系"。

库诺夫认为，马克思和黑格尔的区别在于，后者视个体为交换的起点，而前者将家庭和家庭共同体视作起点，马克思的视角符合"更正确的人类学的观点"[1]。

直到 1878 至 1879 年间，马克思了解了美国著名人类学家路易斯·亨利·摩尔根的研究成果之后，他才改变了原先有关家庭是社会细胞的观点。马克思大量引用了摩尔根著作中的段落，并"注解、诠释和批判"，虽然最终没有来得及结合自己的研究成果进行专门著书，但是这些手稿经由马克思的女儿劳拉·拉法格，她去

1　［德］亨利希·库诺：《马克思的历史、社会和国家学说》，袁志英译，上海译文出版社2006 年版，第 425 页。

世后又转到 N·里雅山若夫手中，库诺夫因而得以阅读，后来恩格斯依据这些手稿完成了《家庭、私有制和国家的起源》。虽然无法区分在这本著作中恩格斯到底在多大程度上遵循了马克思的观点，又在何种程度上提出了自己的观点，但是仍然能够"在马克思的学说中"寻到一些"蛛丝马迹"，因此，在一些主要观点上"可能是遵循马克思的构想"。所以，库诺夫认为，把这本著作当作马克思的人类学观点是可行的。

接受了摩尔根的理论之后，马克思和恩格斯认为，家庭不是社会的细胞，取而代之的应该是"群体"。在库诺夫看来，恩格斯常常"错误"地称之为"部落"。恩格斯提出，人类自古以来就是群居而生，不可能是单独或男女成对生活。起初，一个群体完全独立，选择到食物相对丰富、气候较好的地方生活，不分区域界限，后来逐渐出现了群体特定的狩猎区域，并出现了保卫自己区域而抵御侵犯的斗争。随着群体的发展，群体之间发生各种交往形式，例如"通婚、举行共同舞会、狩猎和战争庆祝、建立保护和防御联盟"，若干个群体建立了巩固的联盟，即"伙伴关系"，从而形成了"更为紧密的共同体"。

那么群体之前的社会组织又是什么呢？库诺夫根据对唯物史观的理解和有关人类学知识的积累提出，家庭是群体之前的社会组织。恩格斯和摩尔根一致认为，在最初的家庭集团中盛行着杂乱性交关系，后来逐步发展为"不同辈数之间的成员不许性交"，再到同一辈数的兄弟姊妹之间也禁止性交，即必须到自己家庭集团外寻找伴侣，可以将其称之为"外婚制"。这种家庭形式被摩尔根称为普那路亚家庭（这类型的家庭还存在于夏威夷群岛）。之后又发展到"对偶家庭"，这种家庭形式与之前的家庭形式有一定的共同点，即由于父亲难以确定，孩子都是从母亲那里获得氏族公社的名字，即图腾名字，这一时期也还盛行着"母权制"。随着经济生活的发展，父亲的权威逐步突显，于是，母权制家庭逐渐被父权制家庭取代，形成了一夫多妻的"大家庭"或"老式家庭"。最后，在社会经济前进的步伐中，大家庭逐步解体，出现了一夫一妻制家庭形式，它以婚姻忠实为前提基础。但是，这种家庭形式并非个体性爱的自然结果，而是建立在经济条件之上的。

在有关家庭公社形式发展的研究是马克思主义在社会领域中的一个薄弱环节，恩格斯在这方面的研究受到了马克思主义和反马克思主义两个方面的"诘难"。恩格斯的观点则是来自路易斯·亨利·摩尔根。

摩尔根关于"家庭形态的构想"，不是"基于对自然民族婚姻习俗和亲属状况的研究推断"而来，而是根据亲属名称的诠释做出的判断。库诺夫在自己的著作[1]中提出，摩尔根的这一判断"是完全错误的"，因为他犯了一个人类学学者研究习俗时常常出现的错误，即将现代社会的概念（在摩尔根则主要是将现代文明社会的亲属观念）强加于原始社会的家庭、家族乃至民族之中。例如，摩尔根从出生的意义理解原始自然民族中的"父亲"一词，即"生他们的男人"。但是，库诺夫根据自己的研究，提出，实际上这一称谓在家庭形式的那个阶段主要用于集体，而不是指个人。从字源学意义上看，"父亲""母亲"指"大人""老人""成人"的意思，相应地，"孩子"一词是指"小人"和"年青人"。

库诺夫根据恩斯特·格罗斯的《经济形式》和 F. 米勒·勒伊的《婚姻、家庭和亲属的形态》《家庭》，大致得出家庭发展阶段的最初情形：起初的家庭形式"往往只有 15—20 个人的小群体"，他们

1　指库诺夫的《澳大利亚黑人亲属组织》和《关于婚姻和家庭的原始史》

之间虽然没有"一夫一妻"的形式,但是性伴侣关系还是在一段时期相对固定的,并且通常是年龄相仿的男女结为伴侣,性生活并非杂乱无章。在经济生活中出现了男女之间的分工,这也促成了男女成对共同居住的生活方式。在这种"个体婚姻"形成的同时,群体中逐步呈现出在年龄和辈数上的划分,主要有:幼年阶层、成年阶层、老年阶层。每个阶层都有相应的"权利和义务"。

库诺夫提出,外婚制并非人类的本能,也不是所谓的"自然淘汰的法则",而是在发展过程中,男子难以在自己的群体中找到合适的女子作为伴侣,于是从其他群体中寻觅合适的女子,这一方式成为风俗之后,渐渐出现了一种观点,即和自己群体的女子结伴是不合适的,不可能的,"有伤风化的",也是对古老传统的"亵渎"。

外婚制使得个体婚姻得以巩固。女子是男子从其他群体"掠夺、拐卖或买来"的,从而成为男子的财产,所有权和使用权都在男子手中,女子依附于男子,虽然女子是"宝贵的劳动力",但是男子是有权"抛弃""斥逐",甚至"出卖"女子的。

血缘共同体"图腾家族"(也称为"图腾集团"或"图腾家庭"),是从外婚制中产生的。一个相同血统的图腾家族的标志就是拥有相同的姓,这个姓通常是动物或植物的名称,相应的动物或植物也就成为这个图腾家族的"徽记和象征性的标识",是家族的神圣崇拜之物。

恩格斯认为,起初的图腾家族"完全是自然而然"地"由母系算起",由此发展的继承关系称为"母权制",女子处于受高度尊敬的地位,但这一阶段还不存在"法律意义上的权利"。库诺夫对此质疑,认为恩格斯以易洛魁人的生活为例证,根据现代的观点构想出原始社会状态,这是不合理的。一方面,易洛魁人并不属于最低的发展阶段,而应该属于北美联邦高度发达的印第安人部落。另一方面,如果他对"澳大利亚的群体生活的发展过程进行仔细的研究的话",就能够得出"完全不同的结论"。实际上,原始群体生活中世系根本无人过问,只有当群体成为外婚集团之后,人们对世系才给予注意。因为人们需要一个表示自己出身的姓,一个具有代表血缘关系的称呼,以避免同一血缘家族的男女婚配。

原始社会时期,女子在家族的地位主要以"她们作为生活资料的主要操持者对原始团体的价值为基础"。当群体生活转向以农业为赖以生活的经济基础时,在这一阶段,由于女子耕作,收获了群体生活的绝大部分食物,她们因此而受到真正的尊重。即使是那些"不以唯物史观为其出发点"的人类学家和文化史家们,也能够认识到"家庭和婚姻形态取决于经济的发展"。恩斯特·格罗斯、朱里叶斯·利珀特、亚当·弗格森等都得出了相似的结论。库诺夫在论文《母权统治的经济基础》[1]中以澳大利亚、太平洋诸岛以及美洲的各民族为例,论述了女子的地位与她们的劳动获得对获取生活资料的重要性有着密不可分的关系。

马克思和恩格斯非常敏锐地把握了"社会制度和观点取决于经济发展的水平"。但是恩格斯在论述母权制及其婚姻、家庭关系时,"单纯从意识形态出发",把母权制看作"先验的、在头脑中产生的血统计算的结果",而没有从社会经济生活的现实的角度进行研究。

随着社会经济的发展,男子逐步成为家庭的"主要的赡养者""家庭财富的增加者",于是家长制家庭渐渐取代了母权制家庭。在整个畜牧区,土地几乎都是部落或者家庭共有的财富,但是畜群

1　连载于 1897 年—1898 年度的《新时代》的第 4、5、6、7、8 期,法文译本同时刊登于巴黎月刊《社会变化》的第 1、2、3 期。

则基本上都是家长或者个人的财产。

恩斯特·格罗斯认为,尽管女子在家族中承担的事务是必不可少的,但是男子作为"畜牧者和武士",是社会维持和发展的最重要、最强有力的因素,一切宝贵的财产都掌握在男子手中,女子则一无所有,更无权力可言,这样的家庭状况促成了严格的家长制家庭的形成。

恩格斯也描述了家长制家庭的形态,并提出这种家庭的两个主要标志是父权和家庭内存在非自由人,而且其"完善的典型"即罗马的家庭。按照词源意义,Familia(家庭)指代奴隶,是指"属于一个人的全体奴隶"(Famulus 指一个家庭奴隶)。在罗马时代,家庭即遗产(Familia, id est patrimonium),"父权支配妻子、子女和一定数量的奴隶,并且对他们握有生杀之权"。[1]

随着氏族制度的衰落,社会分化程度的发展,社会经济中独立性工业部门的出现,家长制家庭解体,逐步过渡为家庭个体户形态——一夫一妻制家庭。这不是"社会和国家的原始细胞",而是"经济长期发展的结果",是"建立在一定的社会经济、财产和统治状况基础上的历史发展的产物"。另一方面,一夫一妻制的家庭形式将消除以往家庭的两大特征,一是"男子的统治";二是"婚姻的不可离异性"。摩尔根坦言,他对普那路亚家庭到氏族公社的推导"都是建立在纯粹的推测之上"的。同时,他在《古代社会》中认为,澳大利亚的黑人氏族是"一种更接近当今任何一个其他民族的原始雏形"。遗憾的是,他仅仅满足于"单纯的假说",而没有对澳大利亚的氏族公社和他们对亲属关系的称谓进行研究。

实际上,外婚制群体中逐步产生了图腾公社,成为"独立的外

1　《马克思恩格斯选集》第 4 卷,人民出版社 1995 年版,第 52—53 页。

　　　　　　　　　　　唯物史观的实证社会学诠释

婚的亲属集团",并演变为一种具有共同神圣祖先的崇拜团体[1]。在摩尔根的研究中,从易洛魁到罗马氏族,存在一个巨大的空白,无法说明氏族公社到"封闭的牢固的区域、经济和崇拜公社"的演变过程。

虽然摩尔根的推导有误,但是他的研究推动了曾一直被人们忽视的人类学和史前领域的研究,恩格斯的著作也使得摩尔根的研究得以普及,并"在德国社会民主党内掀起研究古代史的高潮"[2]。研究发现,在社会生活和共同体生活的国家之前,群体的发展历程是从游牧群体→马尔克公社→部落和部落联盟,最终以日耳曼国家的建立终结了群体的原始形式。

群体在其领域内定居较长时间后,逐渐发展为村落。定居是过渡到农业的先决条件。对于各大陆最早居民的不同形式、最早的村落制度、原始耕作向农业发展的演变、由农业发展引起的土地权利问题、古老发展阶段中的不断变化的经济形式等问题,马克思和恩格斯都很少或者根本没有加以研究,他们对原始共同体形式及其经济形式缺少研究。

英国报道的苏格兰、爱尔兰和威尔士部分残存的农业共产主义的经济形式吸引了马克思恩格斯的兴趣,于是他们研究了苏格兰和爱尔兰的古老氏族社会,1868年至1869年间还研究了格奥尔格·路德维希·毛勒和格奥尔格·汉森有关古老的日耳曼村落和马尔克公社的著作,后来,马克思还阅读了乔治·卡姆普贝尔和T·斯泰姆福特·拉菲尔等人的著作,但是这些讨论的都是晚得多的农业定居形式和经济形式。

---

1 参见库诺夫:《宗教和神的信仰的起源》第4章"从神灵崇拜到图腾和祖先崇拜"。
2 [德]亨利希·库诺:《马克思的历史、社会和国家学说》,袁志英译,上海译文出版社2006年版,第478—479页。

在马克思和恩格斯看来,"经济史只是开始于马尔克公社"。他们忽视了马尔克公社之前的更为古老的经济组织形式,因此,并不能将马尔克公社中的"公产形式"视为"农业共产主义的假设的原始史"。

考茨基和布鲁诺·申朗克在爱尔福特纲领中提出,从人类历史中可以看出:任何一种社会起初都把决定性的生产资料,例如土地、船只、宅地等,作为公产对待,公产归于个人按照社会的能力和需要使用。库诺夫不认可他们的观点,他认为原始共产主义只是一种纯粹的臆造。

1868 年,马克思读到了格奥尔格·路德维希·毛勒关于日耳曼马尔克村落和城邦制度的著作,对这本著作的理论意义表示赞赏,认为他的论述对原始时代、享有特权的地主、国家权力、自由农民和农奴之间的斗争的全部发展,都给予了"崭新的说明"。恩格斯受到俄国经济学家马克西姆·柯瓦列夫斯基的《家庭和财产起源与进化概论》(1890 年出版于斯德哥尔摩)的影响,对毛勒的观点产生了怀疑,转而提出,日耳曼氏族公社起初是家长制的家庭公社,后来逐步形成村落公社。

库诺夫不认可恩格斯和柯瓦列夫斯基的观点,他认为根据经济形式和定居地区的不同土质情况,欧洲有两种并存的定居形式,德国平原是按照村落体制来定居的,而阿尔卑斯山区则按家庭体制定居。

部落定居于某个地区后,其中的氏族公社从已被占有的区域中选定一个区域作为自己公社的占有地,即马尔克公社。换而言之,马尔克公式是部落地区中的一个部分,部落中尚未选定的区域是公地,即"整个部落的公共财产"。由此可见,马尔克公社组织是一种部落组织的下属组织,部落逐渐形成国家,不是马尔克公社形成国家。部落内部实行自治,部落之间则建立牢固程度各不相同的组织联盟。

几个部落往往结成一个部落联盟,组成一个由最高首领领导的"民族",其中有氏族公社头领组成的部落议事会和自由人的全体部落大会。恩格斯还专门论述了部落联盟的发展过程和扈从制度促成了王权的形成。在民族大迁徙的过程中,在征服的基础上形成了一系列的日耳曼小国家。恩格斯提出"国家在氏族制度的废墟上兴起的三种主要形式"是:古典式、罗马式、民族大迁徙时期的日耳曼式。库诺夫发现,这一研究成果与恩格斯自己在其他地方表述的观点矛盾,即国家是在没有受到任何外来的或内部的暴力干涉下形成的。

二、资本主义是人类社会发展的过渡阶段

马克思社会哲学理论的批评者往往把马克思的辩证法看作"一种诡辩的构想的模式",甚至一部分自称是马克思主义者的人也没有理解马克思的辩证法思想,认为马克思的辩证法与马克思的理论"格格不入"。例如,伯恩施坦就认为,马克思深陷黑格尔的思维圈套,对社会生活的考察前后不一。

在社会历史前进的过程中,没有静止不动、孤立僵化的形态和范畴,始终会出现各种因素的影响,在不同程度上干预社会发展的总体进程,因此,社会发展不可能以直线前进,而是呈曲线路径,或快或慢,时而出现偏离,但又始终围绕着那个总体的发展趋势,即马克思发展理论中的"辩证运动"。既然考察对象是"辩证运动"的,那马克思考察社会生活就使用辩证法。

马克思的此辩证法非黑格尔的彼辩证法。黑格尔的辩证法,

将概念看作现实的"翻版",社会生活中一切从低级发展到高级形态的运动都是思维过程的外部反映,思维是第一性的。在他的世界里,社会发展充满着矛盾、变化和新旧更替,是概念的自我运动,是思维的过程。每一个概念都因自身的内在矛盾而自我否定,从而产生新的概念,实现了对前身的扬弃,随后这个新的概念又在内部孕育着更新的矛盾,产生新的扬弃,……社会生活不断在自我否定和扬弃中完成发展进程。

马克思则不然,他从现实社会中的矛盾出发考察社会发展进程。在他看来,社会发展的现实进程是第一性的,思维仅仅是第二性的,因为,观念不外乎是现实投射进入人的思维过程并在思维过程中改造过的东西。

库诺夫充分肯定辩证法是马克思发展理论中"极端重要的基石"[1],辩证法不是马克思社会学领域中的"异物",更不是其理论思想的"异己体",而是他从黑格尔逻辑学中继承并发展的考察社会生活的核心方法。马克思恩格斯曾经明确指出,黑格尔的辩证法以对现实社会发展进程的观察为基础,只不过他在绝对精神的运动领域将其神秘化了。正是深刻地理解了黑格尔辩证法的精髓,并意识到他"用头立地"的问题,马克思恩格斯才将其反转过来,并用于社会生活的发展进程的考察和研究。辩证法不是多余有害之物,而恰恰是马克思社会哲学的"重要的必需品"。

马克思对社会的考察决定了他的历史理论,进而促成了他的关于发展的理论。在马克思的历史理论中,始终处于不断更新状态的生产过程是整个人类社会生活的物质基础,只有当生产方式

1　[德]亨利希·库诺:《马克思的历史、社会和国家学说》,袁志英译,上海译文出版社2006年版,第697页。

唯物史观的实证社会学诠释

发生变化时,社会形态才会发生相应的变动,而生产方式不可能停滞不前。社会发展的历史逻辑是:生产力作为生产方式中的"建设性成分"在生产资料的获取过程中向前发展(请注意生产力绝不等同于生产技术),生产方式随之变化,生产过程中参与主体之间的经济关系(即生产关系)也相应发生改变,从法律意义上看,这个生产关系同时就是法律关系。

生产关系的改变和发展并不是一个抽象的或机械性的变动过程,而是在既有的历史前提下进行的,新社会形态并非一经形成就自由发展,而是必然在传统的旧有社会形态及其已占统治地位的意识形态的包围和对抗之中。新兴力量对旧势力对抗的艰巨程度还取决于"竭力维护旧的经济状况的人的力量的大小"和"人数的多少"。如果要对抗已经由国家法律固化了的生产关系,那么斗争还要更加艰难,因为旧势力为了维护自身利益必须保有原来的经济关系,为此必须竭尽全力维护原有的法律制度,并阻挠新兴力量的发展壮大,直到新兴力量冲破阻拦"砸开强加于其身上的人为的法律锁链"为止。[1]

库诺夫以机器大生产和行会制度的对抗为例,以说明社会变动的过程。公元十二至十三世纪,行会和行会制度最初是"促进生产力发展的形式",打破了封闭性的自然经济的束缚,促进了商业发展,对行会成员提供了经济活动的法律层面的制度和规范,在约束成员经济行为的前提中保证了各成员的利益。行会内部逐渐在分工上有了更进一步的发展,对师傅、帮工和学徒等进行必要的考试,以确保他们的应有的技能和熟练程度,不仅促进了劳动技术的

1　[德]亨利希·库诺:《马克思的历史、社会和国家学说》,袁志英译,上海译文出版社 2006年版,第658页。

专业化和多样化,而且提高了生产方式的效率,实现了中世纪后期的经济以及社会文化的繁荣发展。

但是,随着人口规模的不断扩大、区域经济发展悬殊、生产技术的应用改进、商业资本的形成和发展,以及市场的需求,行会制度逐渐成为社会经济发展的"桎梏"。虽然它已经不能满足发展的需要,但是其中的既得利益集团仍然要竭尽全力维护行会制度,并设置障碍以阻止其他的经济方式的介入,例如对外征收特殊赋税,对内排斥在工场工作的帮工,将他们开除出行会。然而,行会的这些阻挠并不能长久地维持行会制度的地位,资本主义的发展由于适应了经济生活的需要而渐渐伸进社会经济的每一个角落,行会分布在城市,于是他们就到没有行会的港口和城郊等,既能顺利发展,又能方便运输和仓储等。资本主义新兴力量与旧有的行会制度斗争,直到后者在法律层面上不得不被前者取代为止。

可见,新兴生产关系取代旧有的生产关系和社会形态的更替,并不是"自动地"和"机械地"运行机制,没有社会成员的参与是不可能自发完成转变的。在新兴生产关系产生初期,也许人们并不能有意识地注意到"新"的意义,但是,当人们在意识到"新"和"旧"之间的冲突,即在政治、法律、道德等观念上的冲突,才有现实社会经济中的冲突。在这一意义上,才有马克思所说的"意识形态的形式决定这种冲突"。马克思提出"三种幻想来的见解":拥护变革的阶级自认为是推动历史进步的代表者,因此将阶级利益看作整个社会利益;被压迫阶级取得政权后,提出了"超过它所能达到的相应的社会发展水平",从而在革命运动"突进"至一定阶段后必然经历一个倒退的过程;当革命阶级取得统治权之后,援引以往革命运动作为论证,为自己的特殊利益"披上"道德和法律的"外衣"。

对此,马克思曾在《路易·波拿巴的雾月十八日》中讽刺道:

"一切已死的先辈们的传统,像梦魇一样纠缠着活人的头脑。当人们好像刚好在忙于改造自己和周围的事物并创造前所未闻的事物时,恰好在这种革命危机时代,他们战战兢兢地请出亡灵来为他们效劳,借用它们的名字、战斗口号和衣服,以便穿着这种久受崇敬的服装,用这种借来的语言,演出世界历史的新的一幕。"[1] 因此,宗教改革时路德穿上了圣徒保罗的服装,法国大革命时期的激进派常常披着罗马长袍。人们往往只能局部地意识到历史背后真正的推动力及其影响,无法全面理解。因为,他们的意识形态形成期是在前辈中的社会生活之中,所以他们的身上不可避免地带有传统的"烙印",对社会发展的判断必然融入了与先前事件的比较。

反马克思主义者认为在马克思的历史理论中,社会生活剧烈变化的必然结果是各阶层之间"血腥搏斗式"的政治革命。库诺夫认为这种看法是"完全错误"的,这种尖锐的根本性对立压根就是反马克思主义者在头脑里构想的马克思式的革命,与马克思的论述完全不符。

用马克思在《政治经济学批判》序言中的话总结社会发展的过程:"社会的物质生产力发展到一定阶段,便同它们一直在其中运动的现存生产关系或财产关系(这只是生产关系的法律用语)发生矛盾。于是这些关系便由生产力的发展形式变成生产力的桎梏。那时社会革命的时代就到来了。随着经济基础的变更,全部庞大的上层建筑也或慢或快地发生变革。在考察这些变革时,必须时刻把下面两者区别开来:一种是生产的经济条件方面所发生的物质的、可以用自然科学的精确性指明的变革,一种是人们借以意识到这个冲突并力求把它克服的那些法律的、政治的、宗教的、艺术

1　《马克思恩格斯选集》第1卷,人民出版社1995年版,第585页。

的或哲学的,简言之,意识形态的形式。我们判断一个人不能以他对自己的看法为根据,同样,我们判断这样一个变革时代也不能以它的意识为根据;相反,这个意识必须从物质生活的矛盾中,从社会生产力和生产关系之间的现存冲突中去解释。"[1]

马克思在考察社会变革时,基于对国家和社会的辨析,区分了社会革命和政治革命。虽然,政治革命在大多数情况下同时伴随着社会革命,推翻政权往往与变革社会经济关系存在着紧密不可分割的联系,但是马克思还是对这两种革命范式进行了明确的区分。社会革命是对社会成员之间的物质关系的深刻变革,政治革命是"以推翻政治国家暴力和改造政治国家法律(首先是宪法)为目的的群众运动"。例如,针对十八世纪末的法国大革命,从推翻贵族王权、推行并实施资产阶级民主宪法的角度看,这是政治革命;从建立相对自由的小农经济以替代贵族和农民之间封建依附关系的角度而言,则同时又是社会革命。

在马克思看来,社会变革的关键不在于政治权力的斗争,而是新的生产方式突破了原有经济关系的束缚并在意识形态上取得应有地位的变革。在社会经济变革的过程中,如果政府为了维护旧有生产关系及其法制时,新旧两股势力的冲突必将引起政治革命。但是社会革命并不总是以政治革命为结果。社会革命,从经济结构、社会关系到意识形态的变革可以在没有起义和街垒斗争的情况下(比如通过议会道路)逐步进行。

政治革命和社会革命都属于社会进化,只是它们是"一种加速的强有力的行动",如果"人为的法律桎梏"阻碍了社会进化的步伐,那么变革之势就有可能在瞬间爆发"炸开"束缚和枷锁。但是,

---

1　《马克思恩格斯选集》第 2 卷,人民出版社 1995 年版,第 32—33 页。

一时的突飞猛进并不能改变社会发展的条件,更无法改变社会前进的原因、方向和性质。如果强制推行的法律制度远远超越当时社会经济发展的水平,那么"一场革命在暴烈的突进中很可能使自己翻筋斗"。因此,"强行取得的革命成果不会持久","内在的必然性"将会是社会状况"或早或迟会发生倒退",于是"结果会将成就反转过去",即在"旧社会的怀抱"中业已发展的新兴社会的因素"付诸东流"。虽然,马克思和恩格斯晚年时期常常预期一场伟大的无产阶级革命和"义无反顾的暴力"式政治革命,但是,这并不是他们的发展理论,他们并没有以社会发展的内在规律为依据去预期这样的革命,而仅仅是从当时的社会形势的考察中"引申出来的设想"。[1]

社会历史的发展具有确定的规律性,各种社会现象之间存在着紧密的因果联系,每一种社会运动都以一种内在必然性为运动原则,前一个环节的特点决定了后一个环节的特点,在一系列因果联系中"同样作用力"的条件下"总会产生相同的社会后果"。因此,社会形态的更替是生产力(作为原动力)对社会生活发展方向的因果制约作用的结果。

库诺夫还据此指出马克思和康德对发展规律的观点有所不同。对马克思而言,社会发展的规律或者称之为社会运动的合法性,并不单纯是"社会运动的规律性和计划性",也不是社会向特定目标运动的实现。在这一点上,库诺夫倒是和黑格尔一脉相承,他们都是把发展看作"一种运动原则的必然展开",只是区别在于黑格尔仅仅将这一原则当作"观念运动的某种独特合法性",而马克

1　[德]亨利希·库诺:《马克思的历史、社会和国家学说》,袁志英译,上海译文出版社2006年版,第665页。

思则认为是对社会生活过程发展的制约性。

但是，也不能就此断言，世界各地的社会发展都以同样的原则向前运动。马克思、恩格斯就提出不同区域的社会发展虽然在完全相同的轨道上进行，但发展的速度并不会一样。因为，各地自然条件不同，资源分布各异，所处时代、可以应用的技术水平、可以运用的人力畜力等方面都存在着众多的差异。如果追根究底地追溯到人类社会最古老的发展阶段，就会发现那时社会发展根本不会总在相同的轨道上前进，而且每一个历史阶段也不可能出现完全相同的社会现象。

马克思、恩格斯还提出，经济规律只是在个别的发展阶段决定经济过程。例如，政治经济学"从最广的意义上说，是研究人类社会中支配物质生活资料的生产和交换的规律的科学"，在本质上是"一门历史的科学"，它在社会历史的制约之下具有其自身的特殊规律，"它所涉及的是历史性的即经常变化的材料；它首先研究生产和交换的每个个别发展阶段的特殊规律，而且只有在完成这种研究以后，它才能确立为数不多的、适用于一般生产和一般交换的、完全普遍的规律。同时，不言而喻，适用于一定的生产方式和交换形式的规律，对于具有这种生产方式和交换形式的一切历史时期也是适用的"。[1] 在政治经济学所处的时代，它"以一种强力和内在的必然性加以贯彻"，"以铁的必然性发挥作用"，但是这种规律并不能直接延伸到其他的历史阶段。现代商品生产规律显然不适用于原始的自给自足式的经济，现代货币经济规律也不可能适用于此前的自然经济。经济研究正是需要考察每一个历史阶段的局限性，其规律的适用性和依赖性。

1　《马克思恩格斯选集》第 3 卷，人民出版社 1995 年版，第 489—490 页。

　　　　　　　　唯物史观的实证社会学诠释

诚然,每一个社会形态都有其自身特殊的经济规律,但是,马克思、恩格斯从未否定历史必然性。关于历史的必然性,他们都推崇黑格尔的观点,认为他是"第一个正确地叙述了自由和必然之间关系的哲学家"。所谓历史的必然性,即指发展过程的其他可能性已被排除,因此只有唯一可能性从事物因果联系中产生出来,这有些类似于黑格尔所说的条件循环。历史的必然性既不是天意或者自然计划,也不是预设前提或逻辑上的思想关联,而是在看似纯粹偶然的事件及其内在因果联系的制约下产生的必然趋向,就是现实的可能性和现实性的统一。

　　无论是个人还是共同体的历史行为,都只能从他们所处的既定历史条件中考察,而绝不能够从所谓的理性思考和伦理判断加以评判。马克思认为,资本主义必将被社会主义取代的历史必然也不例外,社会主义并非因为在道义上符合伦理道德原则而优于资本主义。马克思把社会主义看作资本主义"唯一可能的次序",认为它势必要从资本主义经济方式的倾向中产生出来,资本主义社会向前发展只可能走向社会主义,这种过渡和发展中体现出来的历史必然性,就如同十八世纪末法国社会必然从封建主义走向资本主义一样。

　　虽然这些发展和过渡是历史的必然,但是,它们并不是在人类社会历史中"机械地"或"自动地"地运行的,它们必须依靠作为社会主体的人的行动才有可能完成。一切社会历史都是"人的作品",人们创造着自身的历史,历史就是人们的行动及其对社会生活影响的总和。人们在社会经济生活中的地位,或者说他们的物质和精神层面的利益,决定了他们意志和行动的因果联系的根本特质。历史运动不仅受人们的意志和行动影响,受制于人们的动机和意图,而且还要受到人们确立的目标是否符合当时的历史条件的限制,即受到社会内在联系的制约。

恩格斯在《路德维希·费尔巴哈和德国古典哲学的终结》中指出了社会发展史与自然发展史的根本区别。自然发展的历史中,抛开人们对自然界的反作用,那么任何发展过程中都没有自觉的目的性。而社会发展的历史则全都是在人们有意识的、自觉地、有目的性的行动中向前发展。从形式上看,无数的偶然性支配人们的行为,但是许多意志都在相互冲突或相互影响,有的甚至抵消了彼此的作用;从本质上看,所有的发展过程都由"内在的一般规律"所支配。

需要注意的是,有学者将马克思和黑格尔的历史必然性当作宿命论,这是一种误解,库诺夫认为两者根本没有丝毫的共同之处。人是社会历史的行动主体,具有影响社会发展的力量和能力,人是社会发展的原动力因素之一,只有人的行动才能够通过创造为实现可能性而必需的前提条件,使植根于社会生活的现实可能性得以实现,从而完成对历史必然性的实现。换而言之,"人不能去实现那些仅仅是形式上的可能性",因为,这些可能性是"存在于现实可能性的范围之外"的,如果恣意妄为,则会"招致失败"。

库诺夫以社会主义必将取代资本主义为例,对此进行了解释。他认为,如果无产阶级无所作为,社会主义不可能自动取代资本主义。如果无产阶级没有组织,缺乏实现社会变革的精神力量和物质力量,社会主义也不可能实现。无产阶级必须尽其所能创造实现社会主义的各种物质和精神领域的前提条件,才能够完成社会历史发展的必然变革。否则,马克思在指出历史必然性的同时,又何必在《共产党宣言》中号召全世界无产者联合起来呢?

鲁道夫·希法亭和麦克斯·阿德勒认为,马克思主义历史学家的任务是解释社会历史的发展,诠释其过程的因果序列,无须评价社会生活的正义与否。因为，历史仅仅是政治变革的出发点而已，是政治要克服和超越的对象。所以，历史是"错"的，政治是"对"的。库诺夫认为，他们这种颇具代表性的观点将导致"最美妙的幻想的、机会的和感情用事的政治"，即使是最伟大的政治家也不可能在确立政治目标和制定革命策略时忽视当时社会发展的状况，他必须直面革命过程中的诸多问题，如社会发展的方向如何、设立的革命目标是否符合历史发展的必然性，以及在多大程度上具有现实的可能性，当时是否具有实现目标的社会前提条件，等等。政治意志和行动必须以历史为基点，如果无视社会发展的必然趋势，那么就会"落入茫茫大海的幻想政治"[1]。

三、共产主义是人类社会发展的必然趋势

不少反马克思主义者试图从逻辑推理的角度驳斥马克思的发展观。彼得·V.施特鲁弗就是其中一个代表人物，他直接从施塔姆勒的《唯物史观的经济和法》中引证马克思发展观上的逻辑矛盾。他认为，马克思指出了工人阶级的日益贫困化，但同时又说这一贫困化的趋势赋予了工人阶级战胜资本主义制度的能力，从现实主义的视角出发，这两者根本就是矛盾而无法统一的。库诺夫批评施特鲁弗单单以逻辑范畴范式看待马克思的发展观，他根本没有理解马克思是从历史辩证法的立场出发而得出的结论。

马克思把工人阶级的贫困化看作为是植根于资本主义经济之中具有本质特征的一个趋向，它同时和与其相反的趋向共存对立，

---

1 ［德］亨利希·库诺：《马克思的历史、社会和国家学说》，袁志英译，上海译文出版社 2006 年版，第 692—693 页。

它们的发展是一系列形形色色的倾向相辅相成,互相制约,或相互抵消的结果。其中任何一个趋向的存在都不意味着它就能够在历史发展中完全发挥作用。

库诺夫认为马克思的研究方法直接受到黑格尔的影响,因此,他对社会学和经济学的研究尽可能寻求"纯规律"及其"纯作用"。在考察资本主义生产方式的过程中,他总是试图将特殊的、次要的干扰因素剥除,从所处的社会经济根源中找到发展的趋势和规律,即经济的"纯"的"自然规律",并研究排除那些斑驳陆离的相对影响之后的"纯"作用。

不过,马克思的"纯粹"和黑格尔意义上的"绝对"是相通的,并非是指不受任何因素制约、始终适用的规律,而是基于某一种类的错综复杂、相互影响的现象最终的运动原则,或者说是表面形式掩盖下的或多或少出于隐蔽状态的基本发展趋向。虽然在现实的社会发展过程中,这种"纯"规律会因各种情况而有不同的表现形式,但是它始终是在整体趋势上的一种终极运动原则,也是基本的发展趋向。

在资本主义社会,工人受到资本家的剥削和压迫,日益贫困,但是与此同时,工人阶级为了摆脱贫困而做出的努力将和这种日益贫困化的趋向对立形成另一个趋向,工人组织成立联盟,为了自身利益而不断斗争。例如,在当时工业最为发达的英国就有最周密的工人同盟组织。建立同盟,既能够有效地消除工人之间的竞争,也能够加强协作与资本家形成对抗,从而实现维护收入和待遇,进而能够通过维护同盟维护更多的利益,在这一过程中工人阶级的力量得到了加强。因此,马克思在《资本论》中写道,"随着那些掠夺和垄断这一转化过程的全部利益的资本巨头不断减少,贫困、压迫、奴役、退化和剥削的程度不断加深,而日益壮大的、由资本主义生产过程本身的机构所训练、联合和组织起来的工人阶级的反抗也不断增长。资本的垄断成了与这种垄断一起并在这种垄断之下繁盛起来的生产方式的桎梏。生产资料的集中和劳动的社会化，达到了同它们的资本主义外壳不能相容的地步。这个外壳就要炸毁了。资本主义私有制的丧钟就要响了。剥夺者就要被剥夺了"。[1]

另一方面，施特鲁弗深受施塔姆勒观点的影响，认为经济和法制的关系就如同内容与形式之间的关系，不认可马克思有关社会基本矛盾的观点。施特鲁弗认为生产关系和作为上层建筑的法制两者之间没有矛盾，因为社会经济是内容，社会法制是它的形式，因此两者总是相互"完全适应"的，不可能"背道而驰"。对此，库诺夫认为，施特鲁弗没有区分清楚生产力和生产关系，误将人力、畜力和自然力当作生产关系，甚至认为就是法律关系，而这些是以生产力的因素呈现于社会生活，人们在其中的协作过程中形成一定的生产关系，并逐步成为法律关系，但是它们本身并不是生产关系。此外，社会习俗和成文的社会法律也应当有所区别，社会经济关系进入社会法律领域是有一个逐步的过程，不可能"自然地"或"自发地"或"自动地"形成，而且社会法律只有在国家层面被接纳并最终确立，才能够成为国家法。总之，库诺夫评价施特鲁弗所说的贫困化理论和工人阶级力量的增强之间的矛盾只是他头脑里的想象。

不过，库诺夫认为马克思的发展观中也存在错误。马克思根据当时（十九世纪四十年代至六十年代）英国产业工人的状况，认为工人阶级的反抗尚无法战胜贫困化趋向。库诺夫认为马克思"以眼前的经验简单地去套未来的情况"，低估了反贫困化趋向，高

---

1 《马克思恩格斯全集》第 23 卷，人民出版社 1986 年版，第 831—832 页。

估了贫困化趋向。

资本主义社会的进化就是走向社会主义,即以"全面推行的公有制经济制度基础上的社会制度"[1]。马克思、恩格斯从来都不曾承认"有什么放之四海而皆准的永恒的道德规律",向社会主义进化的目标并非源自普遍适用的伦理道德原则,而是"在历史社会的发展中必然要贯彻的运动目标"制约下的社会发展过程的必然。

社会发展的内在必然性决定了社会主义公有制的科学合理性,这和资本主义的产生、发展及其最终必将被取代的趋势一样是社会历史逻辑前进的必然。"资产阶级赖以形成的生产资料和交换手段,是在封建社会里造成的。在这些生产资料和交换手段发展的一定阶段上,封建社会的生产和交换在其中进行的关系,封建的农业和工场手工业组织,一句话,封建的所有制关系,就不再适应已经发展的生产力了。这种关系已经在阻碍生产而不是促进生产了。它变成了束缚生产的桎梏。它必须被炸毁,它已经被炸毁了。取而代之的是自由竞争以及与自由竞争相适应的社会制度和政治制度、资产阶级的经济统治和政治统治。"[2]

"现在,我们眼前又进行着类似的运动。资产阶级的生产关系和交换关系,资产阶级的所有制关系,这个曾经仿佛用法术创造了如此庞大的生产资料和交换手段的现代资产阶级社会,现在像一个魔法师一样不能再支配自己用法术呼唤出来的魔鬼了。几十年来的工业和商业的历史,只不过是现代生产力反抗现代生产关系、反抗作为资产阶级及其统治的存在条件的所有制关系的历史。"[3]

1　[德]亨利希·库诺:《马克思的历史、社会和国家学说》,袁志英译,上海译文出版社2006年版,第666页。

2　《马克思恩格斯选集》第1卷,人民出版社1995年版,第277页。

3　同上,第277—278页。

从生产力和生产关系角度看,在资本主义社会中,两者之间始终存在着矛盾,资本不断积累并过度地集中,在生产、分配和消费等环节都产生矛盾,导致经济危机,破坏社会经济,加剧资本家和工人阶级之间的对立和斗争,必然引起不同形式、不同数量级的社会冲突,从而导致新兴社会形态的形成和发展。

从社会阶级的角度看,"每一个以阶级对抗为基础的社会"以"被压迫阶级的存在"为必要条件。换而言之,"被压迫阶级的解放必然意味着新社会的建立"。因此,马克思说"要使被压迫阶级能够解放自己,就必须使既得的生产力和现存的社会关系不再能够继续并存。在一切生产工具中,最强大的一种生产力是革命阶级本身。革命因素之组成为阶级,是以旧社会的怀抱中所能产生的全部生产力的存在为前提的"。[1]

正所谓"成也萧何,败也萧何",马克思认为,资本的逻辑决定了资本主义的萌芽和飞速发展,但是它也同样决定了资本主义的必将消亡。"资产阶级生存和统治的根本条件,是财富在私人手里的积累,是资本的形成和增殖;资本的条件是雇佣劳动。雇佣劳动完全是建立在工人的自相竞争之上的。资产阶级无意中造成而又无力抵抗的工业进步,使工人通过结社而达到的革命联合代替了他们由于竞争而造成的分散状态。于是,随着大工业的发展,资产阶级赖以生产和占有产品的基础本身也就从它的脚下被挖掉了。它首先生产的是它自身的掘墓人。资产阶级的灭亡和无产阶级的胜利是同样不可避免的。"[2]

库诺夫用否定之否定总结了资本主义向社会主义发展的必然

1　《马克思恩格斯选集》第1卷,人民出版社1995年版,第194页。
2　同上,第284页。

性。资本主义私有制是对以社会主体劳动为基础的私有制的"第一个否定",但是资本主义生产方式"由于自然过程的必然性"造成了"对自身的否定",即对第一个否定的否定,对它的克服不是"重返"私有制,而是"在资本主义时代的成就的基础上","在协作和对土地及靠劳动本身生产的生产资料的共同占有的基础上","重新建立个人私有制"。[1]

马克思预测资本主义的发展趋势,但是在某些国家和社会生产部门中很少或根本就没有出现他所描述的现象,在发展速度上也和他的预计不同,因此有人质疑马克思的发展理论。库诺夫认为预测社会发展趋势的缺陷来源于"某些历史思维的根本错误",虽然马克思也会预测不准,但是与之相比,他的批评者所犯的错误要多得多。

每位思想家对社会历史的预期都以他自身熟悉的现象和接受的经验为出发点,或多或少地将未来看作"最近几十年中所观察到的发展方向的延长",即使是马克思本人也不可避免。库诺夫在《党破产了吗——关于党内争论的公开意见》中就明确提出,马克思恩格斯对某些发展进程的判断不够正确,主要是因为他们在十九世纪七十年代过高估计了资本主义经济发展的水平,而且他们仅仅将资本主义的向前发展看作以往经济方式的简单复制和延续,他们对世界销售市场及其扩张规模和速度估计不足,以英国棉纺业为基准预测钢铁工业的发展态势,而这两种行业的发展特征完全不同,对生产力、生产资料的影响也大不相同。

因而,早在 1890 年左右,库诺夫就坚决反对马克思、恩格斯关

---

1 ［德］亨利希·库诺:《马克思的历史、社会和国家学说》,袁志英译,上海译文出版社 2006 年版,第 669—670 页。

于资本主义已经达到最高阶段的观点。他认为,虽然战争可能使得某些含有社会主义因素的制度规范得以实施,但是,"战争在资本主义国家内会导致帝国主义和金融资本主义的加强",之后将出现金融资本主义新时代。库诺夫还认为,对于马克思的估计不足,恩格斯是有所意识的,在《法兰西阶级斗争》导言中就提出,某一社会阶段初期的经济状况不可能在整个历史阶段恒定不变。

库诺夫指出,资本主义在世界各国各区域的发展表现各不相同,如果据此就下结论,说马克思恩格斯的发展理论是错误的,则既不公允,也不合理。即使是马克思本人也从未否认各个国家地区在发展进程中的特殊道路。任何时期任何资本主义国家,都不可能以相同的特征、按照统一的模式经历社会经济发展。马克思恩格斯至多是对资本主义的发展速度估计不够,但是他们对社会历史发展的因果联系和相互影响、对资本主义总体发展方向上的观点,是毋庸置疑的。

针对反马克思主义者的论点,库诺夫特别强调了一点,必须区别并认清革命的性质。马克思根据历史辩证法预计了无产阶级革命,即资本主义走向社会主义的节点,需要注意的是,这里的革命是无产阶级和资产阶级之间决战的无产阶级革命,"并不是由于战争、饥荒或民族争端在俄国、保加利亚、中国或印度所爆发的革命","也不是德国的十一月革命"。因此,库诺夫讽刺道,如果将俄国革命和马克思论述的革命混淆,那么,这岂不是"一种骗人的把戏"吗?[1]

1　[德]亨利希·库诺:《马克思的历史、社会和国家学说》,袁志英译,上海译文出版社2006年版,第674页。

第三节
对库诺夫社会历史理论解读的评析

库诺夫对马克思主义历史理论的批判性阐发,始于对两位具有代表性的庸俗马克思主义者的批判。一位是荷兰的激进派领袖戈特,另一位是在当时社会学思潮中颇具代表性的巴尔特。库诺夫针对这两位学者的观点,分别就生产过程和经济结构进行了批判性的阐发,他主张生产过程决定论(不是生产力决定论),反对技术决定论;主张经济决定论,反对意识形态决定论;主张阶级斗争论,反对伦理决定论,以此重申自己理解的唯物史观的历史理论。

一、经济方式、技术和企业形式等同吗?

库诺夫从经济史、人类学和社会学知识出发,对社会经济要素进行了辨析。他主要围绕两对范畴强调社会经济方式的含义。

第一,库诺夫指出,经济方式不等于技术。库诺夫以荷兰激进派领袖海尔曼·戈特为理论批判的靶子,说他混淆了生产过程和技术,将生产力、技术和生产工具混为一谈,认为意识形态和生产关系由技术(当然这也等同于生产力和生产工具)决定。

库诺夫驳斥道,马克思从未持有这种观点。其一,技术、工具和生产力三个范畴有不同界定。马克思论域中的技术是指制造产品的整个工艺,生产工具是指劳动过程中使用的一种技术手段,生产力是指投入社会生产制造等过程的力量,包括机械力、人力、畜力和自然力等。其二,社会存在的基础只能是生产过程,而绝不是技术,按照马克思的论述,生产过程是以技术为手段将劳动力和自然力应用于产品的过程。戈特断章取义,没有准确理解马克思的生产过程的含义。马克思的原意是,生产过程中生发出人们的社会关系,即人的社会化,使得他们为了满足共同的需要而合作进行生产活动,这是不以人的意志为转移的,人们之间的社会关系由此形成。

戈特对马克思生产力生产方式的简单化解读,带来了另一个问题,即,戈特忽视了人类生产过程的自然环境的影响,当然也忽视了技术发展和应用对自然的依赖性。虽然他在自己的著作中提到了地理状况对居民文化可能产生一定的影响,但是并没有解释地理环境到底是通过什么样的机制发挥作用的。

库诺夫就此指出,即使是号称为马克思主义专家的社会主义理论家都没有完全准确地理解马克思历史理论中最基本但也非常重要的概念,那么就不能够责备那些非马克思主义者的社会理论家们对马克思的误解了。

马克思的批评者往往从概念上将生产方式和技术的应用形式混淆,与巴尔特的混淆和理论缺陷同属一个类型。他们甚至还把纯粹个人利益等同于经济利益,将其指认为历史发展的唯一的独立的动因。这些批评者还否定恩格斯对马克思理论的阐述,例如他们并不认可恩格斯对技术和自然条件的关系、技术在生产过程中的应用及其与生产过程的适应程度的论述。

恩格斯在《家庭、私有制和国家的起源》中几乎完全接受了美国人类学家摩尔根根据技术水平划分社会文明发展程度的观点。他们认为,在人类的文明尚处于蒙昧阶段时,任何地方的技术发展都经历了同样的过程,因此研究某一个民族的技术史就能适用于所有其他民族。蒙昧阶段后,自然条件才对社会经济和技术发展产生影响。例如到了野蛮时代，在种植业和畜牧业上，东西半球就有着不同的物种，这是自然条件的差异引起的。

库诺夫认为恩格斯的论述有自相矛盾之处。自然条件的差异不仅在蒙昧时期影响社会经济与技术的发展，而且在此后的阶段影响作用更为明显。如果任何一项技术的产生和应用都需要相应的自然条件作为前提的话，那么没有特定的自然条件，就不可能有技术的发明，更谈不上技术在生产中的应用。即使是在人类最低级的发展阶段上，技术水平也是大相径庭的。

以波利尼西亚为例。首先，波利尼西亚人没有使用过弓箭，而美拉尼西亚人则使用弓箭射杀猎物，恩格斯把弓箭的发明和使用当作蒙昧时期高级阶段的标志，那么美拉尼西亚人的文明程度就高于波利尼西亚人，但是从人类地理学的考察和研究看，美拉尼西亚人才是处于相对更加文明的阶段，他们没有使用弓箭的原因主要是他们居住生活的地方没有可供猎杀的动物。其次，恩格斯把造独木舟看作蒙昧时期最高的技术发展阶段，波利尼西亚人没有造独木舟，而是制造了更加精美的帆船，在当时美洲没有任何其他民族的技术能与之相媲美，所以恩格斯将波利尼西亚人列入蒙昧中期并不客观。最后，波利尼西亚人在种植业上，已经开始使用人工灌溉、人工施肥、有规律地轮作，这一种植水平已经达到了阿茨太克和印加秘鲁人的水平。同样是波利尼西亚人，按照摩尔根和恩格斯的划分标准，他们时而属于较低的技术发展阶段，时而又属于较高的发展阶段，这里产生了自相矛盾的说法。据此，库诺夫认为，虽然马克思在《资本论》第一卷中多次强调社会技术发展水平对自然条件的依赖性，但是恩格斯并没有对人类社会中的技术发展"处处都受到自然先决条件的制约和束缚"[1]给予足够的重视。

第二,库诺夫区别了经济结构和企业形式。保尔·巴尔特认为经济结构即企业形式,这种观点在当时的社会哲学思潮中具有普遍性。库诺夫对此进行了解析,指出巴尔特的论述不符合马克思的理论,是对唯物史观的混淆和曲解。

马克思在《〈政治经济学批判〉序言》中谈到"社会的物质生产力发展到一定阶段,便同它们一直在其中运动的现存生产关系或财产关系(这只是生产关系的法律用语)发生矛盾"。[2] 巴尔特的看法是:当新的企业形式只能在原所有制允许的界限内发展,只有当新的企业形式放弃原所有制的收入分配形式后,企业形式的改变才会引起所有制的改变。

库诺夫打了个形象的比方,即鸡蛋可以孵出鸡,但是不能就因此而认为鸡和鸡蛋是一回事。马克思的逻辑是:生产力发展→生产关系的改变→所有制的改变→收入分配和财产关系层面的改变(即经济关系的改变)。首先,马克思谈的不是新的企业形式,而是新的经济方式,涵盖了生产力和生产关系的发展。其次,收入分配和司法上的财产关系隶属于所有制关系。最后,从社会经济的发展到法律层面的改变,两者之间并不是同步的,更不是实时变化的过程,而是有一个或快或慢的、相应的发展过程,法的意识形态总是在经济变革后面"爬行"。

巴尔特将经济结构曲解为企业形式之后,为了证明马克思理论的错误,试图论证最重要的所有制改变与企业形式无关。

他认为,人类社会历史上最为重要的所有制改变是:封建主义

1　[德]亨利希·库诺:《马克思的历史、社会和国家学说》,袁志英译,上海译文出版社2006年版,第592页。

2　《马克思恩格斯选集》第2卷,人民出版社1995年版,第32页。

的出现和发展,实施教会租税禁令、废止教会租税禁令、废除封建所有制。第一,在他看来,只有日耳曼民族才形成了封建制度,它是国家组织对其民族经济状况的适应,因此,封建制度的产生和发展是在政治和经济的共同交互作用之下完成的。第二,教会租税禁令的实施和废止"完全是意识形态、基督教伦理学的一部分"[1],并且和日耳曼民族的自然经济状况并不冲突。第三,封建制度的废止是出于国家公民的平等诉求,在意识形态上源于自然法体系,专制主义用平等的诉求当作反对贵族统治的思想武器,另一反面农民的武装斗争也促成了封建制度的废止。可见使农民得以摆脱被统治的枷锁,需要的不是农业技术的变革,而是经济和法律状况的改善。

对此,库诺夫逐一批驳。封建制度不是日耳曼民族特有的国家制度,更不是对罗马帝国的模仿,这种采邑制[2]在一定的经济发展阶段都曾经以不同的形式遍布于世界各地,包括北非奥斯曼帝国,印度和马来亚群岛,俄罗斯斯拉夫和鞑靼,中国和日本,等等。

日本采邑制[3]是很好的例证。它的产生和氏族制度的解体、公产转变为地主私产有着密切的联系。公元七世纪到八世纪,人口迅速增长,王朝通过征讨大幅度扩大了疆域,新占领的土地逐渐由原来的部分氏族联盟占据,他们和其他国家(主要是中国和朝鲜)建立外交关系,于是这些氏族联盟就渐渐不再具有原来王朝的

1　[德]亨利希·库诺:《马克思的历史、社会和国家学说》,袁志英译,上海译文出版社2006年版,第576页。

2　库诺夫以当时所处时代的人类学和民族学方面的文献资料做出的判断,与我们当下的理解有所不同。

3　库诺夫认为日本曾实施采邑制,但史学家普遍持不同看法。而库诺夫也意识到日本的所谓采邑制非西欧之采邑制,所以在下文会提出,日本的封建主义不是对罗马帝国的模仿。

　　　　　　　　　　　唯物史观的实证社会学诠释

行政单位的意义,形成了相对独立政权。

到公元九世纪,原有王朝的皇权更加衰败,氏族联盟中的高级贵族通过自己俸禄的累积和霸占并非公田但无人耕种的国家田地,而愈加富有,从而获得了很大的独立性,政治上取得了一定的统治权,于是这样的家族即幕府在地方上的治理权取代了皇权。但是他们的统治也并非一帆风顺,在田产愈加增多的大名(也可称之为地主)中多有抵制。到公元十二世纪,日本百分之六十的田产意见集中到了大名手中,为了保证经济上的地位和统治权威,大名们启用管家等管理田产,对外出租田地,召集武装卫队。幕府通过颁发采邑证书的方式,授予大名官位,赋予他们权力,从而在法律层面上实现了封建制度的最终确立。可见,日本在根本不知罗马和日耳曼民族为何物的情况下完成了向封建主义的转变。从历史事实看,显然,封建主义并不是对罗马帝国的模仿。

巴尔特关于真正人类学知识和经济史知识的匮乏,也在相当程度上导致了他对马克思唯物史观的曲解。他提出,因为农民战争之前没有农业技术的变化,所以农民战争的原因并不是经济结构的变化。

库诺夫以德国农业史为例进行了反驳。从十五世纪到十六世纪初德国农业正进行着重大的技术革新。德国西南部正向三田制过渡,葡萄种植业和菘兰种植业大规模扩大,城郊的农业逐渐成为城市农产品的供应方,在一定程度上为自给自足经济的解体积累了客观原因。农产品的多样化,需要更加科学合理的种植技术和经营方式,这也促成了农业的更高层次的发展。

接着,城乡生活状况有所改变。在《伟大的德国农民战争》一书中,威廉·戚美尔曼就指出了这一变化。城市工商业是在十字军东征后得以飞速发展。在以商业为主的城市中城市新贵谋取了大量的财富,而原先的贵族(主要指骑士贵族)的收入却与日剧下。对后者而言,他们的田地带来的财富不断缩水,而他们需要的生活用品的价格却是越来越无法承受。专制统治的诸侯和城市联盟从法律和实际治安的层面,遏制了强盗骑士行径,骑士贵族无法再像从前那样通过掠夺敛财。为了保持经济地位和政治地位,他们就只能从已有的田产上积累财富。一方面从佃农和依附农身上榨取更多,一方面霸占无主的公地(包括田地和林地)扩大徭役土地。

可见,骑士贵族对农民的无情压榨和农民的奋起反抗都是出于社会经济生活层面的原因。正是整体经济结构的彻底改变,引起了德国的农民战争。这是连"中世纪经济生活稍微有所了解的人也不会加以否认的"。恩格斯在《德国农民战争》中也有对这段历史的描述和分析。而巴尔特无视这一客观的经济根源,在荒唐的历史观的影响下,竟然提出是自然法和平等意识等意识形态的改变导致了封建所有制的废止,真是无稽之谈。

从宗教改革到城市阶级斗争,所有政治运动的领袖们都是通过引证神祇(以《圣经》为主)和某些"与生俱来的自然权利",来号召人们进行斗争的。如果只是因为这些所谓的引证就判断社会发展的动因,那么就无法真正看到引证背后的根源。而唯物史观的科学合理性就在于"它不是停步在出现于表面的观念动机上,而是试图从社会经济结构变化的背后对此加以研究"[1]。

巴尔特认为租息禁令完全是意识形态的原因,是基督教伦理的一部分。对此,库诺夫提出,几乎所有的国家或民族,无论其信

---

1 [德]亨利希·库诺:《马克思的历史、社会和国家学说》,袁志英译,上海译文出版社2006年版,第584页。

仰何种宗教,当经济发展到一定阶段时,都会出现租息禁令。

当自然经济占据主导时,经济生活中存在一定程度的平等,无论是古以色列,还是古印度,无论是古代中国,还是穆斯林和古阿茨太克,在他们的法律中,都有租息禁令。在这一历史阶段,借贷是以食品或其他生活必需品的形式出现的(当时尚未出现货币),其目的也不是为了营利,而是帮助他人度过因天灾人祸导致的暂时困境。

随后,当物品交换不断增多,贝壳、金属片、串珠等形式的货币萌芽产生,借贷的目的也有所转变,开始出现以制造和出售等营利为目的的借贷,或是贸易获利,或是为了军事掠夺,或是为了增加牲畜。由此,出借人要求从这种赢利中获取相应的一份利益,包括礼物、战利品和酬金等。在美拉尼西亚、俾斯麦群岛、古墨西哥王国等都开始对借贷进行区分,如果是以商业营利为目的,则需要付息,否则就不需要付息。

在摩西五经和可兰经中,都明确禁令利用本族人的困境牟利,但对外族人可以收取利息。在《新旧约全书》和《可兰经》中都有过类似的文字,"你借给你弟兄的,或是钱财,或是粮食,无论什么可生利的物,都不可取利。借给外邦人可以取利,只是借给你兄弟不可取利"。

以《可兰经》为基础的穆斯林法律中就讲借贷明确区分,一种是为自己消费而用的借钱或借物,称为"特因",它不需要利息作为酬劳,只要原物原数奉还即可;还有一种是辛苦要支付利息或者称为赔偿费的"塞勒姆维塞勒夫—合同"。但是随着商业的发展,古老的利息禁令不断被削弱,以至于最后在穆斯林地区的利息禁令已经基本无效。

考察宗教历史,我们就会发现,教会的高利禁令也绝不是基督教伦理学在意识形态方面的产物。在基督教原始教区中,存在着相当程度的无产阶级—共产主义倾向,对自私自利的财富积累也充满仇恨,在公元二世纪到三世纪,以借贷牟利会遭到先知、教长和长老的禁止。当社会经济发展达到自然经济状态时,人们愈加憎恶高利贷。公元 443 年罗马教皇列奥一世颁布的利息禁令不是他的首创,而是将对教外人士有效的做法延伸到广大俗众中去而已。

进入十二至十三世纪,以意大利、西班牙和中欧部分地区的货币经济和贸易往来的繁荣发展,利息禁令逐渐废止,但并非直接废止,而是对利息重新做出解释以限制利息的使用范围。人们对消费性借贷和生产—贸易性借贷明确做出区分,在有条件的情况下允许出借方获取相应的补偿和酬劳,因为,他由于出借财产(无论是以金钱还是实物的方式)都将失去其他的赢利机会,并承受一定的风险。这种相对合理的补偿方式随着经济的发展而不断扩展。

利息禁令实施和废止与社会经济结构之间的依存关系可见一斑。无论是在信仰何种宗教的民族中,当他们发展到一定的经济阶段,就会出现基本同质的利息禁令(或租息禁令),当货币经济和贸易进一步得到发展时,利息禁令就逐渐从人类社会历史中消失。

库诺夫对经济方式的辨析和解读,以独特的方式拓展了诠释唯物史观的视角,令人耳目一新,这既融合了经济史、人类学和社会学领域中积累的新知识,也为立足唯物史观推进这些实证社会科学的发展提供了新思路。但是,值得注意的是,库诺夫的阐释往往流于经验性的实证现象,而缺少对社会历史的深层哲学反思。

唯物史观的实证社会学诠释

二、阶级、等级与政党等同吗？

库诺夫提出，虽然马克思不是第一个也不是唯一的一个关注阶级和阶级斗争的理论家，但是，阶级斗争理论是马克思社会学特有的理论。这一点，库诺夫指认得非常到位。

库诺夫指出，社会发展的基础不是抽象的所谓不合群，而是物质生产。阶级斗争也不例外，阶级斗争内生于阶级社会的经济关系之中。以此为理论平台，他从阶级斗争的社会本质和社会形式出发，分析了阶级、等级与政党，为阶级斗争理论的阐发奠定了基础。

库诺夫提出，在马克思阶级观中，阶级是一种特殊的"意识形态"集合体。按照马克思的定义，人们在为了满足物质生活需要而进行的社会生产中结成的生产关系的总和，形成了社会的经济结构，即社会生活的基础，一定的司法和政治的上层建筑凌驾于这个基础之上，与这个基础相适应的是一定的社会意识形态。他将这一过程归结为，社会经济生活决定了人们的意识形态和思维方式与内容。

阶级是社会内部的一个特殊的立体剖面，特定的阶级只包括生产关系的相应部分，由于它在社会生产结构中占有特定的地位，因而具有特殊的利益。不同的阶级因其不同的地位，而处于不同的社会生活环境中，具有不同的观察视角和立场观点，因而具有不同的利益。这也就决定了"社会整体的多样性"，造就了思想观点上的多元化，即阶级意识形态的多样性。经济发展的过程中产生了阶级，阶级植根于相应的经济形式的利益共同体。阶级划分的基础是分工，因为分工形成了社会生产活动的特定领域。在经济发展的过程中,每一个不同的阶段都会产生不同的阶级,每一个阶级都依据自身在经济中占有的份额而具有其特定的经济利益,并试图在政治领域实现自身的经济利益。

在社会经济发展的过程中,各阶级之间的关系不断随经济生活中变化着的相互关系而变化,每一个阶级也经历着从萌发、产生、形成到发展成熟等不同的发展历程。在资本主义社会中的新生阶级是工人阶级,它经历了一个从阶级意识不明确,到"半本能"的"阶级感情",再到真正的阶级意识的发展历程。现代工业国家初期,工人阶级并没有意识到自身是与其他阶级相互区别,甚至对立的阶级。由于地域上的分散性,没有认识到自身特殊的地位和特定的利益,即没有认识到自身的阶级性,随着资本主义经济方式的不断展开,工人阶级才会在斗争中增强自身的阶级性。

库诺夫对阶级的社会历史本质分析值得肯定,但是他在面对市民社会法律的时候,却似乎忘记了自己对社会阶级的分析。他认为,司法具有公正性。首先,因为在现实的国家中,司法本身就是阶级矛盾的产物。其次,司法的制定取决于统治阶级,不是下层阶级,但是实施的法律在一定程度会顾及所有社会关系和阶级,因此并非统治阶级的独享法律。最后,法官虽然具有自身的阶级性,但是也保持一定的对国家司法体系和自身职业的忠实性。当社会发展中出现新的法律关系和法的理论观点时,只有在它们得到社会生活中的认可的前提下,它们才能够纳入司法体系,并具有法律效力。

库诺夫对司法的观点是接受了奥地利马克思主义学派的伦纳关于社会法律的理论。就其根源,是他的实证主义方法论范式在作祟。他对阶级、等级和政党的区分有一定的理论意义,但从深层理论根源看,流于经验性的实证考察居多。首先,虽然,他提出阶级与等级相互关联，但并不等同，所处的领域也有质的区别，但是没有看到所谓等级的真正实质，竟然区别了国家关系和社会关系，因此他才会提出社会法律和国家法律的区分，以及阶级和等级的区分，但是这种区分本身就存在问题，是典型的实证经验方法论的研究方式。

其次，他对无产阶级和工人阶级的区分也存在问题。在十九世纪末至二十世纪初，无产阶级和工人阶级实际上是等同的，库诺夫对无产阶级与有产阶级，工人阶级与资产阶级的划分，是混淆了财产的"产"和生产资料的"产"，当时的社会经济生活中，工人阶级就是被剥夺生产资料的劳动者。那些所谓的流氓无产阶级从本质上而言就不属于无产阶级。

最后，他虽然对阶级和政党从成员构成、发展条件以及利益的区别进行了分析，但是他还是混淆了无产阶级政党与资产阶级政党的本质区别，资产阶级中不同政党的表象并不能等同于无产阶级政党的阶级本质。

唯物史观不是祛除目的性的历史因果论，如果仅仅停留在纯实证主义方法论，仅仅停留在对社会历史的描述和解释，则无法抵达马克思主义历史哲学的真正归宿。库诺夫将马克思的唯物史观看作历史因果论，实际上这正反映出他的理论特质是历史因果论。他割裂科学性与实践性的统一，分离了理论与实践。马克思主义的精髓不在于其创始人在特定历史阶段中得到的特定结论，而在于获得这些结论的科学方法，方法论才是唯物史观的真正内核。库诺夫恰恰没有真正领会马克思的历史的、实践的辩证法。

三、伦理超越历史性吗？

与库诺夫同时代的孔德、斯宾塞等人都曾经针对伦理学问题专门著述，这也许间接反映出在十九世纪下半叶至二十世纪初，学者们在社会学领域中关注问题方面的共性。这恐怕就是库诺夫以其对唯物史观的理解为论述平台，专门将伦理学单独列出一章进行论述的原因。

库诺夫在伦理学方面的理论见解颇具特色，他认为，伦理学——即使在大多数学者看来是典型的意识形态性因素，似乎与社会经济因素距离最为遥远，但它从根本意义而言，仍然是社会经济因素的对应形式。

在伦理哲学上，当时那些声称自己是马克思主义者的康德主义者们，试图将康德的道德哲学"贴上"马克思主义伦理观的标签，认为康德的伦理学是对马克思唯物史观的补充，两者是有机关联的。而实际上，康德与马克思的道德观是完全对立的。那些马克思主义的康德主义者（姑且用这一称谓）在构想的纯粹理性的世界中寻找道德基础，其理论出发点就是：在社会生活中，具象的道德规范是永恒的道德基本原则在当下社会的沉淀。即存在一个绝对命令，它是所有具体道德规范的"原动力"，也是社会道德生活内容的"造物主"，是在社会道德领域内具有第一性，其他那些具象的、积极的道德内容都是它的结果，只具有第二性。

当时的伦理学家没有理解唯物史观的精髓，对道德的论述有违马克思主义立场和原则。耶利米·边沁的道德观依据实用主义原则判断正义与非正义。詹姆斯·米尔的道德观则以是否"善"，即是否有助于幸福为道德准则。库诺夫提出，他们的道德哲学都是因果错位,根本倒置,当某一行为被认为是"实用"或者被称为"善",那么这个行为其实仅仅意味着,对于做判断的人而言,符合他的道德准则。而这个对个人而言的道德准则不是纯粹个体性的,而是共同体内受到公认准则制约的一个个体化凝结。因此,所谓的绝对命令不是个人内在的道德本能,而是一种共同体本能,或者可以称作社会本能。当然,这只有在社会成员的个体行为中才能得到体现,对于个体而言就是一种个人本能,但这一定是在共同体的层面上的个人本能。社会成员将这种形成的、相对固定的道德要求和戒律,以思维理性和共同体情感的形式"深深植根于"共同体中,每一个个体几乎完全可以本能地、不假思索、毫不犹豫地采取适宜的行为。

马克思、恩格斯反对任何一种形而上的道德追问,社会生活中的道德原则"纯粹是相对的",它们将随着社会生活状况的变化而变化。不同民族和国家,以及不同时代的善恶观念都有所不同,有的甚至迥然各异,或者是直接对立的。恩格斯在反驳杜林的观点时,曾说到,如果善恶观永恒不变,又怎么会有那么多关于善恶的争论呢?!

在马克思看来,真正具有第一性的要素不在道德领域中,而是社会生活条件产生的道德习俗,道德的历史逻辑应当是:共同体内的所有成员在协作中产生特定的相互关系,这种关系构成的政治和法律等层面的现实基础同时构成了道德的现实基础,人们为了自身需要而产生了一定的行为方式,随之呈现为一定的习俗,然后人们就有了判断自己和其他成员行为的标准,逐渐形成了一定道德价值判断,当这些得到共同体的整体性认同之后,就成为共同体内的有效的、具有普遍约束力的行为准则。因此,库诺夫提出"存在的东西成为应该存在的东西"[1]。所有成员都须按此准则行事，否则就会无法被人们认同，甚至被对立、被孤立。

接着，库诺夫从三个方面对伦理学进行了独特的阐述：

第一，道德的历史性。马克思、恩格斯认为，不存在永恒的、最高的道德原则，所有的道德原则、道德戒律、道德禁令都是植根于人们获取生产资料的经济关系，是受到人们所处时代的制约。即没有永恒的、终极的、始终如一的道德规律，没有凌驾于历史和民族差别之上的道德原则，"一切以往的道德论归根到底都是社会经济状况的产物"。人们在同一共同体内生活，为了满足自身需要而协作，因此在产生一定的生产关系中形成相应的协作方式，也可以称之为共同生活的前提条件。

库诺夫以当时著名的动物学家布雷姆在非洲猎取背囊狒狒的亲身经历为例，说明即使是在动物群体中也因生存需要，在觅食、迁徙、抵御其他动物攻击、保护同类的行动中形成了一定的行为方式。动物群体尚且如此，更不用说原始部落的人类了。任何臆想所谓野蛮人不受约束可以为所欲为的观点都是"大错而特错的"；任何将习俗看作自古有之，是人类本能的观点都不过是"空虚的构想"[2]。

在原始部落中，如果成员没有按照共同体生活的准则行动，那么他们的生存机会就大为减小。人们在迁徙、渔猎、分配食物、耕种等行动中，基于自身需求和内在必要，在获取生活资料的过程中形成一些不成文的行为规范，用以约束彼此，为共同生活和协作提供基本的前提，这些规范逐渐演变为习惯，最终形成一定的习俗，

1　［德］亨利希·库诺：《马克思的历史、社会和国家学说》，袁志英译，上海译文出版社2006年版，第628页。
2　同上，第621页。

即道德原则。

对于身处习俗中的人们来说,他们往往不能理解道德最初的起源,于是他们就在超感觉的哲学或宗教领域中寻找形而上学的根源和目的。最先,他们认为道德来源于祖先或是崇拜的图腾;接着认为是由上帝赋予即由信仰的神赋予的宗教教义;随着社会历史的演进,到十七至十八世纪,人们提出取代上帝赋予的是人类天生的"道德本能",是"人的内在的道德观念",是"自然的道德感觉"。

正是因为道德原则是产生于一定的生产关系,所以,不同的民族和国家具有截然不同的道德观念,不仅如此,在同一个民族或国家内部,不同时期的道德原则也是有所区别、有所变化的。如果道德观念是祖先或神灵传下的,或者是上帝赋予的,或者是人类天性,那么又怎么能够常常变化,无法恒久不变的呢? 可见这些观点的荒谬。再者,如果引起道德原则变化的因素还由其他的因素决定和影响,那就意味着开始引起变化的因素并不是最终的原因,而仅仅是道德原则变化链条中的中间环节。

如果人不是马克思历史理论中社会发展的产物,那么人的道德原则就不可能被看作受到社会发展制约的历史产物。哲人们往往赋予人以自然理性,于是致力于探寻道德的最高原则,即突破时间和空间的限制,超出人们经验之外,并对所有人都具有约束力的道德戒律。其中,康德具有典型代表意义。

库诺夫通过康德的《道德形而上学探本》《实践理性批判》和《法学的形而上学原理》三本著作进行阐述。康德认为,基于经验的路径形成的道德原则,由于时代的局限性而无法具有作为范畴意义的最高命令的保证,不可能有普遍承认的约束力,经验之外的、对所有理性生物都适用的道德原则才是普遍有效,超越时空的。因此,康德并不从生活与社会中人们的现实条件中研究,也不考察人类的欲望等本性,而是纯粹从理性的角度入手,即沿着形而上的研究理路,试图找到最高的道德原则,和普遍适用的判断尺度,作为衡量各时代、各民族的经验性的道德。

第二,人类学视角中原始社会道德的历史性。

库诺夫认为在原始民族中哲学理性尚未能够"掩盖"生活与道德之间的因果联系,因此以他们的羞耻感起源为例,探讨新型道德的形成,直至发展为道德观的历史进程。

在不同民族的道德历史演进中探究新型道德的起源和发展,就会发现,那不过是生发于某种社会生活,逐渐传播,并得到普遍的认同,最终在一定程度上改变已有的道德传统,有时那些开始顽强抵制者也会最后转而成为新型道德的拥护者,甚至辩护者。

一些所谓的道德哲学家认为,以赤裸为不道德,或是源于人类的天然羞耻感,或是出于人的天性道德本能。但是如果我们充分关注人类学的研究成果,就能一眼洞穿这类观点的荒谬之处。从艾哈德·艾尔曼的《南澳殖民地的土人》和卡尔·封·施坦南的《在巴西中部自然民族当中》这两本书中,我们就发现这只是源于社会共同体生活的一种道德感。

库诺夫援引社会学家米勒·勒伊的《家庭发展史》,批驳他的"人天生就有道德感"的观点,提出近亲不得婚配不是天生厌恶,而是由当时的社会生活决定的。

新道德的出现受到已有道德的制约和影响,在逐渐转变和演化过程中,随着新道德对社会生活意义的改变,对其原初动因的理论言说也将有所改变。

例如,在民族学研究中,许多澳大利亚部落中流行着杀婴的做法,实际上那是因为在这些流动部落的艰苦生活中,妇女无法同时抚养几个婴孩,这最初导致杀婴习俗的原因。这个习俗后来成为部落祖先留下的习俗。后来随着部落的生活资料的逐渐富余,杀婴不是因为抚养问题,而是出于对妇女劳动力和外形的考虑(生孩子抚养孩子会减少物质生产劳动,多生孩子会影响妇女外形)。再后来当农业和畜牧业发展壮大后,部落需要大量的劳动力,因此鼓励多生婴孩,孩子多被看作尊贵富足,这才停止了杀婴和堕胎,但这也经历了一个逐渐转变的过程。起初女性劳动力不如男性,于是鼓励多生男婴而杀女婴。后来新娘少了,需要更多的婚配女性,女婴才幸免于难。最终形成了多生孩子的妇女才是高贵之人,而那些无法生育的女子被唾弃甚至抛弃。

在澳大利亚,起初人们弑亲是因为游牧生活无法背负老人,因此不得已而为之。后来是为了帮助他们免受衰老和病痛,有的是因为宗教上的灵魂附体。总之,这被转而看作慈悲之举。

库诺夫从以上几个人类学和民族学的鲜活事例中得出结论,在社会历史的演进过程中,道德观和价值观经历着巨大的变化,在某个历史阶段,最高的道德行为往往在另一个历史阶段就被看作最严重的道德败坏和对神圣道德原则的冒犯。社会习俗随着社会生活不断变化发展,由此形成的道德才具有第一性的意义,而那些道德观、道德概念和道德原则是在第一性的道德基础上产生的。社会结构构成意识形态的现实基础,这在伦理学领域同样适用。库诺夫再次强调"伦理学的基础存在于各族人民社会发展的过程之中"[1]。

1　[德]亨利希·库诺:《马克思的历史、社会和国家学说》,袁志英译,上海译文出版社 2006 年版,第 642 页。

第四章　库诺夫对唯物史观历史进程理论的独特阐发　　　　　293

第三,新康德主义:对唯物史观的补充还是违背。

虽然,库诺夫和麦克斯·阿德勒在关于马克思社会学的某些观点上有分歧,但是在以下这一点上,库诺夫完全赞同阿德勒,即批驳新康德主义的社会主义者,坚持认为马克思主义的社会主义绝不是如他们所言——建立在康德的伦理学基础之上,而是一种社会科学,是将所有社会生活内容都看作人类历史发展的产物。

库诺夫和阿德勒都认为有必要将马克思主义从新康德主义运动中解救出来。马克思主义的本质理论基础不是任何形式的伦理学,更不是康德的道德哲学。在马克思的历史理论中,社会主义是社会运动,而不是心理现象,是社会事实,而不是社会价值,是历史发展的产物,而不是任何一种伦理论证。

例如,个人是社会的一分子,对社会负有一定的义务,在社会共同体中,"团结一致的行动"要求将个人的利益置于社会利益之后。这是基于马克思社会观的伦理要求,但据此说只有康德的伦理学才能作为理论基础以承载马克思主义,则有违马克思主义的本质特征。

新康德主义者认为,经验性的道德原则不能成为人们的普遍道德原则,需要找到一个超越经验世界、可以普遍适用的、实践的最高道德原则。正像康德在《实践理性批判》中说的那样,一个人在行动中,其意志标准在任何时候"具有普遍立法的效力"。但仔细推敲,不难发现,这不过是披上哲学外衣、伦理外套的古老道德准则的"变种"。古语说"己所不欲,勿施于人"正是康德道德律令的写照。但是,当一个人以特定的方式对待他人时,前提是在一定的社会生活中有和那个人有一定关联的"他人"的存在,两者追求的目标有一定的差异性,在那个人追求自身目标的过程中,他人使其特殊的个性目标具有一定的适应性。这就要求存在具有善于抽象思维能力的人，和认识到个人意志要服从所谓社会或普遍意志的必然性的人。事实上，康德在道德哲学的推理中，始终都囿于他所处的"市民社会"，他所谓的超越经验超越时空的道德原则也仅仅在当时的资产阶级中适用。

康德的理论视野只是局限于他所处的时代背景，他没有真正考察所谓的最高道德原则是否普遍适用于不同社会阶段。例如，个人提出占有土地的要求，在资本主义社会必然得到否定的答复，而对于印第安人、美拉尼西亚人和印加秘鲁人中的马尔克公社的已婚成员而言，这是理所当然的。在纯粹自然经济阶段收取租息，人们是无法想象的，但是在现代资本主义国家则是不言而喻的。使用奴隶，在古代希腊是自然而然的事，属于正义和不可缺少的，而对于当下的文明人而言是不能认同的。畜奴制在当时的美国南方被说成是"上帝的意愿"，是"基督教的福音"，可在主张废除奴隶制度的宣传中，那是"宗教的迷误""道德堕落的证明"。

可见，康德看到的仅仅是形式上的所谓理性，却没有注意到不断变化发展、向前推进的社会生活；他只是把人当作自然赋予理性的生物，而不是像马克思那样把人看作社会历史的产物。追根究底，康德和马克思在道德观上的差异来自不同的社会观，值得注意的是，这里的社会观是"渗透"了深深的社会历史感的社会观。

在社会构成的出发点上两者之间存在根本的区别。康德认为社会是多个单个个体的叠加，只是一个"总和"或"全体"。他没有对社会和国家、社会与共同体做区分。在马克思那里，社会是"一种需要和为满足这种需要而应用的引起各个人之间某些经济关系的劳动活动的制度"[1]，社会内部有许多诸如国家、民族、教会、阶级等形式的共同体。

由这一出发点上的区别带来他们对个人与社会之间关系的不同判断。在康德看来，个人与社会之间只有"对抗性"，因此伦理的任务就被降低为，在社会与个人之间"建立某种和谐"，"每个个人在对待别人的行动中要本着能作为普遍立法的原则而发挥作用的基本原则"，即社会成员在"不妨碍社会关系和协作的情况下"，"遵从这种基本原则"。马克思则不同，由于他关注到了个人与社会之间的诸多联系，因此他不仅看到了个人与社会的对立，还注意到了社会内部各个集团之间的横向和纵向关联，以及各个集团与社会之间的对立。因此，马克思的理论视域中，道德要较之康德的道德原则复杂得多，它的任务就必须在众多的关联和对立中保持一种"平衡"，以使社会生活进入更高的发展阶段。[2]

库诺夫认为，虽然考茨基对马克思的社会观并没有深入了解，但是考茨基还是能够明确地认识到康德伦理理论和马克思社会观的矛盾之处。康德的最高道德律令适用于社会内部任何人、任何团体，而在马克思看来，在社会内部的各种团体，例如国家、阶级、等级、职业、党派等，基于它们的存在和发展的条件，会形成符合团体利益的道德。对于特定的社会个体而言，他所处团体的道德原则比普遍化的社会道德要更为合理、适用。当社会道德和团体道德发生冲突时，并不是团体道德一定要服从社会道德，如果团体道德（例如国家道德和阶级道德）"包含有社会进步的因素"，是社会道德缺失但有需要的因素，那么作为所谓的普遍适用的社会道德

1　［德］亨利希·库诺：《马克思的历史、社会和国家学说》，袁志英译，上海译文出版社2006年版，第648页。
2　同上，第648—649页。

就会做出让步。

从历史现实看,任何时代任何社会中,社会道德都无法直接当作共同体道德的衡量尺度。在原始民族中,一个部落的道德标准往往在另一个部落就会遭到唾弃和鄙夷。例如,即使在当下,交战的两个国家为了各自的利益而相互开火,导致无数生命的毁灭,但因为杀敌而被视作英雄之举。再如,以俘虏身份向敌国透露虚假情报,使敌军进入埋伏圈,这一过程中的每个行动都不能简单地、用一个普遍适用的最高道德原则就能合理评判。

如果以马克思为基准,那么康德的社会观与之存在根本的异质性,因此他的伦理哲学也将走向与马克思完全不同的方向。马克思将现代社会划分为不同的阶级,在每一个阶级中人们都拥有不同的经济关系和相应的利益,阶级的意识形态和阶级道德必然有所区别。而康德对社会、国家、民族、阶级等都未加区分,他寻求的是一种普遍性的道德准则,无视社会阶段所处的文明发展程度,也无视社会主体的生活条件和所处的生活关系。因此,他的绝对命令无条件地适用所有"有理智"的人,超越人类社会历史的时空界限。但是实际上真能如此吗?对现代工业和商业家适用的道德律令难道能同样适用于霍屯督人和祖鲁人(非洲南部的原始民族)吗?

如果说康德道德哲学中没有社会共同体和阶级的概念,所以走向了与马克思不同的方向,那么自称是马克思主义者的理论家,为什么无视马克思主义的核心社会观,声称康德的伦理学是对马克思主义的补充呢?可见他们根本没有理解马克思的社会观及其主要观点。1906年,考茨基出版了《伦理学和唯物史观》,对此"形形色色的马克思主义牌号的新康德主义者"深感书中对康德伦理理论的评价过低,纷纷反击,奥托·鲍威尔就是其中一个主要角色。

鲍威尔讲述了一个失业工人的苦恼，他为了摆脱失业，欲挖原同事的墙脚，从而成为一个罢工破坏者，他带着困惑找到鲍威尔。鲍威尔用考茨基书中的观点，通过无产阶级伦理学、工人阶级的阶级道德和阶级斗争等，试图为他解开疑惑，但是工人不仅没能理解，而且还表现出不耐烦的情绪，并且跑走了。

鲍威尔以此反驳考茨基的伦理学对工人运动并没有实际作用，而考茨基则批评他没有和工人说康德的绝对命令，就断言考茨基的伦理学办不到的事情，他认为康德的道德律令就能办到，当然，康德的伦理哲学并没有告诉现实社会中的工人在当时的具体情境中应当如何采取行动。康德的纯粹理性原则是，行为主体的意志标准在任何状况下都具有普遍立法的效力。他关注的不是工人阶级的特殊状况，而是罢工能否成为一般的、普遍的原则。

但是在现实的社会生活中，往往无法实现这种超越一切的绝对命令。罢工时，工人的家人，包括老人、妇女和儿童就可能因为没有生活的来源而饿死，难道罢工就是康德意义上的道德行为吗？如果军队镇压人民起义，士兵离开同伴而向镇压者开枪，难道这就是不道德吗？ 在工厂主和工人的谈判中，有工厂主脱离他的圈子，而答应工人的要求，难道他就是不道德吗？

对于康德的伦理观，库诺夫赞同考茨基的观点。后者曾经明确指出，社会生活中的种种对立主要起源于意识形态的形成及其影响因素，这不以人的意志为转移，有个人之间的对立，也有阶级之间的对立，而在康德的理解中只有个人之间的对立，即"人的非合群性的合群性"。当把康德的道德律令放置于不同历史阶段的国家矛盾、民族矛盾、等级矛盾、阶级矛盾等的对立中，那将是多么荒唐。

　　总之，库诺夫着重强调伦理道德的历史性，否认永恒不变的终极式的道德律令，社会生活中的伦理是社会经济生活的产物，没有凌驾于社会历史的道德，也没有所有民族普适的道德原则。他进而从人类学视角论证，即使是在原始社会，道德伦理仍然具有其客观历史性，伦理始终植根于社会经济生活之中。因此，他否定以康德为代表的伦理观，对新康德主义试图补充唯物史观进行坚决批驳。但是他和新康德主义一样，没有把握唯物史观的真正内核，他始终没有明白马克思将"是"与"应该"统一于"实践—现实"，结果在实证主义方法论的哲学基础上，将"应该"归结为"现存"和"是"。

结束语　回到库诺夫[1]

库诺夫的代表作集中体现了他对马克思主义理论的理解,他从实证社会学诠释唯物史观充分展现了他本人对唯物史观的把握,凝结了他对马克思主义发展史的贡献和缺陷。

库诺夫在马克思主义发展史上曾经占据了第二国际时期的重要地位,但是在他身后,无论是正统马克思主义,还是资本主义理论界,他都几乎成为一个隐性角色。他之所以往往被人们遗忘,恐怕主要是因为:无论是在马克思主义理论界,还是在社会学理论界,他对唯物史观的理解和应用已经不属于现代被我们认定的那些占主流地位的理论流派。

库诺夫基本上是依靠自学进入马克思主义理论界,在对社会哲学发展史的阅读和理解过程中,他几乎没有接受过任何正规、系统的指导和训练。不可否认的是,他能够进行这种通常只有在高等学府才能完成的学业和研究,并在当时的马克思主义发展和传播阵地(主要指《新时代》)上耕耘多年,他的学习意愿和在马克思主义理论研究过程中的毅力实属难能可贵。

1　本书部分内容已发表,参见郑如、孟飞:《库诺夫唯物史观思想的理论意蕴》,《理论视野》2018 年第 5 期。

他在中学阶段学习商业的经历，在一定程度上对他后来极为重视社会生活中的经济因素，直至走向"经济决定论"具有不可忽视的作用。他的"非科班出身"，一方面促成他能够冲破通常的研究局限，为唯物史观的拓展研究走出了不同寻常的道路，从现代社会学视角切入唯物史观的理解，并在人类学和民族学领域进行拓展研究。但是另一方面，也注定他在社会哲学历史和唯物史观的理解中难以避免某种程度上的曲解。德国由来已久的国家至上的理念（即使是黑格尔也不例外），以及十九世纪末至二十世纪初德国崛起欲与英美争霸的态势，恐怕也在偶然性中内涵着他对国家资本主义（即"有组织的资本主义"）始终念念不忘的必然性。

　　从目前看来，在马克思主义理论界，与他同时代的考茨基、梅林、希法亭、卢森堡、拉法格、普列汉诺夫等人对后世的影响力都远胜于他；在社会学理论界，与他同时代的迪尔凯姆、滕尼斯、韦伯和帕累托等人的理论影响力也都是库诺夫不能企及的。之所以如此，我以为主要有三点原因：第一，从整体看来，虽然，他在某些具体问题上的研究有所突破，或者说是具有其独特之处，但是他对唯物史观以阐释为主而没有更加深入的延展，没有对建立宏大理论体系做出贡献。第二，从库诺夫生前看来，虽然他是德国社会民主党内的重要理论代表，既担任七年的党刊主编，又在党校任教，但是，他致力于建设的魏玛共和国的最终失败，使得他不可能再有当时的学术辉煌；他在政治实践上的右倾立场，决定了以苏联为代表的"正统马克思主义"理论体系对他的排斥（以列宁为代表）；视他为敌的德国法西斯政权的建立，更不可能支持他的学说和理论（事实上法西斯当政后烧毁了他的论著和手稿）。这些都必然导致他难以成为当时德国乃至欧洲主流学界的探讨对象。三，从现代社会学的视角考察，他仅仅是马克思主义社会学身后的一个角色，学者们对马克思本人的思想理论的专门研究,实际上遮蔽了他对马克思社会学观点的理论成果,因此他易于被当代社会学界忽视。

然而从客观而言,在第二国际的学理研究中,库诺夫仍然是一个不可遗忘的重要角色。对马克思主义的理论传播,他功不可没,他选择独特的角度阐释唯物史观,从现代社会学入手,并创造性地发挥了部分唯物史观基本原理,开拓性地将唯物史观应用于人类学和经济史的研究,可以说他对马克思主义的理论贡献可圈可点。同时,在第二国际典型的四个理论缺陷方面,他一人"独占两元",既带有彻底的实证主义倾向,也是真正的典型的经济决定论者。理论上的偏差导致了政治实践的严重后果,对资本主义现代形态的判断决定了他对帝国主义战争的支持,也决定了他对俄国十月革命的否定。立足当代中国,在第二国际理论视域中重新审视库诺夫的思想,对当下进一步深入马克思主义哲学史的研究不无启示。

一、不容忽视的理论贡献:对唯物史观的阐释与传播

库诺夫阐释唯物史观的独特理论角度是现代社会学。在马克思唯物史观的学理阐释中,第二国际许多理论家都对此做了专题式阐释,而且侧重点各有不同,例如,考茨基和梅林主要从历史研究入手阐释唯物史观的方法论意义,拉法格的理论阐释仅仅是为通俗化宣传服务。其中,真正通过理论研究专门阐释唯物史观的最重要的理论家有三位:普列汉诺夫、拉布里奥拉和库诺夫。

普列汉诺夫是第二国际的主要理论家,率先在俄国进行了马克思主义哲学的系统阐释,是当时从哲学视角阐发唯物史观最为系统的人。但是审视他对唯物史观的解释模式实质,则会发现,他

从近代哲学出发,以认识论为逻辑脉络,沿着"斯宾诺莎→18 世纪唯物主义者→费尔巴哈→马克思恩格斯"的路径完成了从马克思主义向近代认识论哲学体系的回复。他甚至认为,马克思和恩格斯从未离开斯宾诺莎的论域,"实在说来,现代唯物主义只是或多或少地意识到自己的斯宾诺莎主义"[1]。

普列汉诺夫虽然肯定马克思唯物史观,但是他仅仅将其看作与费尔巴哈、十八世纪唯物主义和斯宾诺莎同等层面的唯物主义,所谓的唯物史观也不过是辩证唯物主义在社会历史领域中的应用。因此,虽然他对马克思主义的理论阐释及其在东方的传播发展做出了重要贡献,但从学理角度而言,他尚未走出近代哲学的体系维度。

拉布里奥拉从现代哲学意义上的"实践哲学"角度理解和阐发唯物史观,这集中体现在《唯物史观论丛》之中。这本书由四个相对独立的部分组成,分别是"纪念《共产党宣言》""关于历史唯物主义""致索列尔的十封信"和"从一个世纪到另一个世纪"(第四部分没有完成),其中在第二部分,他集中阐述了唯物史观思想。恩格斯对他的论述给予高度评价,并称拉布里奥拉是一位"严肃的马克思主义者"[2]。

拉布里奥拉从现代哲学的角度出发,提出,"实践哲学"是贯穿唯物史观的中心,它终结了以往一切传统哲学,包括唯心主义和庸俗的唯物主义,克服了哲学与科学的分野,克服了形而上学。在科学吸收哲学的过程中,哲学不再是统摄世界的原则,而成为科学的自我批判,因此,唯物史观在实质上就是科学的哲学,是在人类社

---

1 《普列汉诺夫哲学著作选集》第 2 卷,生活·读书·新知三联书店 1961 年版,第 381 页。

2 《马克思恩格斯全集》第 39 卷,人民出版社 1974 年版,第 472 页。

会历史中考察世界的方法论。但是,他的理论中含有重要的局限性,即仍然没有摆脱第二国际特有的实证主义倾向,而且没有抛开以认识论为主体的旧哲学体系的某些局限。

虽然拉布里奥拉较之普列汉诺夫而言,已经进入了现代哲学的论域,但是他们对马克思主义唯物史观的阐发仍然保留了一定的近代哲学认识论的遗迹,包括后来的代表人物麦克斯·阿德勒,他们都未能摆脱认识批判论的窠臼,他们都是从认识论进入历史研究,将马克思主义看作实证的历史科学。

从哲学的时代性而言,库诺夫全然不同,他的现代哲学视角以超越哲学自身的形而上为基点,完全摆脱了认识论的束缚和局限,以现代社会学为学理切入口,由此全面系统地论述了马克思唯物史观。

他在其代表作中将马克思主义完全解释为社会学。马克思和恩格斯并没有著述其社会哲学思想,他们的社会学观点大多散见于各种著作、发表的论文、书评以及刊发的文章之中,因此,库诺夫着力将社会学理论从马克思恩格斯的著作中"剥离"出来,"按照其逻辑联系加以整理",并"追溯其确切的基本思想",从而"系统地表述"马克思的社会学基本观点。

在库诺夫看来,唯物史观是人类社会历史发展的必然产物。他在详细考察由古至今社会历史哲学发展脉络的基础上,把始于古代历史文献的萌芽,至中世纪基督教历史观的阶段,归结为"社会学的孕育时期"。即这一历史阶段的社会学、历史学和政治学思想是现代社会学的渊源和前身。进入资本主义发展时期后,"国家契约论"和"自然法理论"开启了现代社会学的萌芽。此后,英国霍布斯、洛克和弗格森等开始关注不同于国家概念的市民社会,卢梭完成了从"国家契约论"向"社会契约论"的转变,并开始重视阶级

　　　　　　　唯物史观的实证社会学诠释

斗争和社会经济的历史意义,直至法国革命,最终,现代社会学得以真正形成。在法国,探寻社会发展规律的历史学领域有了新进展(以法国的孔多塞、米涅、圣西门、梯叶里和意大利的帕加诺为代表)。同时,德国在伦理哲学、历史哲学和历史辩证法、发展理念、国家—社会关系理论等人文地理学和社会历史研究领域(以康德和黑格尔为代表),发生了重大的飞跃。他特别推崇黑格尔的历史哲学在现代历史研究的变革性意义,黑格尔对社会和国家的辩证关系的论述为现代社会学开辟了前所未有的崭新道路。[1]

　　基于此,库诺夫认为,马克思的唯物史观是在批判地继承(即扬弃)人类文明史上社会学思想的基础上得以创立。"马克思的历史理论是作为数千年历史考察的结果而出现的","古代的历史和社会哲学学说对马克思的考察方式曾发生过影响,或者从某种意义上来说表现为马克思学说发展道路上的发展阶段"。[2]

　　库诺夫从现代社会学视角切入唯物史观,以历史—社会—国家为线索建构唯物史观,从学理研究的角度而言,具有深刻的理论意义。首先,从客观上看,它是对德国实证社会学研究的补充和发展。十九世纪七十年代开始,一批以滕尼斯为代表的德国学者,受到法国实证社会研究传统的启发,致力于将社会历史研究同唯理论的科学方法相结合。总体而言,德国的实证社会研究不及英国和法国,这主要源于两个方面的原因。第一,在德国由社会发展状况决定的理论需求不够。十九世纪初至中期,德国的政治经济发展普遍落后于英法,社会的工业化程度整体上不高,相应的社会问

1　姚顺良:《马克思主义哲学史——从创立到第二国际》,北京师范大学 2010 年版,第271—275 页。

2　[德]亨利希·库诺:《马克思的历史、社会和国家学说》,袁志英译,上海译文出版社 2006 年版,导言第 1—3 页。

题也就少于英法。因此,德国对实证社会学的现实要求和理论需求就远没有英国和法国那么强烈。第二,德国学术界崇尚思辨性和历史研究,忽视实证研究。到十九世纪中叶,德国的唯心主义哲学和历史主义始终占据主导地位,对具体而烦琐的实证性的经验研究常常不屑一顾。因此,当时德国在社会学领域一直都落后于英法两国。直至十九世纪下半叶从滕尼斯、齐美尔和韦伯开始,德国社会学才真正得到了健康发展。

其次,从研究方法看,库诺夫使用的现代社会学方法在当时具有积极的进步意义。他对社会现象的研究方法与迪尔凯姆具有同质性,他们都是针对具象的社会生活进行经验性的具体研究。迪尔凯姆曾经这样描述社会学,一种社会现象只有通过另一种社会现象得以解释,因此,社会学不是其他科学的附庸,它自身构成了一种独立存在的独特科学。孔德与斯宾塞是西方社会学的至圣和亚圣,虽然他们倡导实证主义,但是他们本人主要是从哲学体系理论的层面建构社会学,孔德致力于"人类从古至今的进步"研究,斯宾塞的研究主题则是"从尚武社会到工业社会的社会进化",两人从未进行任何具有实证性质的研究。迪尔凯姆则不同,他不仅对社会学作为真正独立的科学进行论证,而且切实通过对社会分工、自杀行为和宗教等具体的社会现象进行经验研究,这在当时实证研究尚不发达的德国是非常难能可贵的。而库诺夫正是运用类似的研究方法,针对前市民社会的婚姻和家庭、印加帝国政治组织、欧洲原始社会的技术和经济等具体问题进行实证的具体的研究。

从客观而言,《马克思的历史、社会和国家学说》从现代社会学切入唯物史观的理论视角具有进步意义,他从马克思主义哲学理论中提炼出马克思的社会学基本要点(这也是《马克思的历史、社会和国家学说》一书的副标题),这本身就是一种理论创新,从二十世纪以来的欧美社会学家对马克思社会学的态度考察,能够充分体现库诺夫在唯物史观中抓住"社会学"的研究意义。

但是这本著作一直没有较大影响,直至最近十余年才逐步有学者开始关注,我以为主要有两点原因:第一,该著作主旨在于论述马克思的社会学观点,因此,往往被归属于社会学领域,而二十世纪八十年代之前,在苏联、东欧和中国曾一度取消社会学的合法性,因为这些国家认为马克思主义的唯物史观就是社会学,唯物史观完全能够取代社会学的存在意义。而在欧美,直到二十世纪六十年代,都否认马克思的社会学家身份。但是几乎所有的欧美社会学家都承认,正是马克思主义的存在及其与各种社会学理论的对峙,才造就了当代社会学的蓬勃发展。而这其中的波折在一定程度上已然遮蔽了库诺夫的理论闪光点。

第二,库诺夫虽然在书中讨论社会学思想,但是他主要被界定为马克思主义理论家,而社会学界对马克思主义中的社会学意义是晚近年代才得到应有的关注。因此,学界对库诺夫的唯物史观中的社会学意义鲜有重视,也就不难理解了。

二十世纪六十年代之后,欧美社会学家对马克思的社会学理论出现了转折,一批年轻的学者从反越战、黑人民权运动等社会现实运动中获得了一些启发和经验,加之在这些社会运动中马克思、马尔库塞等人的思想理论得到了一定程度的传播,马克思的社会学思想得以重新审视。1967 年,法国著名的社会学家雷蒙·阿龙在《社会学主要思潮》中称,马克思首先是一位社会学家和资本主义制度的经济学家。第二年,欧文·蔡特林在《意识形态和社会学理论的发展》中运用马克思主义观点对现代社会学发展史进行了全新论述;亨利·拉夫布在《马克思的社会学》中提出马克思的著作中充满了社会学。

进入七十年代，马克思的社会学家的身份已经不再被质疑。社会学学者伊丽莎白·弗里德海姆认为，虽然马克思本人从未自称社会学家，但是他在客观上选择了新的概念、变量和方法论，他对异化、社会阶级、意识形态等领域进行了深入的研究，以上这些仍然是社会学中常常讨论的专题，因此马克思是当代社会学家。英国社会学家斯温杰伍德提出，为应对资本主义现代社会生活发展和变化的阐释，马克思主义和现代社会学之间存在着一种互相吸收借鉴的紧密关系，因此，马克思主义无疑是一种社会思想。当代英国著名社会学家安东尼·吉登斯深信，马克思的著作内含着一系列的思想传统，其中的一部分在当代社会学领域的理论争锋中仍然占据着核心地位。基于此，他将马克思和迪尔凯姆、韦伯一同列为历史上最杰出的经典社会学大师。美国当代社会学家乔治·瑞泽尔在 1996 年出版的《社会学理论》中认为，虽然马克思拥有各种不同的头衔，但是其中最为合适妥帖的是——社会学家。[1]

二十世纪七十年代美国思想大师社会学家丹尼尔·贝尔教授曾经指出，当马克思主义以社会学理论出场时，其最大的魅力源于理论中贯穿始终的共时性（社会结构理论）与历史性（社会变迁理论）。这进一步印证了库诺夫对唯物史观理解中的两条线索的理论意义，在他完成著书的三十年后，得到了后世学者的认可，只是这种间接的认可中已然忽略了库诺夫的存在。

在第二国际时期，库诺夫对马克思主义理论传播具有重要的影响力。1902 年，他开始担任德国社会民主党中央刊物——《前进》的编辑；1907 年开始，他与梅林、希法亭、卢森堡和舒尔茨等人一起在柏林党校担任讲师；1915 年，他创立了用于宣传马克思主

1　参见周晓虹：《西方社会学历史与体系》，上海人民出版社 2002 年版，第 77—80 页。

　　　　　　　　　　　　　　　唯物史观的实证社会学诠释

义理论的政治刊物——《钟》；1919 年他接受普鲁士文化部部长的任命，成为柏林大学教授。[1] 更重要的是 1917—1923 年，他继考茨基之后担任《新时代》的主编。

德国社会民主党是德国第一个以科学社会主义为指导的无产阶级政党，也是第二国际中规模最大、人数最多、最有影响力的政党。1906 年 11 月 15 日，它创立了世界上第一所系统学习马克思主义理论和党的政策教育的党校，学制为半年。从创立到第一次世界大战前夕，先后培养了百余人，参加学习的学员基本上都是党内基层工作者和觉悟较高并具有一定文化基础的工人。[2] 当时，梅林和舒尔茨是专任教员，其他皆为兼职教员，包括希法亭、卢森堡、潘涅库克等，讲授的课程内容丰富，有近代政党史、德国史、国民经济学、唯物史观、社会发展史、民法、工会组织与合作社政策、地方政策、演讲、写作、办报等。其中，库诺夫从 1907 年开始担任党校的兼职教员，先后讲授了唯物史观和社会发展史。[3] 可见，他在这两方面具有一定的理论造诣，并在党内有一定的影响力。

《新时代》是整个第二国际时期马克思主义理论传播的主要阵地，从 1883 年 1 月创刊开始，它就是德国社会民主党和第二国际实质意义上的理论中心。最初为月刊，1890 年 10 月以后改为周刊，1901 年正式成为德国社会民主党的中央机关理论刊物。

从担任主编的时间跨度而言，虽然，库诺夫不及考茨基，后者从创刊直至 1917 年 10 月一直担任主编，但是，随后的七年不容忽视。当时，正值资本主义发展的活跃期，面对各种对马克思主义的

1　http://www.godic.net/dict/Heinrich%20Cunow.

2　赵荐：《世界上第一所党校——德国社会民主党中央党校》，《实事求是》1983 年第 5 期。

3　中共中央马克思恩格斯斯大林列宁著作编译局国际共运史研究室：《国际共运史研究资料(第十四辑)》，人民出版社 1985 年版，第 30—31 页。

诘难和曲解,《新时代》的每一期刊物不仅反映了各方政治理论家和学者们围绕马克思主义理论的论战,而且体现了当时党内各派对资本主义发展态势和社会主义前进道路的思考。库诺夫能够成为继创始人考茨基之后的主编,这充分体现了他在德国社会民主党内的理论影响力。

另一方面,从《新时代》的刊物特质看,早期它以马克思主义为理论基调,但是随着德国社会民主党内的理论分歧,逐步出现新变化。考茨基作为中派,在担任主编时期代表了独立社会民主党的理论立场。而从1917开始,由于以他为代表的党派从德国社会民主党中分离出去,他不能再担任党内中央机关理论刊物的主编,右派人士库诺夫成为继任者。虽然,库诺夫属于右派,但是他毕竟代表了当时德国社会民主党内的思想倾向,由他主编的《新时代》仍然是当时社会民主党的机关理论刊物,并且是那一时期传播马克思主义理论的主阵地,对战后魏玛共和国确定政治路线方针和制定政治策略产生了一定程度的影响。

在长达七年的时间里,无论库诺夫的政治立场如何,也无论是从积极意义抑或是消极意义看,他在马克思主义宣传和传播方面都占据着独特而重要的地位。正因为此,在1949年前,他对中国马克思主义大众化的大力推进具有不可抹杀的积极影响。二十世纪二十年代至三十年代,中国各书局和出版社将他看作马克思主义理论家的代表,通过译介他的著作对普罗大众进行马克思主义思想理论的传播。自1928年至1930年期间,相继出版了"马克思研究丛书",其中包括他的《马克思的经济概念》《马克思的唯物历史理论》和《新人生哲学》等九本著作,而这些都是从《马克思的历

唯物史观的实证社会学诠释

史、社会和国家学说》中选取的内容。[1]

二、独特的运用：对唯物史观的创造性发挥与应用拓展

库诺夫对唯物史观的创造性发挥和应用拓展，为马克思主义哲学的理解和运用打开了一个独特的窗口，不仅从唯物史观的具体原理进行了较为深入的诠释，而且从社会学和人类学等方面拓展了唯物史观的应用领域。

第二国际中，对唯物史观研究具有一定创新性贡献的主要有拉法格、拉布里奥拉、普列汉诺夫和库诺夫。拉法格的创新点主要集中体现在他将"两种环境"理论引入唯物史观的阐释。在社会思潮上，他虽然批判达尔文的进化主义，但适度地联系了当时进化论的科学成果，在哲学本质上主要以斯宾塞的实证社会学为理论平台。他提出，人和动物的区别就在于，人不仅在自然环境中生活，而且受到社会环境的影响。拉布里奥拉第一次将社会心理学纳入唯物史观中意识形态的研究。他认为，社会心理由社会个体所处的生活条件决定，是社会存在和社会意识两者之间的中介。普列汉诺夫在拉法格和拉布里奥拉的基础上，进一步有所发挥，重点强调地理环境的作用，他结合十九世纪末二十世纪初人文地理学的新成果，提出错综复杂的人类社会构成可以归结为五项因素：生产力状况；由生产力制约的经济关系；根源于经济基础的社会政治制度；社会中的人的心理部分由经济因素直接决定，部分由"生长在经济上的全部社会政治制度"决定；体现社会人心理特征的各种意

---

1 郑如：《是捍卫还是背离？——论亨利希·库诺夫对马克思唯物史观的解读与运用》，《中南大学学报（社会科学版）》2013年第2期。

识形态。[1]

库诺夫并没有仅仅停留在现代社会学领域内的阐释和论证，他还从社会系统、整体性、国家与社会的辩证联系，以及社会伦理等方面，对马克思主义唯物史观的理解做了一定程度的深化和发展。首先，**他反复强调物质生产和再生产过程是社会生活的基础。**他洞察到物质生产过程绝不仅仅是简单的生产活动，物质生产为人民提供生活资料，与此同时，也在为社会经济的延续和发展之路铺垫路基。因此，物质生产还涵盖了物质生产所有部门与它们的永不止步的生产过程，包括物质和精神的再生产，以及为这些生产提供支撑的其他生产活动，例如交通运输等。

其次，**他强调经济过程与意识形态之间是一种"总和决定"的关系，这是他对物质生产概念的整体性理解方式的延续，也间接反映出他对唯物史观辩证法的深刻理解。**与考茨基一样，库诺夫清晰地看到社会经济生活对意识形态的决定作用，并不表现为直接作用的关系。在一定历史阶段，人们的经济生活是在整体上、系统性地决定了他们所处社会的精神生活状态，包括哲学、政治、法律、伦理、宗教、艺术等领域，这种决定作用不是一一对应的，而是整体中相互关联着的各个部分在总和上的影响作用。因此，与其说是社会经济生活决定意识形态，不如说是作为整体的社会经济结构决定了作为整体的社会精神结构。

再次，**他在上层建筑中进一步严格区分了社会制度和国家制度。**在深入考察古往今来的社会历史思想发展的进程中，库诺夫对黑格尔在国家和社会之间所做的区分给予了高度评价，认为他

---

1 《普列汉诺夫哲学著作选集》第 3 卷，生活·读书·新知三联书店 1961 年版，第 195 页。需要说明的是，虽然普列汉诺夫使用了"社会心理学"范畴阐释唯物史观，但他受到拉布里奥拉的影响下才明确这样论述的。

唯物史观的实证社会学诠释

为社会学开辟出前所未有的研究理路。他在此基础之上进一步提出，国家与社会两者之间具有辩证的联系，两者相互关联但又必须有所区别，相比于社会制度，国家制度具有相对的独立性。然而，正如列宁所说，真理若多走一小步都会变成谬误，库诺夫虽然严格区分国家制度和社会制度，但他进而指出马克思与恩格斯关于国家消亡的理论是否认国家制度与社会制度之间的辩证关系。这也为他后来在资本主义现代形态方面的研究以及走入"社会帝国主义"埋下了伏笔。

最后，**他在批判新康德主义的伦理社会主义主张时，突出强调了马克思唯物史观对道德的历史性、社会性和阶级性的本质特质。**马克思主义和新康德主义的区别，关键在于两者的社会观大相径庭。新康德主义者推崇康德的道德哲学，将社会看作众多单个人的"总和"，而马克思恩格斯则将社会看作各社会主体相互间因满足需要而产生经济联系的劳动制度，对应于不同的经济联系而存在着各种团体，例如民族、教派、国家、阶级等。库诺夫反对新康德主义关于伦理社会主义的理论立场。

库诺夫一针见血地指出，康德的绝对命令是脱离社会历史的现实，要求任何一个阶级的成员普适于整个人类的道德律令行事，而不是依据自己所处的阶级地位所认同的道德行事，这是对唯物史观阶级斗争理论的根本否定。康德的道德命令遮蔽了道德的社会性、历史性和阶级性，在他的超历史的形而上的外衣下，欲盖弥彰的正是资产阶级利益诉求的抽象表达。它实质上是资本主义社会的理论产物，不可能成为社会主义的论证内容。

第二国际时期，很多理论家开始运用马克思主义唯物史观进行专题式研究和运用，从而形成了"马克思主义历史学派"，即将马克思主义唯物史观应用于人文社会科学研究，包括政治经济学、政治学、社会主义思想史、美学、生态哲学、历史哲学等。其中研究成果最突出的理论家当属考茨基、梅林和库诺夫。

考茨基立足马克思主义立场,考察资本主义社会史和社会主义运动史,先后出版了《托马斯·莫尔及其乌托邦》、四卷本的《近代社会主义的先驱》《1789 年的阶级矛盾》等,他将研究成果投射到科学社会主义的理论研究和革命实践中。梅林专注于德国历史研究、德国社会民主党史和马克思主义史三个方面,先后著有《莱辛传奇》《中世纪末期以来的德国史》《德国社会民主党史》和《马克思传》等。拉法格借助自身深厚的文学素养,开辟了马克思主义美学和文学评论的道路。**库诺夫可谓是独辟蹊径,在人类学研究逐渐从近代走入现代的过程中,他开拓性地将唯物史观应用于人类学研究领域,他的应用研究成果在当时具有别具一格的学术意义。**

他曾经评价"马克思主义社会学说中最为薄弱的部分"[1]是关于家庭公社形式发展的观点,恩格斯在这方面的论述常常受到马克思主义和反马克思主义两个方面的诘难。因此他试图将唯物史观的研究方法应用于人类学领域。他从大量鲜活的澳大利亚土著、南太平洋和美洲的诸多原始民族(包括印加王国、墨西哥王国等)的事例中,通过家庭的起源和发展、国家的起源和发展、社会共同体生活等方面,对马克思主义唯物史观进行了详细评述和深刻审视。

十九世纪末,他率先提出研究印加王国的社会生活,只能以"当代人种志"为入手的路径。他重视印加王国成立前期的文化起

1　［德］亨利希·库诺:《马克思的历史、社会和国家学说》,袁志英译,上海译文出版社2006 年版,第 448 页。

源,对当时的历史背景、政治组织、家庭生活和社会组织、农业和土地所有权、工业和贸易、法律关系和宗教信仰等都做了详尽的考察,反复强调社会历史现实的复杂性,对来自不同编年史、有的甚至相互矛盾的资料,他都仔细辨析求证,特别关注国家内部的各部落和地区的多元化特征。他对印加王国的历史细节、语言风俗和百科全书式的详尽考察,在当时的社会学研究中是前所未有的。

这虽然和当时著名的人类学家班德利尔研究墨西哥的方法完全不同,但是,库诺夫的研究成果引起了当时人类学理论界的重视,作为现代人类学形成时期重要的研究资料——"美国政治学与社会学学术的分类文献",其中就收录了库诺夫的相关文章,并有学者专门做详细的书评,对他原创性的研究方法给予肯定。

除了在人类学研究方法上的独创性之外,库诺夫在研究内容上迈出了前进的步伐。他以具体而细致的考察和论述,弥补了马克思主义社会学中关于家庭公社发展历史的薄弱环节,有力地推动了探索人类文明最初发展进程的研究。他针对澳大利亚土著亲属组织的研究成果还被1894年英国皇家地理学会出版的地理学月刊收录。

关于亲属制度的问题,库诺夫批评恩格斯毫无批判地赞同了美国著名的人类学家摩尔根的观点。摩尔根关于"家庭形态的构想",不是"基于对自然民族婚姻习俗和亲属状况的研究推断",而是根据亲属名称的诠释做出的判断。库诺夫在自己的著作[1]中提出,摩尔根的这一判断"是完全错误的"[2],因为,他犯了一个人类学学者研究习俗的过程中常常出现的错误,即将现代社会的概念

1　指库诺夫的《澳大利亚黑人亲属组织》和《关于婚姻和家庭的原始史》。
2　[德]亨利希·库诺:《马克思的历史、社会和国家学说》,袁志英译,上海译文出版社2006年版,第450页。

（摩尔根则主要是将现代文明社会的亲属观念）强加于原始社会的家庭、家族乃至民族之中。例如，他从"出生"的意义理解原始自然民族中的"父亲"一词，即"生他们的男人"。但是，库诺夫根据自己的研究成果提出，实际上这一称谓在家庭形式的那个阶段主要用于集体，而不是指个人。从字源学意义上看，"父亲""母亲"相当于"大人""老人""成人"的意思，是去亲缘化关系的称谓，相应地，"孩子"一词是指"小孩"和"年青人"。

如果说库诺夫将马克思主义唯物史观应用于人类学领域是一种创新，是为现代人类学某些方面的进一步发展打开了一扇窗户，那么，他将其应用于经济史研究则是一种厚重的积淀。纵观第二国际时期将唯物史观应用于经济领域的理论家，考茨基、卢森堡和库诺夫三人的研究成果最为卓著，虽然对经济学都有所涉及，但是研究角度不同。

考茨基整理出版了《资本论》第四卷并著有《马克思的经济学说》，他从政治经济学的角度出发，以商品—货币—资本拜物教为中心线索，彰显资本主义生产方式的根本特质，揭示其历史地位和历史趋势。卢森堡著有《国民经济学入门》和《资本积累论》，她强调经济形态的社会学和历史性，论证资本主义经济形态的特点在于超越国家经济—实现世界经济，试图探索资本主义现代形态的趋势和特征。

这两位理论家以类型学和理想型的经济研究，通过非实证化的方式，把唯物史观的应用研究置于资本主义历史阶段中。**库诺夫与他们两人完全不同，他突出于实证意义上的经济史研究**，对不同民族、不同国家、不同地区，真实发生的社会经济发展状况进行深入、具体的考察和研究。这也符合了恩格斯晚年反对以贴标签的方式研读马克思主义著作，主张要对社会形态和社会现象进行逐个、具体地考察研究的期望。在中文版的《经济通史》第一卷第一册的译者序中，吴觉先先生就评价他是"德国社会民主党现代有名的经济学者兼人种学者"，他的这本著作被誉为"经济史中空前的杰作"[1]。

库诺夫认为，人类经济生活从"渺小简单"的低级形态发端，为满足需要而逐步进化到高级形态，全部发展历程都由内在的必然性以因果关系相连接，每一种经济形态的历史必然性都是从前一种经济形态中生发而来，既接受了旧形态中的残余和要素，也在一定程度上实现了超越，从而继续向前发展。然而，以往的经济史研究仅仅局限于人类经济发展的某个阶段或某个时期，还没有一部经济通史，能够根据人类学和文化史研究，描述人类社会的经济发展史。

有鉴于此，库诺夫抛开此前对人类社会经济史的所有"虚构"，也突破了以往所有经济史研究的时空限制，以比较人类学为研究对象，横跨欧洲、亚洲、非洲、美洲和大洋洲，根据收集整理并遴选的丰富事实材料，从现代落后的自然民族或半开化民族的自然环境和劳动工具出发，考察每一个阶段中典型民族的生产方式和生产关系，从社会组织、政治形态和法律形态等方面还原人类社会历史的本来面貌，进而"勾画"从原始社会到近代资本主义社会的经济发展历程的"轮廓"。

三、实证主义和经济主义的理论缺陷与实践后果

从当代视角审视第二国际的理论缺陷，离不开对库诺夫唯物

1　[德]H. Cunow：《经济通史》(一卷一册)，吴觉先译，商务印书馆 1936 年版，译者序。

史观思想的研究。第二国际在理论研究上主要存在四个方面的缺陷:实证主义、经济主义、折中主义和进化主义。库诺夫在解读唯物史观的过程中,就在实证主义和经济主义两个方面表现得极为突出而彻底。

实证主义是库诺夫解读唯物史观的一把"双刃剑"。正如实证主义在欧美进入工业化时代塑造出现代社会学的基本理论品质,在现代社会学从经典形态走向成熟形态的过程中,实证主义的确有可能成为影响其健康发展的因素。与此相似,库诺夫对唯物史观的实证主义理解模式,既成就了他对唯物史观的独特研究,也从理论内源层面屏蔽了马克思主义中最为核心的精髓——社会批判性。

对人类社会和自然界报以所谓的科学统一立场,就会忽视个别化社会现象与普遍化自然现象之间的本质区别;因果决定论则遮蔽了社会主体的主观能动性,及其对自身行为意义的把握,把人类主体当作自然法则和客观规律的实施工作或手段,从而失去了对社会实践活动高尚性的理解;价值中立原则将社会主体置于意识形态真空,忽视价值观、历史文化背景等各种在现实社会中不可避免的主观因素对研究对象的影响作用。

无论是奥地利马克思主义学派,还是西方马克思学,它们都或多或少含有实证主义色彩,究其根源可以一直追溯到第二国际。实证主义是第二国际非常重要的一个理论倾向,不仅存在于当时"正统马克思主义"理论派中,而且在非主流理论派中,如普列汉诺夫和拉布里奥拉的理论研究也或多或少带有实证主义倾向。

在当时的主流派中,具有实证主义倾向的重要代表人物有考茨基、拉法格和库诺夫。考茨基将唯物史观看作经验归纳方法与发生学方法的统一。他认为马克思主义和达尔文的进化论一样,它们都仅仅是"经验科学",甚至提出,唯物史观可以和任何一种运用辩证唯物主义方法的世界观相融合而不产生矛盾。他的实证主义倾向中带有折中主义和进化主义色彩,这也成为他后来在政治实践上动摇于社会革命与社会改良之间的理论导引。

拉法格的实证主义更为浓厚,他从地道的"作业假说论"出发,将唯物史观定位于人类认识社会历史的研究工具。他认为,仅仅写作论文、出版书籍并不能为唯物史观的前进带来些许的进步,只有以科学研究的立场才能推动唯物史观在社会发展中的应用。但是在他的语境中,所谓的科学只是实证主义的科学,即使是马克思主义理论也只不过是引导人们在社会历史前进中去探索和发现的工具而已,就算不完善,甚至是有错误,只要能够成为"达到发现的捷径",就足够了。换而言之,思想理论等同于认识工具,进而等同于理论假设。

与考茨基和拉法格相比,库诺夫的实证主义倾向最为浓厚,甚至可以说达到了彻底、地道的程度。他的实证主义倾向不仅体现在社会学、历史学和政治学方面,而且突出地表现在本应彰显马克思主义人文关怀的伦理学方面。他没能深刻理解唯物史观中"实践"范式,从而对伦理学进行了"矫枉过正"的阐发。

库诺夫坚持认为马克思主义的理论本色要求其反对任何伦理基础。他将道德归结为事实,认为,道德就是"存在之物"成为"应该存在之物"[1],就从马克思唯物史观的轨道上偏离出来。他甚至比其他实证主义理论家走得更远,他割裂了唯物史观中科学和价值的统一性,只承认经验科学的合理性,将价值判断命题归结或等

1　[德]亨利希·库诺:《马克思的历史、社会和国家学说》,袁志英译,上海译文出版社2006年版,第628页。

同于事实判断,即取消了"应该",否定了批判性,这就完全将伦理学实证化了。

如果说考茨基对唯物史观的理解中夹杂了折中主义的实证主义模式,这使得他在一定程度上丧失了马克思主义哲学的批判特质和实践功能,那么库诺夫地道的实证主义就是彻底否定了马克思主义科学与价值的统一性,抛弃了马克思主义唯物史观的人文关怀和价值尺度。如果说拉法格没能理解马克思的实践范式,将"人"和"社会存在"统一于以社会环境为主的"环境",并将唯物史观看作作业假说式的理论假设,那么库诺夫同样没有准确把握马克思主义唯物史观的精髓。马克思将人类社会历史的"现存"和"应该"统一为"实践—现实",而库诺夫则解读为"现存"→"是"→"应该"。这在一定程度上导致了他后来对资本主义发展新形态的误读。

理论界大多学者认为考茨基和普列汉诺夫是比较典型的经济决定论者,实则不然。考茨基之所以被误认为经济决定论者,恐怕与他过分夸大人类社会发展过程中的自然史性质不无关联。反观他的思想历程,我们可以发现,他在接触马克思主义唯物史观之前,已然深受当时盛行着的达尔文进化论的浸染和影响,形成了他特有的、既定的历史观。因此,虽然在主观上他吸收了马克思唯物史观,但是从客观角度看,他从达尔文走向马克思的过程使其不可避免地带有浓厚的历史进化论色彩。就理论本质而言,如果就此判断他是"经济决定论者"(也称为"唯生产力者"),并不正确。在严格意义上,真正的"经济决定论"者不是考茨基和普列汉诺夫,而是拉法格和库诺夫,其中库诺夫是最极端最彻底的"经济决定论"者,这可以从库诺夫与普列汉诺夫和拉法格的比较中进行考察。

　　　　　　　　唯物史观的实证社会学诠释

与普列汉诺夫相比，库诺夫是真正的经济决定论者。实际上，普列汉诺夫明确反对将马克思唯物史观称为"经济唯物主义"。他强调，在马克思的社会理论中，最根本的中心议题始终是，社会生产力与其财产关系的矛盾。他对生产力和经济关系有清晰的理解。虽然社会发展没有绝对的标准，但是就历史进程而言，人类的生产力越强大，对自然环境即地理因素的应对就越迅速和有力。他第一次提出了"生产力是社会进步的客观标准"。而经济关系本身是社会生产力的结果，绝不是社会发展的最初动因。因此，与其说他是经济决定论者，不如说他是生产力决定论者。

　　此外，普列汉诺夫对马克思哲学基础的理解出现了偏差，将自然界看作"原始要素"，从而在本体论上陷入了自然主义。马克思的唯物史观成了自然唯物主义在人类社会历史领域中的一种延伸。他把人为环境完全归结为自然环境。对马克思而言，"革命的实践"是"环境的改变和人的活动即自我改变的统一"；但"社会存在决定社会意识"，在普列汉诺夫那里被转化为"地理因素决定社会环境"—"社会环境决定社会意识"，即走入了"自然决定论"，但绝不是"经济决定论"。

　　库诺夫与普列汉诺夫截然不同，他只肯定生产关系对人类社会的决定作用，否定生产力的决定作用，这是真正的经济决定论。他将人力等同于畜力，将其与风力、水力、热力等自然力和机械力并列，把这三种"力"归属于生产力。将作为社会主体的人在生产中的作用仅仅归结为和自然力、机械力、畜力同样的要素，从而抹杀了人在生产关系中的能动作用，完全物化了经济生活中的生产力。这样的生产力只能构成人类劳动中形成相互关系的基础和条件，显然无法决定生产关系，而只有被生产关系所决定，这是真正经济决定论的体现。

与拉法格相比,库诺夫在两个方面表现得更为彻底。首先,在唯物史观的称谓上有所体现。拉法格是第一位用"经济决定论"诠释马克思主义唯物史观的理论家,他不仅以"马克思的经济唯物主义"为题做报告,而且在《卡尔·马克思的历史方法》一书中,他明确将唯物史观命名为"经济决定论",并注明"经济决定论"与"经济唯物主义""历史唯物主义"和"唯物史观"的含义是相同的。在这一点上,库诺夫犯了"异曲同工"的理论错误,而且走得更远。他直接提出,马克思的唯物史观是一种经济的历史因果论,因此,马克思主义唯物史观应当称为"经济史观"。这一命名恰恰反映出他对唯物史观本质性的理论判断。

其次,拉法格对唯物史观的独立阐释中引入了两种环境论,暗含了他对马克思唯物史观思想理解上的逻辑缺环。马克思在《关于费尔巴哈的提纲》中就已经批判地超越了十八世纪法国唯物主义关于"环境"和"意见"的二律背反,他提出,"……环境的改变和人的活动或自我改变的一致,只能被看作并且合理地理解为革命的实践"。

而拉法格则认为,自然环境和社会环境塑造了所谓的人类本性,而社会正义是建立在人类本性和以私有财产为前提的社会环境之上的。从理论本质而言,拉法格的尝试,并没有理解唯物史观在哲学范式上的超越意义,相反,他将马克思的"前进"解读为"倒退",可以说他将这一原理阐释为"环境决定论"。当他滑向"环境决定论"的时候,他已经不知不觉地站到了普列汉诺夫的"自然决定论"的立场之上。

库诺夫不承认环境对社会生活具有最终的决定作用,他主张社会生活全部都由经济发展所决定和制约,甚至对恩格斯提出的"两种生产",他都大加批判。恩格斯在《家庭、私有制和国家的起

　　　　　　　　唯物史观的实证社会学诠释

源》序言中提出，在社会发展中"人的生产"与经济发展是相提并论的两大因素。库诺夫认为，这违背了马克思唯物史观的统一性，即使是性生活也受到社会经济发展状况的制约，"人的生产"归根结底是由社会生产力确定的生产关系决定的。他彻底的经济决定论倾向由此可见一斑。

彻底的实证主义和真正的经济决定论，直接导致了库诺夫在政治实践上的严重后果，他与拉法格和希法亭在一些方面颇为相似，他在当时资本主义现代形态的判断上得出了**一个与马克思主义相背离的结论，即帝国主义是不可超越的历史阶段。**

拉法格从经济决定论走向环境决定论，最终形成自然决定论的思路，直接导致了他对统一历史发展道路的过度强调，从而否认了在不同地域不同民族的社会形态的多元化发展，否定了社会形态发展进程的可超越性。在这一点上，库诺夫与拉法格不仅相似，而且他更进一步地强调社会形态的"历史必然性"。他将马克思关于社会形态演进的思想称之为"历史必然"，认为人类社会形态的发展就是严格按规律和发展次序进行的。对于《〈政治经济学批判〉序言》中的"两个决不会"思想，他将其解读为"经济发展成熟"的界定。

他认为，帝国主义是进一步加强了的资本主义阶段，伴随"新的金融资本时代带着狂暴的战斗叫嚣来到"。这一阶段由于"比较突出的殖民扩张意图"而被冠名为帝国主义，"随之而来的是比过去更加广泛、更加强烈的利益冲突的威胁"。关于帝国主义的特点，他赞成希法亭的观点，即现代资本主义的发展趋势、经济实质和意识形态的根源集中体现为金融资本的统治。即使到战争结束，金融资本的力量也绝不会有所削弱，反而会更加强大，因为"它将拥有巨大的货币索取权"。[1]

他认为这是从资本主义向社会主义前进的必然阶段,也是承前启后的历史准备阶段,是不可超越的历史阶段。在经济发展尚未成熟到社会主义阶段时,就应当欣然接受这一历史必然趋势。不容许它发展,甚至铲除它的要求就如同机器大工业初期人们为了只用手工业方式生产而要毁掉机器一般的"愚蠢"。

由此带来的**第一个政治实践上的严重后果:支持帝国主义战争**。1914年10月中旬之后,库诺夫改变了对战争拨款的态度,转向支持立场(此前他曾与《前进》编辑部的同仁一起反对战争拨款)。1915年,他在德国社会民主党内与连施、海因里希一起形成了核心小团体,致力于利用马克思主义理论支持战争拨款,并完成了社会帝国主义理论。

既然人类社会形态的发展阶段无法逾越,而帝国主义是必经阶段,那么帝国主义不仅无须批判、反抗和斗争,就连以殖民为性质的帝国主义战争也都成为必需的了。只有让它发展到它能容纳的生产力全部发挥殆尽之后,才能实现对这一历史阶段的超越。当然,这还有赖于更高的生产关系能否在前一历史阶段中"成形"和"成熟"。

第二个政治实践上的严重后果是:否定俄国十月革命的历史意义。一方面,库诺夫否认俄国革命的无产阶级性质。他认为,虽然马克思根据历史辩证法预计了资本主义走向社会主义的关节点是无产阶级革命,但是,这里的"革命"是无产阶级和资产阶级之间决战,是无产阶级性质的革命,"并不是由于战争、饥荒或民族争端

1　[德]亨利希·库诺:《党破产了吗?——关于党内争论的公开意见》,韦任明译,生活·读书·新知三联书店1977年版,第10—14页。

在俄国、保加利亚、中国或印度所爆发的革命","也不是德国的十一月革命"。因此,库诺夫讽刺道,如果将俄国革命和马克思论述的革命混淆,那岂不是"一种骗人的把戏"吗?[1]

另一方面,他否定了俄国革命的政治前途。社会主体无法实现那些仅仅是形式上的可能性,因为,这些可能性是存在于现实可能性的范围之外,如果恣意妄为,则会招致失败。俄国的布尔什维克纵然成立了苏维埃政权,采取"最严厉的恐怖手段",但他们仍然"不能将共产主义(至多强行)引进"。因为,如若革命运动和政治实践不是沿着社会经济发展的方向前进,国家法律准则也不能"长久阻碍经济发展",或是"冲破阻碍发展的国家法律限制",或是"国家的经济生活走向毁灭"。他们的结果必然是"要么是国家机关重新适应历史上已存在的社会经济生活状况","要么是国家垮台,走向毁灭"[2]。

马克思对市民社会及未来社会发展趋势的判断,是以唯物史观为理论根基的,而唯物史观的方法论实质是以实践唯物主义为基础的历史辩证法。历史辩证法通过穿透市民社会的表象和资本主义社会经验现象的表层,以辩证理性的社会批判性,揭示市民社会的产生、成熟及其发展进程的运动规律,并指明未来社会的必然发展趋势。实证主义则相反,主张经验是科学知识的唯一基础,将现象与本质之间的辨析、探索事物内核的本质当作形而上的抽象虚假问题,仅仅关注经验事实,只承认社会主体的感官对社会存在的把握和认识,主张所谓的科学统一性和科学统一性假设,取消非描述性的价值评价和判断。在实证主义者看来,概念是具体的、经

1　[德]亨利希·库诺:《马克思的历史、社会和国家学说》,袁志英译,上海译文出版社2006年版,第674页。
2　同上,第609—617页。

验的符号,是根据经验事实归纳总结的抽象共同点,而理论是具象经验的逻辑表达形式。

唯物史观的方法论基础决定其社会批判功能,强调对具象经验事实的历史的、实践的、辩证的理性批判,更为突出的是坚持科学认知与历史评价之间的内在统一。遗憾的是,库诺夫在建构唯物史观的过程中,马克思的经典社会批判理论被解读为实证的经验科学,将革命的实践批判精髓钝化为放弃社会批判的实证主义,否定了科学与价值的高度统一。

对唯物史观的理解不仅直接决定了对马克思主义理论的理解,而且决定了对现代资本主义社会的理解和未来社会发展趋势的判断,库诺夫对唯物史观理解模式同马克思主义理论的异质性,是哲学基础上实证主义和进化主义导致的结果。

他对唯物史观进行了经济史观的指认,从研究论域而言,是片面的,唯物史观是对人类社会历史的总体性探索,包括了社会经济、政治生活和意识形态等,绝不仅仅是经济领域。从研究范式而言,是错误的,它将人类社会历史的整个发展进程归结为自发展开的自然过程,将其中的经济关系理解为唯一具有决定意义的要素,这样的历史哲学过分强调夸大了经济对社会生活的作用,而否定了社会运动的复杂性,否认了人作为社会主体的历史实践意义,历史成为主体虚无的宿命。显然这是对马克思、恩格斯的严重误解。无法穿透实证经验、无法看穿现代资本主义社会本质的库诺夫,最终在政治实践上堕入同资本主义现实妥协的改良道路。

库诺夫也许无法跻身第二国际主要代表人物之列,但却是一个不能遗忘的重要角色。无论是探讨第二国际的理论成就,还是研究当时的方法论缺陷,抑或是理解由此引起的马克思主义研究

　　　　　　　唯物史观的实证社会学诠释

从经典一元论走向现代多元形态的分化趋势,在这些诸多方面,库诺夫的思想都具有一定的代表性,其理论构成了马克思主义应用发展的重要成果,他几乎在每一个理论发展的分化点上都扮演了典型角色,并代表了一种极端倾向。在第二国际的研究视域中,如果缺失库诺夫这一环,就无法完整把握这一时期马克思主义唯物史观理解模式的演化进程和方法论—历史观嬗变的真实谱系,而这些对当下中国的社会建构亦有深刻的借鉴意义。

从马克思恩格斯开辟哲学与社会科学的新天地,到第二国际理论家们对马克思主义经典理论的捍卫、传播、应用和发展,他们直面的历史境遇大不相同,所处时代的资本主义发展态势也有一定程度的异质性。不可否认,第二国际对马克思主义进行学理阐释中有坚持、有捍卫、有发展,但是在历史观范式和方法论模式方面,由于客观历史情境和各自理论平台的差异,他们在不同程度上出现了偏差,甚至是背离,并且从另一个角度促成了列宁主义和西方马克思主义的产生和发展。

因此,从马克思主义经典一元模式"断裂"并"分化"为现代多元模式,第二国际构成了这一阶段历史脉络和逻辑链条的关键枢纽。而库诺夫正是这一中介环节上的重要"角色",他不仅是通俗化宣传马克思主义理论并进行学理阐释的重要代表,而且是"马克思主义历史学派"中的独特一员,他还是彻底将马克思主义实证化的学者,所以他最后成为极端的经济决定论者有其理论上的必然性。诚然,列宁对库诺夫的尖锐批判适应了当时俄国革命和建设的理论需要,1949 年之后中国的发展依据列宁主义前进,具有一定的历史合理性。

从当下中国的历史境遇看,改革开放已然进行了 40 余年,如何进一步深化改革,如何在日趋复杂的国际环境中实现中国的和平与发展，如何突破我们社会发展的瓶颈，我们的实践需要思想理论层面的实质性推进，而这些都只有建立在对哲学思想史进行科学而严谨、客观而扎实的梳理，正视哲学思想史进程中经历的"理论坎坷"和"思想火花"。我们有必要借鉴库诺夫对马克思主义理论发展中的"得"与"失"，在资本全球化和自由主义盛行的年代，既要实现对资本主义的超越，也要完成对列宁发展模式的超越，在加强与欧洲社会民主党的理论联系和实践交流中真正实现东方社会的现代化构建。

主要参考文献

（一）马克思主义经典

1.《马克思恩格斯选集》1—4 卷，人民出版社 1995 年版。

2.《马克思恩格斯全集》1—50 卷，人民出版社 1986 年版。

3.《列宁选集》1—4 卷，人民出版社 1995 年版。

（二）库诺夫本人文献

1.［德］亨利希·库诺：《马克思的历史、社会和国家学说》，袁志英译，上海译文出版社 2006 年版。

2.［德］H. Cunow：《经济通史》（一卷一册），吴觉先译，商务印书馆 1936 年版。

3.［德］亨利希·库诺夫：《马克思的经济概念》，泰东图书局 1928 年版。

4.［德］亨利希·库诺夫：《马克思的伦理概念》，泰东图书局 1928 年版。

5.［德］亨利希·库诺夫：《新人生哲学》，新宇宙书店，1928 年版。

6.［德］亨利希·库诺夫：《马克思的民族、社会及国家概念》，泰东图书局 1929 年版。

7.［德］亨利希·库诺夫:《马克思的阶级斗争理论》,泰东图书局 1930 年版。

8.［德］亨利希·库诺夫:《马克思的唯物历史理论》,泰东图书局 1930 年版。

9.［德］亨利希·库诺夫:《经济通史. 第 1 卷》,泰东图书局 1936 年版。

(三) 相关研究文献

1. 中共中央马恩列斯著作编译局:《考茨基言论》,生活·读书·新知三联书店 1966 年版。

2. 中共中央马恩列斯著作编译局:《伯恩施坦言论》,生活·读书·新知三联书店 1963 年版。

3.《普列汉诺夫哲学著作选集. 第 1 卷》,生活·读书·新知三联书店 1961 年版。

4.《普列汉诺夫哲学著作选集. 第 2 卷》,生活·读书·新知三联书店 1962 年版。

5.《普列汉诺夫哲学著作选集. 第 3 卷》,生活·读书·新知三联书店 1962 年版。

6.《第二国际修正主义关于帝国主义的谬论》,生活·读书·新知三联书店 1976 年版。

7.《国际共产主义运动史文献史料选编》第 2 卷,中国人民大学出版社 1985 年版。

8.［南斯拉夫］普雷德腊格·弗兰尼茨基:《马克思主义史》,生活·读书·新知三联书店 1963 年版。

9.［美］保罗·斯威齐:《资本主义发展论——马克思主义政

治经济学原理》,陈观烈、秦亚男译,商务印书馆 1997 年版。

10.《机会主义、修正主义资料选编》编译组:《第二国际修正主义者关于帝国主义的谬论》,生活·读书·新知三联书店 1976 年版。

11.〔美〕劳伦斯·克拉德:《作为民族学家的卡尔·马克思》,周裕昶译,《纽约科学院学报(第 2 类)》1973 年第 35 卷第 4 期。

12. 陈安:《列宁对民族殖民地革命学说的重大发展》,生活·读书·新知三联书店 1981 年版。

13. 赵荐:《世界上第一所党校——德国社会民主党中央党校》,《实事求是》1983 年第 5 期。

14.〔苏联〕布哈林:《历史唯物主义理论——马克思主义社会学通用教材》,李光谟译,人民出版社 1983 年版。

15.〔德〕苏珊·米勒、海因里希·波特霍夫:《德国社会民主党简史》,刘敬钦等译,求实出版社 1984 年版。

16. 苏正贤、宋济平、祝炜平等编著《人文地理学概论》,浙江教育学院《教学月刊》社 1987 年版。

17. 苏国勋:《理性化及其限制——韦伯思想引论》,上海人民出版社 1988 年版。

18.《国际共产主义运史文献》编辑委员会编译:《共产国际第三次代表大会文件》,林荫成等译,中国人民大学出版社 1988 年版,第 720 页。

19.〔美〕康拉德·P.科达克:《多样性的世界——文化人类学概论》,格勒、刘一民、刘月玲译,四川民族出版社 1990 年版。

20. 丁建弘、陆世澄:《德国通史简编》,人民出版社 1991 年版。

21. 马健行:《帝国主义理论形成史》,中国社会科学出版社

1993 年版。

22. ［苏联］雅·雅·罗金斯基、马·格·列文:《人类学》,王培英、汪连兴、史庆礼等译,警官教育出版社 1993 年版。

23. 叶卫平:《西方'马克思学'研究》,北京出版社 1995 年版。

24. 李芹:《社会学概论》,山东大学出版社 1999 年版。

25. 王锐生、黎德化:《读懂马克思》,四川人民出版社 2001 年版。

26. 周晓虹:《西方社会学历史与体系》,上海人民出版社 2002 年版。

27. 丁建弘:《德国通史》,上海社会科学院出版社 2002 年版。

28. 尹保华、魏晨:《通识社会学》,吉林人民出版社 2004 年版。

29. 庄孔韶:《人类学概论》,中国人民大学出版社 2006 年版。

30. ［美］威廉·亚当斯:《人类学的哲学之根》,黄剑波、李文建译,广西师范大学出版社 2006 年版。

31. ［德］斐迪南·滕尼斯:《新时代的精神》,林荣远译,北京大学出版社 2006 年版。

32. ［德］黑格尔:《法哲学原理》,范扬、张企泰译,商务印书馆 2009 年版。

33. ［德］叔本华:《作为意志和表象的世界》,石冲白译,商务印书馆 2009 年版。

34. 李胜清:《意识形态诗学的主体向度——文艺的实践论研究》,中央编译出版社 2009 年版。

35. 姚顺良:《马克思主义哲学史——从创立到第二国际》,北京师范大学出版社 2010 年版。

36. 叶启晓:《诠释人类学》,北京大学出版社 2012 年版。

唯物史观的实证社会学诠释

37. 周荣春:《论亨利希·库诺对唯物史观基本思想的理解》,苏州大学 2011 年 4 月硕士论文。

38. 徐军:《库诺夫与历史唯物主义系统化"重建"的尝试》,《南京社会科学》2012 年第 5 期。

39. 郑如:《是捍卫还是背离?——论亨利希·库诺夫对马克思唯物史观的解读与运用》,《中南大学学报(社会科学版)》2013 年第 2 期。

40. 郑如、孟飞:《库诺夫唯物史观思想的理论意蕴》,《理论视野》2018 年第 5 期

41. Heinrich Cunow, *Monopolfrage und Arbeiterklasse*, Berlin: Verlag Buchhandlung Vorwärts Paul Singer, 1917.

42. Heinrich Cunow, *Review of Franz Oppenheimer's "Grundgesetz der Marxschen Gesellschaftslehre"*, Zeitschrif fifr Sozialwisscn—schaft, v. 7(1904), pp. 578 - 583.

43. H. Cunow, *Geographical Literature of the Month Source*, The Geographical Journal, No. 4, Vol. 4 (1894), pp. 374 - 382.

44. Anthropological Notes, *American Anthropologist*, New Series, Vol. 21, No. 4 (Oct.—Dec. , 1919), pp. 476 - 478.

45. E. H. Thompson, *The High Priest's Grave*, *Chichen Itza*, *Yucatan*, American Anthropologist, New Series, No. 4, Vol. 41(1939), p. 620.

46. Reviewed work (s), *Geschichte und Kultur des Incareiches*, American Sociological Review, No. 3, Vol. 6 (1941), p. 413.

47. E. M. Winslow, *Marxian, Liberal, and Sociological*

Theories of Imperialism, Vol. 39: *The Journal of Political Economy*, The University of Chicago Press, 1931.

48. Felicia Fuss, *A Bibliography of Franz Oppenheimer*, 1864—1943, *Vol. 6: American Journal of Economics and Sociology*, American Journal of Economics and Sociology, Inc. , 1946.

49. Morris E. Opler, *Two Converging Lines of Influence in Cultural Evolutionary Theory*, *Vol. 64: American Anthropologist*, Blackwell Publishing on behalf of the American Anthropological Association, 1962.

50. Craig Morris and Eva Hunt, *Reconstructing Patterns of Non—Agricultural Production in the Inca Economy: Archaeology and Documents in Institutional Analysis*, *Bulletin of the American Schools of Oriental Research. Supplementary Studies*, the American Schools of Oriental Research, 1974.

51. Thomas C. Patterson, *Social Archaeology in Latin America: An Appreciation*, *Vol. 59: American Antiquity*, Society for American Archaeology, 1994.

52. M. Bassin. *Nature, Geopolitics and Marxism: Ecological Contestations in Weimar Germany*, *Vol. 21: Transactions of the Institute of British Geographers*, Blackwell Publishing on behalf of The Royal Geographical Society, 1996.

后　记

本书是在我 2013 年底通过答辩的博士学位论文的基础上重新修订而成，也是"江苏省高校优秀中青年教师和校长境外研修"项目和"江苏省哲学社会科学基金"项目（项目编号：16ZZD004）的成果形式之一。

始终记得当时完成初稿时内心波澜起伏，感慨良多，从库诺夫对唯物史观的实证社会学诠释，到德国种种社会实践尝试，能否科学阐释和运用重要思想理论，关乎政党的初心和使命，甚至影响国家和民族的前进步伐。"回到库诺夫"不是仅仅解读理论家的思想、一段哲学史，而是为了更加准确而深刻地理解马克思唯物史观的方法论意蕴，从而"鉴往知来"。

马克思主义思想在当下的人类历史阶段仍然具有强大的生命力，因为它不仅和时代的本质紧密关联，而且在思想上真正把握住了这一时代的命脉，并且能够在深度和广度上推进现时代直至其极限。虽然，马克思无法看到今天东方的发展，更不可能经历当下的数字经济和人工智能，但是，而今世界政治经济文化进入的"百年未有之大变局"，需要我们从历史深处辨析，真正把握唯物史观的逻辑内核，以高度的方法论自觉，做到就"像马克思一样"批判性思考，进而科学展望未来，开创新时代。

攻读哲学博士阶段,师从张异宾老师和姚顺良老师。文稿是在姚顺良老师的关心和指导下完成的。姚老师常说"做学问一定要踏实"。坦率地说,论文的选题对我而言,涉及的领域广阔而深邃。正是姚老师的耐心讲解和悉心指导,以及每一次对文稿的推敲,深深感染了我,令我受益匪浅,得以在学问之路上摸索前进。两位导师严谨治学、睿智豁达和幽默风趣,将我哲学的兴趣之思引领到学术探究之路,让我领悟做人做事做学问之道。师母的关心和鼓励也常常令我感动不已。得遇恩师,吾之幸也。师恩如海,唯有铭记于心,践行终生。

本文最终完成,还要感谢南大哲学系的唐正东、胡大平、刘怀玉、张亮、姜迎春、尚庆飞和王恒等诸位导师,他们对我的解惑,令我至今难忘,没有他们的关心和教诲、启发和点拨,我不可能完成最终书稿。其次,非常感谢周嘉昕和孙乐强两位师友,他们的才华和勤勉,给予我研究上的莫大激励。此外,还要感谢我求学生涯中相伴的同学和友人孟飞、唐文文和吴静等,他们的鼓励和帮助,是我能够"熬过"艰难岁月的重要力量。

本书得到南京审计大学、江苏省哲学社会科学规划办和江苏省教育厅的大力资助。正是他们的支持和帮助,使得本书得以顺利付梓。在此对他们表示最诚挚的感谢!

最后,致谢我的父亲母亲,是他们赋予我生命,让我有了品味人生的机会,是他们尊重我的选择,给予我精神上最大的鼓励和生活中最切实的帮助。当我面对自己孩子的时候,我才真正体味到为人父母的那种平凡而伟大。谢谢我的小叮当,陪伴你成长,是我生活和工作的动力。谢谢我的家人们,你们的支持必不可少。著此拙文,献给你们。感谢我的亲友,生命中遇见你们,我很幸运。

雄关漫道真如铁,而今迈步从头越。交付书稿之际,仍觉有不

唯物史观的实证社会学诠释

少有待完善之处，恳请各位学界专家批评指正。我将鼓起勇气在学问之路上奋勇前行。

郑如初稿于 2013 年 12 月 1 日，石头城

二稿于 2019 年 8 月 28 日，剑河畔

图书在版编目（CIP）数据

唯物史观的实证社会学诠释：库诺夫《马克思的历史、社会和国家学说》的文本解读 / 郑如著. -- 南京：南京大学出版社，2022.12
（马克思主义思想史研究丛书 / 张一兵主编）
ISBN 978-7-305-25930-2

Ⅰ. ①唯… Ⅱ. ①郑… Ⅲ. ①历史唯物主义－研究
Ⅳ. ①B03

中国版本图书馆 CIP 数据核字（2022）第 133082 号

感谢"江苏省高校优秀中青年教师和校长境外研修"项目和"江苏省哲学社会科学基金"（项目编号：16ZZD004）的资助和支持！

出版发行　南京大学出版社
社　　址　南京市汉口路 22 号　　　　邮　编　210093
出版人　金鑫荣

丛书名　马克思主义思想史研究丛书
丛书主编　张一兵
书　　名　唯物史观的实证社会学诠释：
　　　　　库诺夫《马克思的历史、社会和国家学说》的文本解读
著　　者　郑　如
责任编辑　张倩倩

照　　排　南京南琳图文制作有限公司
印　　刷　南京爱德印刷有限公司
开　　本　635 mm×965 mm　1/16　印张 22.75　字数 290 千
版　　次　2022 年 12 月第 1 版　2022 年 12 月第 1 次印刷
ISBN 978-7-305-25930-2
定　　价　108.00 元

网址：http://www.njupco.com
官方微博：http://weibo.com/njupco
官方微信号：njupress
销售咨询热线：（025）83594756